(((ECO
Curso Modular de Español Lengua Extranjera

Libro del Profesor

Alfredo González Hermoso
Carlos Romero Dueñas

Primera edición: 2004
Impreso en España / *Printed in Spain*

©Edelsa Grupo Didascalia, S.A., Madrid, 2004
Autores: Alfredo González Hermoso y Carlos Romero Dueñas

Dirección y coordinación editorial: Departamento de Edición de Edelsa
Diseño de cubierta: Departamento de Imagen de Edelsa
Diseño y maquetación de interior: El Ojo del Huracán, S.L.

Imprenta: Peñalara

ISBN: 84-7711-894-9
Depósito legal: M-16.934-2004

Fuentes, créditos y agradecimientos:

Fotografías:
Brotons: págs. 22 (i), 23, 33, 59 (1b).
Successió Miró: página 109.
Zara: página 113 (3).
Adolfo Domínguez: página 113 (1) y 114.
Carolina Herrera: página 113 (2).

Logotipos:
ONCE: pág. 8 (6).
RENFE: pág. 8 (1 y 4).
Generalitat Valenciana: página 93.
Zara: página 113.
Adolfo Domínguez: página 113.
Comunicación Carolina Herrera New York: página 113.
TVE: página 116.
EL MUNDO: página 116.
Guía del Ocio: página 116 y 122.
Cubana de Aviación: página 153 y 154.
Aerolíneas Argentinas: página 153.
Copa Airlines: página 153.
Pluna: página 153.
Iberia: página 153.

Ilustraciones:
Nacho de Marcos.
Ángeles Peinador Arbiza: página 136.

Notas:
- La editorial Edelsa ha solicitado los permisos de reproducción correspondientes y da las gracias a todas aquellas instituciones que han prestado su colaboración.
- Las imágenes y documentos no consignados más arriba pertenecen al Departamento de Imagen de Edelsa.

Prólogo

En esta guía didáctica el profesor no va a encontrarse simplemente con la tradicional Clave de Ejercicios, sino que hallará un manual de ayuda constante, gracias a una amplia fuente de ideas imprescindibles para mantener la dinámica y la motivación de la clase.

La intención de los autores ha sido reflejar nuestra experiencia con **ECO** y presentar cuál ha sido nuestra idea al elaborarlo. En un primer momento, encontrará un dossier con los fundamentos metodológicos del libro y una serie de refexiones sobre la enseñanza de español.

Tras una amplia descripción de los principios metodológicos y los objetivos planteados en cada unidad, el profesor encontrará la explotación de las unidades del *Libro del Alumno* a través de los siguientes contenidos:

- Objetivos.
- Desarrollo de las secciones, donde aparecen:

1. Notas de motivación

Pequeñas anotaciones de acuerdo con nuestra metodología que le ayudarán a mantener de forma constante la motivación de sus estudiantes.

No sólo favorecerán el uso creativo de la lengua, sino que contribuirán a desarrollar un clima agradable de comunicación en el aula entre los propios alumnos y con el profesor.

2. Sugerencias

Actividades complementarias en algunos casos o sugerencias de desarrollo de los ejercicios existentes en el *Libro del Alumno*.

3. Fichas de información

Ampliación de la información cultural, social, política, etc., que de forma explícita se proporciona en la sección "Mundo hispano" o de forma implícita se adquiere a lo largo de todas las actividades del *Libro del Alumno*.

Claves de los ejercicios

Tras una breve introducción teórica al objetivo de cada actividad, se dan las soluciones completas y unívocas de todos ejercicios de respuesta cerrada. También hay ejercicios de respuesta libre donde se deja plena libertad para la opinión o para la interpretación de cada alumno.

Láminas para la clase

Al final de este libro encontrará una serie de láminas recortables y fotocopiables para llevarlas al aula. Siguen la temática de las unidades y podrán ser un buen complemento bien en fotocopias en papel, bien en transparencias en acetato.

Nota: este *Libro del Profesor* va numerado con números latinos, para diferenciarlo del *Libro del Alumno*. Sin embargo, hemos mantenido la numeración de las unidades del *Libro del Alumno*, para que le sea más fácil el trabajo con él en la clase.

Índice

Parte I — Fundamentos metodológicos
Pág. V

1. Metodología de la motivación. — Pág. V
   - Una progresión dinámica.
   - Competencias, destrezas y habilidades (*saber hacer*).
   - Comprensión auditiva y pronunciación.
   - Las actividades comunicativas: una lengua auténtica.
   - Evaluación y síntesis.
2. Análisis de contenidos y fichas de estrategia. — Pág. VII
   - Comprensión y práctica. *Ficha de estrategia: El proceso de comprensión.*
   - Pronunciación y ortografía. *Ficha de estrategia: La pronunciación.*
   - Léxico. *Ficha de estrategia: La adquisición del léxico.*
   - Gramática. *Ficha de estrategia: Los cuadros gramaticales.*
   - Expresión oral. *Ficha de estrategia: La corrección.*
   - Mundo hispano. *Ficha de estrategia: La enseñanza de la cultura.*
   - Síntesis. *Ficha de estrategia: La evaluación.*
   - Taller de Internet. *Ficha de estrategia: La Red como material didáctico.*
   - Ya sabes.

Parte II — Explotación de las unidades y claves
Pág. XII

Índice del *Libro del Alumno*.	Pág. XII
Unidad 1. Guía didáctica y *Libro del Alumno* con las claves	Pág. XVI
Unidad 2. Guía didáctica y *Libro del Alumno* con las claves	Pág. XXXII
Unidad 3. Guía didáctica y *Libro del Alumno* con las claves	Pág. XLVIII
Unidad 4. Guía didáctica y *Libro del Alumno* con las claves	Pág. LXIV
Unidad 5. Guía didáctica y *Libro del Alumno* con las claves	Pág. LXXX
Unidad 6. Guía didáctica y *Libro del Alumno* con las claves	Pág. XCVI
Unidad 7. Guía didáctica y *Libro del Alumno* con las claves	Pág. CXII
Unidad 8. Guía didáctica y *Libro del Alumno* con las claves	Pág. CXXVIII
Unidad 9. Guía didáctica y *Libro del Alumno* con las claves	Pág. CXLIV
Unidad 10. Guía didáctica y *Libro del Alumno* con las claves	Pág. CLVIII
Unidad 11. Guía didáctica y *Libro del Alumno* con las claves	Pág. CLXXII
Unidad 12. Guía didáctica y *Libro del Alumno* con las claves	Pág. CLXXXVI
Unidad 13. Guía didáctica y *Libro del Alumno* con las claves	Pág. CC
Unidad 14. Guía didáctica y *Libro del Alumno* con las claves	Pág. CCXIV
Unidad 15. Guía didáctica y *Libro del Alumno* con las claves	Pág. CCXXVIII
Unidad 16. Guía didáctica y *Libro del Alumno* con las claves	Pág. CCXLII

Parte III — Cuaderno de Refuerzo
Pág. CCLVI

Claves. — Pág. CCLVI

Parte IV — Anexo con láminas fotocopiables
Pág. CCLXIII

Láminas. — Pág. CCLXIV

Fundamentos metodológicos   I

1. Metodología de la motivación

El concepto de *intensivo* corresponde a las necesidades de un vasto público que quiere ir a lo esencial del aprendizaje de manera rápida y concentrada. Para ello se le ofrece un manual con objetivos y actividades claramente definidos e interdependientes que se insertan metódicamente para construir un saber hacer lingüístico y comunicativo con el que manejarse fluidamente y saber interactuar en un contexto hispanohablante.

ECO sigue los fundamentos y las pautas señaladas por el *Marco común europeo de referencia para las lenguas: aprendizaje, enseñanza, evaluación* y está diseñado para alcanzar el nivel A -usuario básico-[1].

Lo hace utilizando la lengua extranjera para realizar actividades comunicativas contextualizadas dentro de ámbitos de la vida cotidiana, personal, educativa y profesional.

Según el *Marco común europeo de referencia para las lenguas: aprendizaje, enseñanza, evaluación*, un principio metodológico fundamental ha sido que los procedimientos que se empleen en el aprendizaje, enseñanza, investigación de la lengua sean aquellos que se consideren más eficaces para alcanzar los objetivos acordados, en función de las necesidades de los alumnos como individuos en su contexto social. Pero la eficacia depende de la motivación y de las características particulares de los alumnos, así como de la naturaleza de los recursos, tanto humanos como materiales, que puedan entrar en juego.

Los estudiantes motivados son fácilmente reconocibles, porque muestran pasión por alcanzar sus objetivos y están dispuestos en todo momento a realizar un gran esfuerzo por aprender. Todos los profesores desean tener alumnos motivados en sus clases, pero ¿cómo conseguirlo?

Los autores de **ECO** consideramos que los factores generadores de motivación en la enseñanza de los idiomas pueden ser múltiples: el entorno del aula y el ambiente de la clase, el estatus del alumno, su seguridad, su deseo de superación, la toma de conciencia de sus progresos, las relaciones afectivas, el prestigio y la actitud del profesor, y, sobre todo, la motivación en torno a la metodología. De entrada, el planteamiento de un intensivo es ideal para la motivación de un estudiante, puesto que cada vez son más las personas que, por diversas razones, disponen de poco tiempo para aprender lo esencial de la lengua de manera rápida y concentrada.

Para que el alumno esté motivado en relación con la metodología utilizada, tiene que conocer claramente los objetivos precisos que se exigen de él. La precisión de estos objetivos tiene que existir de manera continua y graduada. **ECO** propone un método sencillo y claro, a través del cual el estudiante percibe en cada momento que está aprendiendo y, sobre todo, se da cuenta de los progresos realizados.

---

1 A1 Es capaz de comprender y utilizar expresiones cotidianas de uso muy frecuente así como frases sencillas destinadas a satisfacer necesidades de tipo inmediato.
Puede presentarse a sí mismo y a otros, pedir y dar información personal básica sobre su domicilio, sus pertencencias y las personas que conoce.
Puede relacionarse de forma elemental siempre que su interlocutor hable despacio y con claridad y esté dispuesto a cooperar.

A2 Es capaz de comprender frases y expresiones de uso frecuente relacionadas con áreas de experiencia que le son especialmente relevantes (información básica sobre sí mismo y su familia, compras, lugares de interés, ocupaciones, etc.)
Sabe comunicarse a la hora de llevar a cabo tareas simples y cotidianas que no requieran más que intercambios sencillos y directos de información sobre cuestiones que le son conocidas o habituales.
Sabe describir en términos sencillos aspectos de su pasado y su entorno, así como cuestiones relacionadas con sus necesidades.

Cada vez que aparezca este símbolo en la guía didáctica indicará sugerencia de motivación.

Claves para la motivación en ECO

Una progresión dinámica

Este curso intensivo propone una progresión de aprendizaje dinámica en forma de espiral: observación y comprensión, aprendizaje y recapitulación. A lo largo de los niveles los contenidos se repiten y se amplían como si fueran cubos superpuestos. Se retoman los conocimientos ya adquiridos y se presentan los nuevos objetivos. Ya que la falta de motivación que se manifiesta en clase proviene a menudo del hecho de que el alumno no se da cuenta de los progresos realizados porque no ve dónde está ni adónde le llevan.

Competencias, destrezas y habilidades (saber hacer)

Los tres componentes de la competencia comunicativa están dispuestos de manera progresiva y sistemática, así el alumno se siente seguro, puesto que se le propone paso a paso una solución a los problemas lingüísticos, gramaticales y comunicativos que le afectan.

De ahí la continua recapitulación precisa y clara de los puntos oscuros en su mente, apoyada por la presentación de apuntes, hojas específicas que le ayuden visualmente en el aprendizaje, como por ejemplo cuadros gramaticales, transparencias, etc.

Comprensión auditiva y pronunciación

Para comprender el idioma hablado es imprescindible entender las unidades más pequeñas del lenguaje, los sonidos. Después, conectamos unos sonidos con otros para formar palabras. Nuestro conocimiento de las palabras nos permite más tarde entender las frases, luego las oraciones y finalmente párrafos enteros.

Uno de los puntos clave de **ECO** es otorgar a la comprensión auditiva un lugar relevante, partiendo de la base de que uno no se puede expresar si no entiende primero. Si el estudiante entiende desde el primer momento, qué duda cabe de que su motivación aumentará muchos enteros.

Los ejercicios son progresivos y van desde el reconocimiento de los sonidos vocálicos y consonánticos hasta la enseñanza del ritmo y de la entonación, entendiendo la pronunciación no sólo como una serie de ejercicios tendentes a crear hábitos de corrección desde el principio del aprendizaje, sino también como una manera de formar el oído a la buena comprensión.

Las actividades comunicativas: una lengua auténtica

Los diálogos presentados en el arranque de la lección son muestras de lengua auténticas y vivas, como sacadas de la realidad en que están, testimonios directos del acto de comunicación.

Posteriormente, las actividades de expresión oral, limitadas y globales al principio del aprendizaje, se amplían para permitir una comunicación auténtica en el aula. El estudiante se implica, reacciona en función de su personalidad y expresa opiniones y sentimientos.

Para generar motivación, el idioma debe ser considerado como un medio de comunicación y no únicamente como una asignatura que se aprende. El alumno no tiene que tener la impresión de asistir a una clase, sino de estar en un lugar donde por medio de un idioma puede expresar lo que siente, intervenir en un debate permanente en el que, al mismo tiempo que hace progresar su pensamiento, adquiere un nuevo instrumento de comunicación.

Por este motivo, se dedica un lugar particular a la destreza escrita –bajo forma de actividades transversales– con una gran variedad de ejercicios apropiados.

Evaluación y síntesis

Siendo su principal objetivo adquirir de manera rápida los *saber hacer* esenciales de la lengua, el estudiante tiene que tomar conciencia de los progresos que hace y de que cada nueva actividad es un paso más en su aprendizaje. La escena ilustrada del final de cada unidad sintetiza lo aprendido y le permite recapitular e ir evaluando procesualmente los progresos realizados.

Esta ilustración de síntesis y las actividades que se proponen a partir de ella sirven de propuestas de evaluación múltiples y variadas con el fin de tener en cuenta las diferentes posibilidades de los alumnos: imaginación, aptitudes lógicas, capacidad de memorización, de comprensión, etc. Estas evaluaciones están en consonancia igualmente con las diferentes actividades en las que el alumno deberá desenvolverse (comprensión oral y escrita, expresión oral dialogada, discursiva, lectura correcta y expresiva, formas de escritura con todas sus variedades...).

2. Análisis de contenidos y fichas de estrategia

Cada unidad empieza por un documento presentado en diferentes soportes: auditivos, visuales y escritos. El trabajo no se limita en absoluto a una escucha pasiva de un diálogo ni tampoco a una explicación de textos. Practicando una comprensión activa, permite centrar al estudiante sobre los elementos clave del diálogo que serán estudiados con detenimiento a lo largo de la unidad. El profesor cumple un papel de animador, de organizador de la actividad y solicita las reacciones de los interesados.

Comprensión y práctica

Esta sección está destinada a desarrollar en los estudiantes sus destrezas de la comprensión oral. *ECO* hace hincapié en esta sección, puesto que el proceso de comprensión auditiva es imprescindible para toda interacción: no se puede interactuar si no se ha comprendido. Para entender hay que escuchar, descifrar e interpretar el mensaje.

Se organiza en diversas actividades que van desde una discriminación fonética a una sistematización de funciones, pasando por una comprensión global del texto. Los nuevos exponentes son presentados en situaciones diferentes con el fin de que el estudiante los relacione con el significado y los clasifique en categorías comunicativas que le permitan reutilizarlos.

Esta parte finaliza con una primera explotación de lo aprendido mediante una actividad de expresión oral.

En todo momento el profesor cumple aquí un papel de mediador que facilita la comprensión y la expresión, valiéndose de su experiencia pedagógica y de las sugerencias que se le ofrecen en esta guía didáctica.

> **Ficha de estrategia** | **El proceso de comprensión**
>
> *El proceso de comprensión oral se funda sobre la puesta en práctica de hipótesis: cuando el estudiante trata de entender lo que dicen uno o varios personajes, construye sucesivamente varias hipótesis sobre lo que oye refiriéndose a un tema de conversación o a una situación ya conocidos en su lengua materna. Trata así de reconocer lo que los personajes están diciendo, predice lo que van a decir o supone lo que pueden haber dicho. Fundamenta igualmente su comprensión sobre indicios que va recogiendo en lo que oye, lee u observa en las ilustraciones. Muchas cosas pueden ponerle sobre una pista de comprensión: las palabras transparentes, los conectores lógicos o cronológicos, la entonación de la voz, los ruidos, etc. Estos indicios confirman o invalidan las hipótesis que había construido. El profesor tiene que enseñar a sus estudiantes a recoger tales indicios y darles la interpretación correspondiente. Cuantas más hipótesis hagan sobre el sentido, más posibilidades tendrán de alcanzar una buena comprensión. Se pasa simultáneamente de un acercamiento globalizador aproximativo a un acercamiento desmenuzado, para llegar a una comprensión completa del documento. Al mismo tiempo el estudiante se ha apropiado de los elementos clave que después podrá reutilizar. Este es el papel que cumplen los ejercicios de comprensión: ejercicios de escucha que identifican palabras y expresiones, de observación del sentido de las palabras y expresiones, de observación de las personas que hablan y de la forma en que hablan (tuteo o usted / interrogación o afirmación, etc.), de relación de los contenidos en contextos diferentes (ejercicios más abstractos de clasificación).*

Pronunciación y ortografía

El estudio de la pronunciación y de la entonación es la base de la expresión y de la comprensión oral sin la cual la comunicación no puede darse, sea porque no se entiende lo que dice el nativo, sea porque uno se expresa mal y el nativo no le entiende.

Esta sección, presente en las unidades 1 a 8, está destinada a que el estudiante adquiera un conocimiento del sistema fónico y ortográfico del español que le ayuden a comprender mejor y a expresarse correctamente de forma oral o por escrito. La tipología de ejercicios (repetición, discriminación, pares mínimos...) combina de forma paralela el reconocimiento y asimilación de los sonidos con el aprendizaje del acento y de la entonación. Los ejercicios van acompañados de cuadros teóricos cuyo objetivo es presentar elementos que se van a practicar.

> **Ficha de estrategia** | **La pronunciación**
>
> *Los ejercicios de pronunciación son, ante todo, ejercicios para formar el oído. Si un estudiante no puede pronunciar un sonido es que, en general, no lo oye. Los ejercicios que proponemos tienen como objetivo mejorar la audición, educar el oído. Por ejemplo, si el estudiante no consigue pronunciar la [r̄] seguramente está filtrando ese sonido porque no lo tiene en su lengua materna y el que él pronuncia tiene un parecido con un sonido de su propia lengua. También es verdad que el estudiante no pronunciará bien un sonido, si no ejecuta los movimientos articulatorios necesarios. El profesor tiene que enseñárselo.*
>
> *Para ello, deberá prestar una atención singular a la pronunciación de los sonidos típicamente hispanos, tales como los sonidos [r̄], [x], etc. Si desde el principio deja pasar una pronunciación incorrecta, el estudiante la conservará para el resto del aprendizaje. Cuando un alumno no consigue esta pronunciación en público, por vergüenza quizás del entorno, conviene que el profesor le proponga realizar ejercicios complementarios apropiados.*
>
> Tiempo para pronunciar *de Edelsa.*
> Fonética, pronunciación y ortografía, *de Edelsa.*

Léxico

Se propone una sección de trabajo detallado y sistemático con el léxico de la lección, ya que se considera fundamental que en esta capacitación para la comunicación diaria, el estudiante adquiera desde el primer momento un cierto número de palabras de forma activa. Siendo imprescindible la herramienta del léxico, conviene que antes de pasar a la fase de expresión oral propiamente dicha, el estudiante aprenda las palabras que son necesarias para combinarlas con las funciones estudiadas en el documento de entrada.

Ficha de estrategia — La adquisición del léxico

El estudiante necesita memorizar léxico para facilitarle la expresión oral y escrita. En el momento de expresarse, por ejemplo, no puede estar pendiente de la construcción sintáctica de su producción y, al mismo tiempo, de la búsqueda de la palabra apropiada. Tiene que tener en su memoria este léxico de base inmediatamente disponible. Por otro lado, para entender tiene que estar en disposición de reconocer más palabras de las que utiliza con fluidez, pues el interlocutor nativo está en posesión de una gama más amplia que él de vocabulario disponible. Es más fácil para él reconocer palabras que utilizarlas, siempre y cuando las haya estudiado. Tal manera de proceder aumenta considerablemente su capacidad de comprensión y le incita a interactuar con más confianza. Por último, el alumno se dará cuenta de que, cuanto más ejercite la memoria, más desarrolla su capacidad de retener.

Gramática

Se propone una presentación explícita y didáctica de la gramática y una serie de ejercicios de sistematización y actividades controladas para garantizar un conocimiento práctico de la misma. Los cuadros gramaticales ponen de relieve reglas precisas y expresadas con claridad que el estudiante tiene que aprender y aplicar inmediatamente. El objetivo es que sepa ahora combinar correctamente los elementos clave del lenguaje que ha observado y asimilado en las secciones precedentes, a partir del estudio de reglas que le permitan expresarse oralmente y por escrito.

El profesor aclarará cualquier duda que surja y recapitulará lo anteriormente estudiado con el objetivo de que el estudiante no se sienta inhibido por falta de los conocimientos gramaticales necesarios a la hora de expresarse.

Ficha de estrategia — Los cuadros gramaticales

Si en un primer momento se le puede pedir al estudiante que observe el funcionamiento de las reglas gramaticales con el fin de que él mismo pueda intuir cuál es su funcionamiento, para asegurar la firme comprensión conviene presentar las reglas mediante cuadros explícitos.
Los cuadros gramaticales cumplen la función esencial de visualizar una regla o varias reglas gramaticales. El profesor dará las explicaciones complementarias para que no le quede al estudiante la menor duda en la comprensión del contenido. El estudiante tiene que llegar a ser capaz de reproducir mentalmente estos cuadros cada vez que tenga que utilizar la regla. A medida que el aprendizaje avanza, estos cuadros se amplían recogiendo las normas complementarias y sus excepciones.

Expresión oral

Se presentan unas actividades secuenciadas y progresivas que van encaminadas a que el estudiante reutilice de forma creativa, pero controlada y dirigida, sus conocimientos y habilidades recién desarrolladas.

Las actividades, tanto individuales, como por parejas o en grupo son muy variadas. Como el estudiante ha aprendido sistemáticamente todas las herramientas necesarias, ahora puede expresarse de manera personal y dar rienda suelta a su imaginación dentro de una marco preciso. Se le ofrecen cuadros de ayuda que sintetizan las funciones y que amplían sus conocimientos. En esta sección el profesor interviene como asesor de la comunicación, animando al estudiante a que ponga en juego sus adquisiciones, dándole la confianza necesaria, proporcionándole los elementos lingüísticos que necesita para no interrumpir la comunicación, corrigiendo eventualmente en el momento oportuno y evaluando positivamente los progresos.

Ficha de estrategia — La corrección

Los errores que cometen los alumnos forman parte íntegra del proceso de adquisición de la lengua y son una indicación de los progresos que están haciendo, pues a pesar de no dominar el proceso de expresión correcta de la lengua se arriesgan a comunicar aunque se equivoquen.
En función de la actividad en que se trabaja, el profesor corregirá inmediatamente esos errores en el caso de la fonética, ya sea pidiendo y animando a una mutua corrección inmediata, ya sea tomando nota de los errores para tratarlos al final de la actividad para no interrumpir la espontaneidad de la expresión, siempre y cuando esas equivocaciones no impidan la comprensión.
A partir de la observación y el análisis de esos errores, el profesor puede planificar actividades complementarias del Cuaderno de Refuerzo.

Mundo hispano

ECO pone de relieve el aspecto intercultural y el descubrimiento de la dimensión sociocultural del español. En esta sección se recogen los elementos básicos de la cultura de España y América Latina: personajes, lugares, objetos, fiestas, hábitos y costumbres, etc., así como recorridos culturales. Se presentan bajo actividades y documentos creativos que motivan al estudiante para ir más allá en el descubrimiento personal del acercamiento pluricultural.

Ficha de estrategia — La enseñanza de la cultura

Para adquirir un nivel aceptable de competencia comunicativa de la lengua meta, es imprescindible aprender los patrones culturales de una comunidad distinta a la propia: el estudiante de una lengua extranjera tiene que desarrollar una competencia cultural que le permita una comunicación fluida. El reto del profesor consiste en dotar al estudiante de los conocimientos necesarios para integrarse en un universo cultural con parámetros diferentes al de origen.
La lectura siempre ha tenido un papel crucial en la cultura, y en los últimos años se ha convertido en una herramienta indispensable para acceder al enorme caudal de información que nos rodea.
En las lecturas graduadas los alumnos tienen acceso, casi sin darse cuenta, a un caudal de información sobre hábitos, costumbres, modos de hacer, referencias culturales, gastronómicas... de las sociedades hispanohablantes. Esta información cultural cobra una importancia fundamental en un país no hispanohablante porque las lecturas graduadas permiten a los alumnos (y también al profesor) "viajar" por el mundo hispano junto con los personajes y la trama de la historia.
Colección: Para que leas *de Edelsa.*
Colección: Lecturas clásicas graduadas *de Edelsa.*

Síntesis

A partir de una imagen clara que permite al estudiante utilizar la lengua en un contexto reconocible, se proponen actividades recapitulativas de todos los conocimientos aprendidos y las destrezas desarrolladas.

Esta síntesis es la materialización del principio funcional del trabajo por secuencias o etapas: lo que aprendo hoy, se funda sobre lo que aprendí ayer y prepara lo que aprenderé mañana.

Permite al profesor resumir y asentar para el conjunto de la clase todos los elementos clave que figuraban en la unidad y dar al estudiante una conciencia clara de lo que ha aprendido y de los progresos que ha hecho.

Ficha de estrategia — La evaluación

Para hacer progresos hay que constatar primero las lagunas que una persona puede tener en relación con los objetivos del aprendizaje, así como tener una conciencia clara de las dificultades: falta de memoria, incapacidad de ver lo esencial, lentitud en la réplica, falta de método para trabajar, miedo de hablar en público, etc.
El error tiene siempre un aspecto positivo: el profesor subrayará de qué manera los errores cometidos son una buena señal en el proceso del aprendizaje y evitar el miedo de cometerlos. Solamente puede equivocarse quien habla y quien actúa.

Taller de Intenet

Parece indudable que Internet es hoy en día un recurso que complementa la dinámica del aula, pues es una fuente viva, inmediata y de fácil acceso, para la obtención de materiales auténticos.

Probablemente el profesor dispone en su centro de idiomas de acceso a Internet o los estudiantes tienen la posibilidad de una conexión. Por otro lado, a menudo el estudiante aprende el español sin contacto con nativos de habla hispana e Internet le brinda la oportunidad de sentirse muy cerca de ellos. No se puede desechar la posibilidad de servirse de documentos que circulan por la Red, o de establecer contacto real con personas de habla hispana a través de las charlas o del correo electrónico. Los talleres de Internet que ofrece el método al final de cada unidad tienen, pues, este cometido.

Ficha de estrategia — La Red como material didáctico

La colección "Usos de Internet en el aula", de Edelsa, ofrece una multitud de aplicaciones pedagógicas y pistas de trabajo que pueden ayudar al profesor y al alumno a utilizar esta herramienta en el aula. El título La Red como material didáctico en la clase de E/LE sirve de referente metodológico a la colección, y realiza una interesante reflexión sobre el papel que cumple Internet en las nuevas modalidades de enseñanza, además de proporcionar al profesor criterios para la evaluación didáctica de materiales en la Red.

Ya sabes

Al final de cada unidad aparece una página con cuadros-resumen en la que se presentan detalladamente los contenidos trabajados en la unidad. Su presencia es útil no sólo como un medio para consolidar lo aprendido, sino también como herramienta de repaso en caso de ser necesaria una revisión.

		Competencia lingüística	
	Funciones	**Comprensión y práctica**	**Pronunciación y ortografía**
1 Hola, ¿cómo te llamas? PÁG. 6	• Saludar y despedirse. • Preguntar y decir el nombre, los apellidos y la nacionalidad. • Deletrear.	Saludos y presentaciones.	Abecedario.
2 ¿Cómo se dice en español? PÁG. 16	• Señalar que no se entiende, solicitar la repetición de lo dicho, pedir a alguien que hable más despacio. • Llamar la atención, dar las gracias, pedir perdón. • Manejarse en un comercio.	En una tienda.	El acento tónico.
3 ¿Dónde vives? PÁG. 26	• Preguntar y decir la dirección, el teléfono y el correo electrónico. • Ubicar.	Número de teléfono y direcciones.	La ce (c), la zeta (z), la cu (q) y la entonación de la frase.
4 ¿A qué te dedicas? PÁG. 36	• Preguntar y decir la profesión. • Presentar a una tercera persona. • Manejarse en una entrevista de trabajo.	En una entrevista de trabajo.	La ere y la erre.
5 De nueve y media a dos PÁG. 46	• Preguntar y decir la edad. • Hablar del cumpleaños. • Hablar de horas y horarios. • Hablar de hábitos cotidianos. • Expresar la pertenencia.	En una videoconferencia.	La ge (g) y la jota (j).
6 Bienvenida, Lola PÁG. 56	• Describir la vivienda. • Identificar a la familia y describir personas. • Expresar gustos y aficiones.	La vivienda y las personas.	La ele (l), la elle (ll) y la i griega (y).
7 ¡Qué mala suerte! PÁG. 66	• Hablar de actividades del pasado. • Contar la vida de alguien. • Manejarse en la consulta de un médico.	La biografía.	La sílaba tónica y la tilde.
8 Vamos a salir PÁG. 76	• Hablar del futuro. • Hablar del tiempo. • Hacer planes y proponer actividades. • Expresar obligación personal.	Planes y el tiempo.	El diptongo y los acentos.

Índice

Léxico	Gramática	Expresión oral	Mundo hispano
			Competencia pragmática y sociocultural
Nombres y nacionalidades.	• Verbos en presente: *SER* y *LLAMARSE*. • Género de los gentilicios.	Conocer a otras personas y presentarse.	• Nombres y apellidos de personajes hispanos. • Países y capitales.
La comida.	• El género del nombre. • El número del nombre y los artículos.	Preguntar por una comida y comprar.	• El desayuno en España. • Platos de la gastronomía hispana.
Números y direcciones.	• Presente de verbos regulares. Uso de *TÚ*, *USTED*, *VOS*. • Presente de verbos irregulares.	Dar datos personales e indicar una dirección.	• Establecimientos públicos.
Las profesiones.	• Contracciones *AL* y *DEL*. Presente de verbos irregulares. • Pronombres personales. Verbos reflexivos en Presente.	Presentar y hablar de la profesión.	• El trabajo en España y América Latina.
Números, horas y fechas.	• Presente de verbos irregulares. Presente de *ESTAR* + gerundio. • Los posesivos.	Hablar de horas, horarios y hábitos cotidianos.	• Fiestas populares de España.
La casa y adjetivos de descripción.	• *HAY*, *ESTÁ(N)*. Los demostrativos. *AQUÍ*, *AHÍ*, *ALLÍ*. • El verbo *GUSTAR*. *TAMBIÉN*, *TAMPOCO*.	Describir la casa y a las personas.	• La población étnica de América Latina.
Números, momentos de la vida y partes del cuerpo.	• El Pretérito Indefinido. • El verbo *DOLER*. Frases exclamativas.	Narrar la vida y hablar con el médico.	• Premios Nobel de Literatura en español.
Las estaciones del año, el tiempo y actividades.	• *IR A* + infinitivo. *TENER QUE* + infinitivo. *MUY*, *MUCHO*. • El Imperativo.	Hablar de planes y proponer actividades.	• El Camino de Santiago.

		Comprensión y práctica	A la escucha
Dos habitaciones, por favor 9 PÁG. 86	• Describir personas. • Expresar gustos, preferencias y deseos. • Saber reservar una habitación de hotel.	Haciendo una reserva.	Contestador del hotel Regina.
Mesa para dos 10 PÁG. 96	• Concertar citas. • Saber reservar una mesa en un restaurante. • Saber pedir comidas y bebidas. Pedir la cuenta.	En un restaurante.	Para hacer una reserva.
¿De qué talla? 11 PÁG. 106	• Saber comprar y preguntar por el precio. • Pedir cosas en una tienda. • Describir objetos y comparar.	En una tienda de ropa.	Anuncio de ofertas.
¿Qué hacemos esta tarde? 12 PÁG. 116	• Expresar acuerdo o desacuerdo. Opinar. • Hablar de experiencias personales.	Haciendo planes.	La cadena OÍR.
Siempre llega tarde 13 PÁG. 126	• Hablar de hechos recientes. Expresar la frecuencia. • Disculparse y poner excusas. • Iniciar una conversación telefónica. • Expresar estados físicos y de ánimo.	Quedando con amigos.	Al contestador.
Llevaba casco, menos mal 14 PÁG. 136	• Hablar de acciones habituales en el pasado. • Describir personas y lugares en pasado.	En una oficina de seguros.	En la Mutua Madrileña.
Disculpe, por favor 15 PÁG. 146	• Pedir permiso. Prohibir. • Pedir ayuda o un favor. • Hacer sugerencias. • Dar instrucciones.	En el aeropuerto.	Avisos por megafonía.
Ya verás 16 PÁG. 156	• Hablar del futuro. • Hacer predicciones. • Expresar condiciones y consecuencias. • Expresar obligación impersonal.	Hablando del futuro.	Información meteorológi

Índice

Competencia lingüística		Competencia pragmática y sociocultural	
Léxico	Gramática	Expresión oral	Mundo hispano
En un hotel. Descripción de personas.	• Usos de *SER* y *ESTAR*. Verbos *GUSTAR* y *ENCANTAR*. • Adverbios. Posesivos.	Hablar de gustos. Hacer una reserva.	• Cuadros y museos.
Comidas, bebidas y objetos.	• *SER* y *ESTAR* + comidas. Cuantificadores. • Indefinidos. Pronombres personales.	Manejarse en un restaurante y en un mercado.	• Gastronomía española y argentina.
Los colores, la ropa y los materiales.	• Presentes regulares e irregulares. • *SER* y *ESTAR* + la ropa. Comparativos.	Manejarse en una tienda de ropa. Elegir una prenda.	• Diseñadores de moda.
Deportes y actividades de tiempo libre.	• Pretérito Indefinido. • Preposiciones y verbos de movimiento. *COMO* y *PORQUE*.	Expresar la opinión en una tertulia.	• Deportistas famosos.
Acciones habituales. Hablar por teléfono.	• Pretérito Perfecto. • Contraste Perfecto e Indefinido. Verbo *SOLER*.	Quedar. Hablar por teléfono.	• Ciudades Patrimonio de la Humanidad.
El coche. Señales de tráfico. Conducir.	• El Pretérito Imperfecto. • Contraste Indefinido e Imperfecto.	Narrar y describir en pasado.	• Dos inventos españoles.
Aeropuerto y aviones.	• El Imperativo afirmativo y negativo. • Perífrasis de obligación. Los diminutivos.	Pedir, sugerir y hacer recomendaciones.	• Compañías aéreas.
Electrodomésticos. Ordenadores.	• Futuro simple. • La oración condicional. La impersonalidad.	Hacer previsiones sobre el futuro.	• El lenguaje no verbal.

1 Hola, ¿cómo te llamas?

Presentarse

Objetivos

- Aprender a saludar y a despedirse.
- Aprender el alfabeto.
- Deletrear nombres y apellidos.
- Preguntar por el nombre y el apellido.
- Tomar un primer contacto con los sonidos del español.
- Relacionar el nombre de los países con la nacionalidad.
- Conocer algunos famosos de la cultura hispana.
- Conocer los países de lengua hispana.
- Crear en clase un clima de simpatía.
- Hacerse amigos.

Desarrollo de las secciones

El primer contacto con el español se efectúa mediante una serie de siete minidiálogos entre varios hispanohablantes de nacionalidad diferente que se saludan, se preguntan cómo se llaman, de dónde son y se despiden. Estos diálogos permiten a los estudiantes tomar conciencia de la diversidad de países que comparten este idioma y de examinar las diferentes formas de saludarse entre personas que no se sitúan en el mismo registro de lengua (tuteo / tratamiento de usted).

El aula tiene que parecerse lo menos posible a una convencional:
- *Por la disposición: el puesto que ocupan mesas y sillas tiene que dar la impresión de una sala de comunicación.*
- *Por los elementos decorativos: los carteles turísticos, los cuadros, los dibujos humorísticos, etc., crean el ambiente que impulsa a la imaginación, a la evasión.*

En un primer momento se solicita la atención del alumno para asociar el diálogo con la ilustración correspondiente, puede ayudarse con la lámina Nº 1. Y luego, si es preciso, el profesor leerá de nuevo en voz alta cada diálogo haciendo hincapié en las frases interrogativas y exclamativas, y poniendo de relieve las palabras claves del diálogo, gracias a la entonación. Es un objetivo primordial en este primer contacto que se hagan varias audiciones para que el alumno descubra poco a poco la música y el sonido de las palabras que va a aprender.

Conviene que en el momento más oportuno el profesor escenifique uno o varios de estos diálogos tomando como interlocutores a algunos alumnos voluntarios.

Sugerencia: El profesor puede solicitar a los alumnos que digan los nombres y apellidos españoles que ya conocían antes de empezar a estudiar español. También puede preguntar el nombre a cada uno de sus alumnos, y traducirlos (en la medida de lo posible) a un nombre corriente en español. No tiene que descartar la posibilidad de que el alumno escoja durante el curso un nombre que le guste, típicamente español, aunque no sea el suyo.

Los estudiantes pueden cambiar su nombre y otras circunstancias (edad, estado civil...) para que así se sientan más libres a la hora de comunicar sus ideas. Se debe conocer del alumno lo que él quiera que conozcamos y nada más.

Comprensión y práctica

En esta unidad el estudiante tiene que identificar contrastes básicos que le facilitarán la comprensión: *eres / es*; *estás / está*; *soy / no soy*; *te / se*; relacionar preguntas y respuestas en situaciones diferentes de la entrada; clasificar los saludos y las despedidas según el grado formal o informal de la situación.

Ficha de información — Uso de *TÚ* y *USTED*

El alumno tiene que percibir desde el principio los registros de lengua del español que quizás son diferentes a los de su propia lengua. Si el grupo o algún alumno lo requiere, el profesor dará la información completa sobre los usos de *tú* y *usted*.

	TÚ	USTED
España	En contextos no formales o familiares. Supone familiaridad o igualdad de categoría entre los hablantes.	En contextos formales, cuando los hablantes no se conocen, o se quiere mantener una actitud formal, o uno de ellos está en posición de autoridad y respeto.
América Latina	En contextos no formales. En Argentina y a veces en Colombia, Paraguay y Uruguay se usa *vos* en lugar de *tú*.	En contextos formales. El plural de *tú / vos* y *usted* es *ustedes*. *Vosotros* no se utiliza.

La adquisición del tratamiento de cortesía o tuteo muestra claramente que aprender una lengua no es solamente adquirir una competencia lingüística, sino también la competencia cultural.

Sugerencia: Se aconseja que, con el libro cerrado, el profesor realice una nueva audición de la entrada para que los alumnos afiancen su comprensión, confirmen las hipótesis y se apropien de las expresiones.
A partir de la primera hora de asistencia el profesor solicitará a los alumnos que al entrar y al salir de clase practiquen saludos y despedidas de manera natural.

Finaliza la sección con una actividad oral. En su primera clase de español, el estudiante tiene que tener la sensación de que ya puede expresarse en esta lengua: sabe saludar, decir su nombre y despedirse.

1

Pronunciación y ortografía

El objetivo es que los alumnos aprendan a pronunciar las letras del alfabeto y a deletrear palabras.

Puede usar la lámina N° 9 (El abecedario) y ejercitar el deletreo de nombres y apellidos, su propio nombre y el de sus compañeros. Es conveniente que los alumnos se aprendan el alfabeto de memoria.

Sugerencia: Un ejercicio complementario es que un estudiante pase a la pizarra, escriba su nombre y designe a otro para que lo deletree. O al contrario, un estudiante que está sentado deletrea a otro que escribe en la pizarra el nombre.

Ficha de información — Algunas siglas españolas

- **AVE:** alta velocidad española. Es el nombre de los trenes de alta velocidad.
- **IVA:** impuesto sobre el valor añadido. Se aplica a todos los transacciones económicas en España.
- **P.V.P.:** precio de venta al público.
- **RENFE:** red nacional de ferrocarriles españoles.
- **DNI:** documento nacional de identidad. También se conoce como "el carné".
- **ONCE:** organización nacional de ciegos españoles. Empresa que da trabajo a invidentes y disminuidos físicos gracias a la venta de pequeños billetes de lotería llamados "cupones".

Léxico

A partir de una serie de tarjetas, el estudiante tiene que observar que los hispanohablantes tienen un nombre y dos apellidos. Luego se les pide que los clasifique.

Ficha de información — Don, doña, señor, señora y los nombres

- Don (D.) y Doña (Dña.): tratamiento de respeto que se pone delante de los nombres. Su origen es del latín *dominus* que significa "señor".
- Señor (Sr.) y Señora (Sra.): tratamiento de respeto que se pone delante del primer apellido.
- En español, algunos nombres de personas son compuestos: María Teresa, José Luis...
- Algunos nombres de personas tienen un equivalente familiar:

    Rosario = Charo   Francisco = Paco
    Pilar = Pili   José = Pepe
    Guadalupe = Lupe   Rafael = Rafa
    Teresa = Tere   Antonio = Toni o Toño
    Dolores = Lola   Alejandro = Álex
    María Teresa = Maite

La segunda parte de esta sección se centra sobre la adquisición del nombre de los países y de su nacionalidad. Se ha insistido sobre ciertos países. En la sección Gramática el profesor encontrará la lista completa de los gentilicios de los países de América Latina.

El profesor completará la actividad pidiendo a los alumnos que clasifiquen los países por continentes. Se pueden escribir en la pizarra los cinco continentes (Europa, África, América, Asia y Oceanía) y completar con algún país los dos continentes que no aparecen en la lista.

Sugerencia: Conviene que el profesor lleve al aula un mapamundi en español. Y, si no fuera posible, escribirá en la pizarra el nombre de los países y la nacionalidad de todos sus alumnos.

Conviene que todos los alumnos sepan cómo se dice en español el nombre de su país y su nacionalidad. Cada alumno ha de sentir claramente que el profesor le trata de forma diferenciada porque cada uno desempeña un papel especial en el grupo, empezando por su propio origen.

Gramática

Práctica de los verbos **Ser** y **Llamarse** con ejercicios de rellenar huecos y poner en plural. Los estudiantes ven e identifican estos verbos, así como los pronombres personales sujeto. Reconocen aquí las muestras de lengua que han visto en la entrada. Pero quizás no sea el momento todavía de entrar en el estudio detallado de todos los pronombres. Lo importante es que sean capaces de formar el verbo de acuerdo con la persona.

Ficha de información — El uso de los pronombres sujeto

Es obligatorio el uso del pronombre personal sujeto:
- En casos de ambigüedad: *Ella leía un libro y yo escuchaba la radio.*
- Cuando hay varios sujetos: *Elena, tú y yo nos vamos antes. Ellos son Luis y Pedro y ellas son Tere y Lola.*
- En caso de desaparición (elipsis) de la forma verbal en las frases comparativas: *Soy más alto que tú.* El pronombre sujeto también se usa para dar énfasis a la persona de que se trata: *¡Aquí mando yo!*

Para que el alumno se sienta seguro, es muy importante la base gramatical. De ahí la necesidad de una recapitulación precisa y clara, apoyada por la presentación de apuntes, hojas específicas que le conforten visualmente en el aprendizaje, como por ejemplo cuadros gramaticales, transparencias, etc.

Expresión oral

En esta primera unidad el alumno ha aprendido a saludar y despedirse, pero también sabe preguntar cómo se llama una persona (preguntar por el nombre y el apellido), así como responder a esas preguntas. El objetivo de esta sección es el de practicar primero de forma individual partiendo de las ilustraciones y luego en pareja o en grupo, con sus compañeros.

Ficha de información — Uso de los saludos y despedidas

- *¡Buenos días!*: se usa por la mañana hasta la hora de la comida.
- *¡Buenas tardes!*: se usa desde la comida hasta la hora de cenar.
- *¡Buenas noches!*: a partir de la cena. Y también se usa cuando te despides para ir a dormir.
- *¡Hola!* y *¡Adiós!*: se usan durante cualquier momento del día y pueden combinarse con cualquiera de los anteriores.

1

Sugerencia: El profesor pedirá también a los alumnos que muestren las diferentes maneras de saludarse y de despedirse en sus propios países haciendo hincapié en los gestos utilizados.

Es el momento de empezar a conocer a nuestros alumnos, tomando en cuenta el comportamiento individual que quieren manifestarnos: interés, afecto, descontento, indiferencia, etc. El profesor debe aprovechar las dramatizaciones en el aula para profundizar en el conocimiento de sus estudiantes.

Mundo hispano

Se trabaja también el nombre, el apellido y la nacionalidad de algunos personajes famosos hispanos. A pesar de las ilustraciones, es muy posible que algunos estudiantes no conozcan a todos estos personajes. Es el momento de hacerlo y poner un nombre y una cara a famosos de la literatura, del arte, del cine.

En esta sección cultural se sigue aprendiendo el nombre de los países y de sus capitales partiendo de ilustraciones.

El profesor animará a menudo a consultar los mapas que figuran en la contraportada del libro sobre España y América Latina de manera que los estudiantes poco a poco sitúen los países de habla española y sus capitales, y asimilen las nociones de geografía que en ellos figuran.

Ficha de información Los famosos

- Penélope Cruz: actriz española nacida en 1974. Protagonizó *Belle Époque* (de Fernando Trueba) y *Todo sobre mi madre* (de Pedro Almodóvar), que obtuvieron el *Oscar* a la mejor película de habla no inglesa.
- Carlos Fuentes: escritor mexicano nacido en 1928, en una familia de diplomáticos. Recibió el premio Cervantes en 1987. Entre sus obras destacan *La muerte de Artemio Cruz*, *La cabeza de la hidra*...
- Carolina Herrera: diseñadora y creadora venezolana. Es casi la única diseñadora radicada en Estados Unidos con gran reconocimiento en Europa.
- Fernando Botero: pintor, dibujante y escultor colombiano nacido en 1932. Su escultura se caracteriza por figuras de tamaños grandiosos y desproporcionados.
- Isabel Allende: escritora chilena nacida en 1942. Actualmente es miembro de la Real Academia de la Lengua de Chile. Entre sus obras destaca: *La casa de los espíritus*, *De amor y de sombra* o *El plan infinito*.
- Ricky Martin: cantante puertorriqueño nacido en 1971. Con su primer álbum obtuvo ocho Discos de Oro. Actuó en la producción de Broadway *Los miserables*. Actualmente es una superestrella que señaló el comienzo de una nueva era en la música latina.
- Diego Armando Maradona: jugador de fútbol argentino nacido en 1960. A los 16 años ya fue convocado por la selección argentina y a los 19 fue elegido mejor jugador sudamericano del año. Con Argentina, ganó el mundial de México de 1986.
- Rigoberta Menchú: líder indígena guatemalteca nacida en 1959. Fue distinguida en 1992 con el Premio Nobel de la Paz. Con los recursos financieros que recibió de este galardón estableció la Fundación Rigoberta Menchú Tum, con sede en Guatemala y oficinas en la Ciudad de México y Nueva York.

Síntesis

Es el momento en que los estudiantes revisan y confirman todo lo que han aprendido durante esta unidad, pero al mismo tiempo hay que dejarles la posibilidad de crear otras situaciones en las que utilicen los exponentes y funciones que han aprendido. El profesor hará de esta parte un uso creativo y lúdico que permita a los alumnos manejar muestras de lenguas libremente y realizar sus propias interacciones.

La utilización de la creatividad de manera continua es una fuerza motivadora, pues es una llamada para liberar las energías vivas del individuo. Lo que es creativo es necesariamente interesante siempre y cuando esté al alcance de la mayor parte de los individuos. Crear será siempre más estimulante que repetir o reproducir.

Taller de Internet

Este primer taller permite al estudiante abrirse un buzón de cuenta electrónica en un servidor hispano, practicar los conceptos que ha aprendido en clase (nombre, apellidos, nacionalidad, etc.) y, sobre todo, poder mantener correspondencia con personas de diferentes países de habla hispana.

Este buzón le permite también comunicarse con sus propios compañeros de clase y contribuye a crear un ambiente amistoso. El profesor lo podrá utilizar, de igual modo, para comunicarse con sus propios estudiantes y practicar una pedagogía diferenciada.

Sugerencia: El libro **Correo electrónico**, dentro de la colección **Uso de Internet en el aula** (de Edelsa) es un material complementario que además de actividades comunicativas reales, ofrece una amplia sección de listas de correo de personas de habla hispana en todo el mundo.

1 Hola, ¿cómo te llamas?

• En el aeropuerto

• En la ciudad

• En la escuela

1. Escucha y relaciona.

1.
GERMÁN: ¡Hola, Alberto! ¿Cómo estás?
ALBERTO: Muy bien, ¿y tú?
CLARA: Hola, ¿qué tal?
ALBERTO: Hola, Clara.

2.
MIGUEL: Yo me llamo Miguel Sánchez.
CELIA: Encantada.
MIGUEL: Bienvenida a Madrid.

3.
CELIA: Buenas tardes.
Yo soy Celia Vázquez.
MIGUEL: ¿Es usted la señora Vázquez?
Encantado.

4.
MIGUEL: Buenas noches, hasta mañana.
CELIA: Adiós, y gracias.

5.
CLARA: Adiós, Alberto, hasta mañana.
ALBERTO: Hasta mañana.
GERMÁN: Hasta luego.

6.
CELIA: Hola. Yo soy Celia.
¿Y tú cómo te llamas?
CLARA: Hola, yo me llamo Clara.
CELIA: ¿De dónde eres?
CLARA: De aquí, de Madrid. ¿Y tú?
CELIA: Yo soy de Quito, Ecuador.

7.
RECEPCIONISTA: Buenos días,
¿cómo se llama?
ALBERTO: Alberto Benito.
RECEPCIONISTA: ¿"Benito" es nombre o apellido?
ALBERTO: Es el apellido.
RECEPCIONISTA: ¿De dónde es usted?
ALBERTO: Soy argentino.

Comprensión y práctica A
Saludos y presentaciones

1. ¿Qué oyes?

1. ✓ ¿De dónde eres?
   ☐ ¿De dónde es?

2. ✓ ¿Cómo estás?
   ☐ ¿Cómo está?

3. ✓ Yo soy de aquí.
   ☐ No soy de aquí.

4. ✓ ¿Cómo te llamas?
   ☐ ¿Cómo se llama?

2. Di si es verdadero (V) o falso (F).

- F "Benito" es el nombre.
- V Clara es de Madrid.
- F "Alberto" es apellido.
- F Celia es española.
- V Celia es de Ecuador.
- V Alberto es argentino.

3. Relaciona las preguntas y las respuestas.

a. ¿De dónde eres? → 2. De Perú.
b. ¿Cómo te llamas? → 3. Me llamo Fátima.
c. ¿"Alonso" es nombre? → 4. No, es el apellido.
d. ¿Cómo estás? → 1. Muy bien, ¿y tú?
e. ¿Es usted la señora Vázquez? → 5. Sí, soy yo.

4. Completa el cuadro con las expresiones de saludo y despedida de los diálogos.

Formal	Informal
-Buenas tardes.	-Hola.
Buenas noches.	Hasta mañana.
Buenos días.	-Hasta luego.
	Adiós.

5. Clasifica estas expresiones.

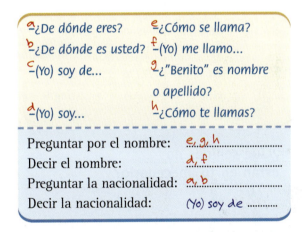

a. ¿De dónde eres?
b. ¿De dónde es usted?
c. (Yo) soy de...
d. (Yo) soy...
e. ¿Cómo se llama?
f. (Yo) me llamo...
g. ¿"Benito" es nombre o apellido?
h. ¿Cómo te llamas?

Preguntar por el nombre: e, g, h
Decir el nombre: d, f
Preguntar la nacionalidad: a, b
Decir la nacionalidad: (Yo) soy de

6. Y tú, ¿cómo te llamas? ¿De dónde eres?

Me llamo...
Soy de...

B Pronunciación y ortografía
Abecedario

1. Escucha y repite el nombre de las letras.

A, a	a	M, m	eme
B, b	be	N, n	ene
C, c	ce	Ñ, ñ	eñe
Ch, ch	che	O, o	o
D, d	de	P, p	pe
E, e	e	Q, q	cu
F, f	efe	R, r	erre, ere
G, g	ge	S, s	ese
H, h	hache	T, t	te
I, i	i	U, u	u
J, j	jota	V, v	uve
K, k	ka	W, w	uve doble
L, l	ele	X, x	equis
Ll, ll	elle	Y, y	i griega
		Z, z	zeta

2. ¿Qué sonidos no están en tu abecedario?

_____
_____
_____
_____
_____

3. ¿Qué letras oyes?

- ☒ j
- ☐ g
- ☐ ll
- ☒ c
- ☒ s
- ☐ l
- ☐ n
- ☒ ñ
- ☒ v
- ☒ ch
- ☐ r
- ☐ h

4. Deletrea el nombre de estas personas.

Alberto, Clara, Celia, Germán, Miguel

5. Deletrea tu nombre.

....

6. Deletrea estas siglas.

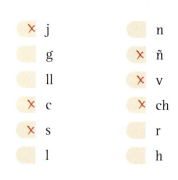

1. AVE
2. IVA
3. P.V.P.
4. Renfe
5. DNI
6. ONCE

7. Observa.

"Benito", "Valdés" — B y V se pronuncian igual: [b].

"Hola", "Honduras" — La H no se pronuncia.

Léxico C
Nombres y nacionalidades

📖 **1a.** Lee y deletrea los nombres y apellidos.

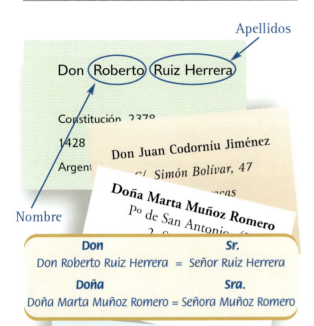

Don / **Sr.**
Don Roberto Ruiz Herrera = Señor Ruiz Herrera
Doña / **Sra.**
Doña Marta Muñoz Romero = Señora Muñoz Romero

Nombres y apellidos. En español las personas tienen dos apellidos: el primero es el del padre, y el segundo, el de la madre.

✏️ **1b.** Clasifica los nombres y apellidos.

Nombre	Primer apellido	Segundo apellido
Roberto	Ruiz	Herrera
Juan	Codorníu	Jiménez
Marta	Muñoz	Romero
Charo	Parra	Oviedo
María Teresa	Sánchez	García

✏️ **2a.** Relaciona.

Holanda — holandés
Francia — francés
Suecia — sueco
Japón — japonés
México — mexicano
Estados Unidos — estadounidense
Panamá — panameño
Colombia — colombiano
Nicaragua — nicaragüense
Italia — italiano
Venezuela — venezolano
Brasil — brasileño

💬 **2b.** Habla con tus compañeros. ¿De dónde son?

Yo soy de...
¿De dónde eres?
Y yo...

D Gramática
Verbos en presente: *SER* y *LLAMARSE*

1a. Observa.

	Ser	Llamarse
Yo	soy	me llamo
Tú	eres	te llamas
Él, ella, usted	es	se llama
Nosotros, nosotras	somos	nos llamamos
Vosotros, vosotras	sois	os llamáis
Ellos, ellas, ustedes	son	se llaman

1b. José presenta a sus estudiantes. Completa las frases.

1. Ella es María y es de Nicaragua.
2. *Él* es Paolo y es *italiano*.
3. Él *es* Peter y es estadounidense.
4. Ellos *son* Monique y Paul y *son* de *Francia*.
5. Ella *es* Regina y *es* brasileña.
6. *Ella* es Tomoko *es japonesa*.
7. Ellos *son* Kurt y Petra y *son de* Alemania.

1c. Completa con los verbos *SER* y *LLAMARSE*.

1. ¿De dónde *eres*? Soy de Barcelona.
2. ¿Cómo *se llama* usted? Me llamo Juan Gómez.
3. Nosotros *somos* de Argentina, ¿y tú?
4. – ¿*Es* usted Carmen Herrero?
   • No, *soy* Laura Herrero.
5. – Hola, ¿cómo *os llamáis*?
   • Nos llamamos Marta y Cristina.
6. – ¿*Sois* italianas?
   • No, somos griegas.

1d. Pon las frases en plural.

1. Soy de aquí. *Somos de aquí.*
2. ¿Cómo te llamas? *¿Cómo os llamáis?*
3. ¿De dónde eres? *¿De dónde sois?*
4. Ella es cubana. *Ellas son cubanas.*
5. ¿Cómo se llama y de dónde es usted? *¿Cómo se llaman y de dónde son ustedes?*
6. Y tú, ¿de dónde eres? *Y vosotros, ¿de dónde sois?*

1e. Completa el diálogo con las palabras del recuadro.

> yo – encantada – se llama – soy – os llamáis

- Buenos días. ¿Cómo *os llamáis*?
• *Yo* soy Mónica.
○ Y yo, Alberto.
- Yo *soy* el profesor de español.
• ¿Y cómo *se llama*?
- Luis González.
• *Encantada.*

Gramática D
Género de los gentilicios

2a. Observa

Masculino	Femenino	Ejemplo
-o	-a	ruso/rusa
-consonante	+ -a	español/española
-e	-e	nicaragüense
-í	-í	marroquí

2b. Escribe el femenino.

a. Francés — francesa
b. Japonés — japonesa 
c. Holandés — holandesa 
d. Sueco — sueca 
e. Estadounidense — estadounidense 
f. Mexicano — mexicana 
g. Nicaragüense — nicaragüense 
h. Italiano — italiana 
i. Griego — griega 
j. Venezolano — venezolana 
k. Paquistaní — paquistaní 
l. Brasileño — brasileña 

2c. Escribe el masculino.

a. Suiza — suizo
b. Marroquí — marroquí 
c. Turca — turco 
d. Finlandesa — finlandés 
e. Canadiense — canadiense 
f. Belga — belga 

g. Irlandesa — irlandés
h. Austriaca — austriaco 
i. Polaca — polaco 
j. Danesa — danés 
k. Iraní — iraní 
l. Peruana — peruano 

2d. Clasifica las palabras del cuadro.

francés – italiana – uruguayo – costarricense
hondureña – chileno – panameño
alemana – egipcio – israelí – colombiano
canadiense – turca – ecuatoriana

Masculinas	Femeninas	Masculinas y femeninas
francés	italiana	canadiense
uruguayo	hondureña	costarricense
chileno	alemana	israelí
panameño	turca	
egipcio	ecuatoriana	
colombiano		

2e. Completa el cuadro.

Masculino / femenino	Adjetivo
-és / -esa	francés/francesa
-aco / -aca	
-ano / -ana	
-eño / -eña	
-ense	
-í	

E Expresión oral
Conocer a otras personas y presentarse

1a. Mira los dibujos. Saluda o despídete de manera formal o informal.

Buenos días	= de 7 h a 14 h	(la mañana)
Buenas tardes	= de 14 h a 21 h	(la tarde)
Buenas noches	= de 21 h a 7 h	(la noche)

A

B

C

D

E

2a. Habla con tu compañero. Pregúntale cómo se llama y de dónde es, como en el modelo.

- Hola, ¿qué tal?
- Muy bien, ¿y tú?
- ¿Cómo te llamas?
- Yo soy Sonia.
- ¿Y el apellido?
- Silva. Me llamo Sonia Silva. ¿Y tú?
- Yo me llamo Juan. ¿Y de dónde eres?
- Soy de Río de Janeiro.
- Yo también soy brasileño.

1b. Despídete como un español.

Adiós...

Adiós, buenas tardes...

 En situaciones formales, los españoles se dan la mano.

En situaciones informales, a los hombres se les da la mano y a las mujeres, dos besos.

2b. Ahora pregúntaselo a los demás compañeros de la clase y anota los nombres en la ficha.

Nombre	Apellido	País / ciudad
....	....	....
....	....	....
....	....	....
....	....	....
....	....	....

Mundo hispano

1. Relaciona el nombre, apellido y nacionalidad de estos personajes famosos.

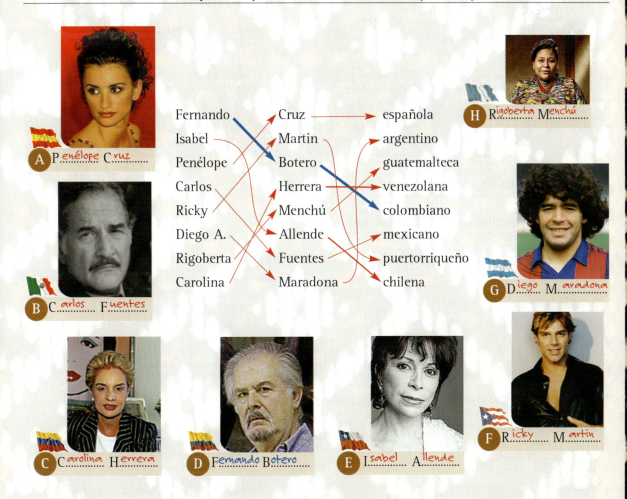

2. Relaciona las fotos con los países y sus capitales.

3. Sitúa en el mapa todos los países vistos en el apartado "Mundo hispano" en los que se habla español.

Síntesis
A B C D E

1. Mira la ilustración.

a. Haz una lista de los nombres y otra de los apellidos. *Eduardo, Luiz, Sandro, John, Isabel, Luis Alberto.*
Montes, Guterres, Moretto, Brown, Castillo, Ruiz, García.

b. Escribe la nacionalidad de cada personaje.

c. Completa los diálogos y relaciónalos con los personajes de la ilustración.

Diálogo 1
- Buenos días.
- Hola, *Buenos días.*
- ¿De dónde es usted?
- *Yo soy* de España. ¿*Y usted*?
- Yo soy de Perú.

Diálogo 2
- Buenos días, *yo soy* Sandro Moretto, de Italia.
- ¡Ah! *Encantado.* Yo soy John Brown, de Gran Bretaña.

Diálogo 3
- Hola, buenos días.
- *Buenos días.*
- ¿Es usted de Portugal?
- No, soy de Brasil.
- ¿De Brasil? *Yo soy* argentino.

d. Inventa otros diálogos.

Taller de Internet

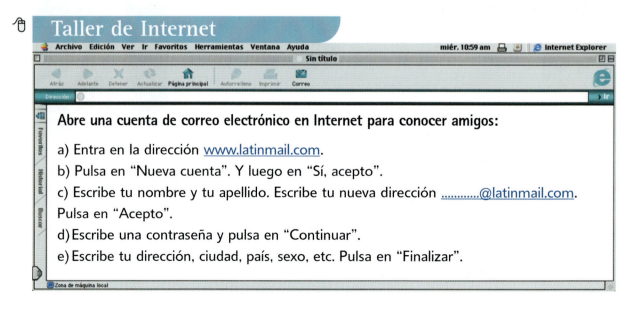

Abre una cuenta de correo electrónico en Internet para conocer amigos:

a) Entra en la dirección www.latinmail.com.
b) Pulsa en "Nueva cuenta". Y luego en "Sí, acepto".
c) Escribe tu nombre y tu apellido. Escribe tu nueva dirección ....@latinmail.com. Pulsa en "Acepto".
d) Escribe una contraseña y pulsa en "Continuar".
e) Escribe tu dirección, ciudad, país, sexo, etc. Pulsa en "Finalizar".

Ya conoces
A B C D E

1a. Las expresiones para saludar y despedirte:

Formal	Informal	Formal	Informal
Buenos días.	*¡Hola!*	*Adiós, hasta mañana.*	*¡Adiós!*
Buenas tardes.	*¡Hola! ¿Cómo estás?*	*Buenas noches.*	*¡Hasta luego!*
Buenas noches.	*Hola, ¿qué tal?*		*Hasta mañana.*

1b. Y para preguntar e informar sobre el nombre y la nacionalidad:

Preguntar	Responder	Preguntar	Responder
¿"Benito" es nombre o apellido?	*Es…*	*¿De dónde eres?*	*(Yo) soy + nacionalidad*
¿Cómo te llamas?	*(Yo) soy + nombre*	*¿De dónde es usted?*	*(Yo) soy de + país*
	(Yo) me llamo + nombre		

2. Las palabras: el nombre, el apellido, la nacionalidad, etc.

3a. Los verbos **SER** y **LLAMARSE** en presente:

	Ser	Llamarse
Yo	soy	me llamo
Tú	eres	te llamas
Él, ella, usted	es	se llama
Nosotros, nosotras	somos	nos llamamos
Vosotros, vosotras	sois	os llamáis
Ellos, ellas, ustedes	son	se llaman

3b. El género de los gentilicios:

Masculino	Femenino	Ejemplo
–o	–a	*ruso/rusa*
–consonante	+ –a	*español/española*
–e	–e	*nicaragüense*
–í	–í	*marroquí*

3c. Los interrogativos:

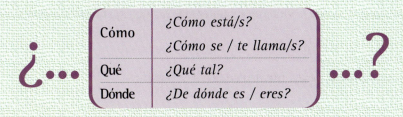

	Cómo	¿Cómo está/s?
		¿Cómo se / te llama/s?
¿…	Qué	¿Qué tal?	…?
	Dónde	¿De dónde es / eres?

2 ¿Cómo se dice en español

Pedir en un bar, en una tienda...

Objetivos

- Aprender a decir que algo no se entiende, solicitar la repetición de lo dicho, pedir a alguien que hable más despacio.
- Aprender a llamar la atención, dar las gracias, pedir perdón.
- Manejarse en una tienda.
- Preguntar por una comida y comprar.
- Estudiar el acento tónico.
- Aprender el género y el número del nombre y los artículos.
- Conocer el desayuno en España y algunos platos de la gastronomía hispana.
- Crear en el aula un clima de comodidad y seguridad.

La unidad empieza presentando una serie de viñetas que se ubican en una tienda de comidas preparadas. Los clientes son extranjeros y no saben qué pedir, por lo que primero preguntan a la vendedora qué son los diferentes productos que hay. Utilizan diferentes expresiones que les ayudan a entender correctamente las palabras.

Sugerencia: Antes de poner la grabación habría que dejar un momento para que los estudiantes se familiaricen con las ilustraciones. El profesor podría hacer unas preguntas sobre lo que ya saben: manera de saludar, por ejemplo, o el vocabulario para pedir en un bar en español; es una manera de recordarles las palabras españolas transparentes que ya conocían: *café*, *té*, *tomate*, *cruasán*, etc.

En una primera audición se solicita al alumno que identifique las palabras claves que le permiten entender cada situación: *oiga*, *perdón*, *gracias*, *por favor*, *lo siento*... Después se pide al alumno que complete las palabras que faltan en las viñetas. Puede utilizar para ello la lámina Nº 2.

En las diferentes audiciones el profesor podrá ir por etapas centrando cada vez la atención sobre un punto: manera de pedir algo, de disculparse, de indicar las cosas, de decir que no entiende, etc. Podrá también ejemplificar estas expresiones en situaciones propias de la clase o del grupo.

Ficha de información — Algunos platos típicos españoles

- *Gazpacho*: sopa fría de hortalizas crudas (tomate, pimiento, pepino, cebolla) y pan. Todo ello condimentado con sal, ajo, aceite y vinagre. Es típico del sur de España (Andalucía y Extremadura).
- *Paella*: plato típico de Valencia, que consiste en arroz guisado con azafrán, carne, legumbres, pescado, etc.
- *Tortilla de patatas*: tortilla hecha de patatas fritas.

Comprensión y práctica

En esta sección el estudiante tiene que identificar las expresiones claves de la unidad, completar los diálogos que se le ofrecen, clasificar expresiones en formales e informales y relacionar los diálogos con los dibujos.

El alumno debe identificar estas expresiones como formales o informales de manera que las pueda utilizar en situaciones de comunicación sencillas.

Antes de proceder a la clasificación se debe realizar una audición deteniéndose sobre las palabras claves para que el estudiante las vuelva a identificar y asimilar.

Sugerencia: Como ejercicio complementario, el profesor pedirá a los alumnos que clasifiquen las expresiones según la función:

Llamar la atención	Agradecer	Disculparse	Expresar que no se entiene
Oiga.	(Muchas) gracias.	Perdón.	¿Cómo?
Por favor.		Perdona/e.	No te/le entiendo.
Perdona/e.		Lo siento.	¿Puede/s repetir, por favor?

A partir de este momento el profesor pedirá a los estudiantes que utilicen todas estas expresiones cuando la situación lo requiera: llamar la atención del profesor o de un compañero, pedir que se repita alguna palabra, expresar que algo no se entiende, agradecer, disculparse, etc.

El alumno tiene que poder seguir la clase en todo momento y para eso necesita disponer de todos los mecanismos a su alcance: expresiones para pedir la repetición o incluso la traducción de palabras.
El alumno se sentirá seguro intelectualmente por la ayuda rigurosa que el profesor le proporciona en sus necesidades, pero también por la ayuda colectiva del grupo: que unos puedan explicar a otros lo que no entienden.

Pronunciación y ortografía

El objetivo de estos ejercicios es tomar conciencia de la melodía del español y por consiguiente del lugar preciso que ocupa en una palabra el acento de intensidad. Es el momento de formar el oído del estudiante.

Sugerencia: Marcar con las manos el acento de intensidad al pronunciarlo. Escribir palabras en la pizarra, pronunciarlas y solicitar a los alumnos para que pasen a subrayar la sílaba tónica.
El profesor puede utilizar una poesía sencilla o una canción para remarcar el acento de intensidad. Por ejemplo estas dos rimas de Béquer:

Por una mirada, un mundo;
por una sonrisa, un cielo;
por un beso... ¡Yo no sé
qué te diera por un beso!

Los suspiros son aire y van al aire.
Las lágrimas son agua y van al mar.
Dime mujer: cuando el amor se olvida,
¿Sábes tú a dónde va?

Ficha de información — El acento tónico

El **acento de intensidad** (o acento tónico) es la mayor fuerza con que se pronuncia una sílaba dentro de una palabra aislada.
La sílaba sobre la que recae el acento de intensidad se llama **sílaba tónica** y las demás se llaman **sílabas átonas**.
En español la posición del acento de intensidad varía dentro de la palabra, lo que permite diferenciar significados: *título,   titulo,   tituló*

Léxico

En esta unidad aparece vocabulario de gran utilidad, así que el profesor animará a sus alumnos a que, una vez realizados los ejercicios escritos, lean varias veces el nombre de las comidas y bebidas y luego sean capaces de improvisar pequeños diálogos como el del ejercicio 3. Este se ha planteado de forma abierta para que el alumno utilice el vocabulario del ejercicio y de toda la unidad de forma creativa. Por eso, observará que hay más espacios para rellenar que palabras. Es una forma de forzarle a utilizar sus conocimientos previos (*café, té, cruasán, aceite, bollos*, son palabras que ya han aparecido en la unidad).
Puede ayudarse con la lámina Nº 18.

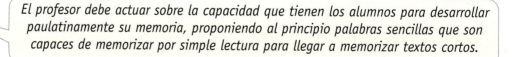

El profesor debe actuar sobre la capacidad que tienen los alumnos para desarrollar paulatinamente su memoria, proponiendo al principio palabras sencillas que son capaces de memorizar por simple lectura para llegar a memorizar textos cortos.

Gramática

Después de una primera etapa de observación el estudiante puede hacer los ejercicios sobre el género del nombre: cambiar a masculino, cambiar a femenino, relacionar los masculinos con los femeninos o clasificar según el género.
El estudiante puede en un primer momento intuir las reglas y luego confirmarlas con los cuadros gramaticales. Aunque el género de los nombres de cosas no sigue ninguna norma, el profesor podrá dar pistas para ayudar al alumno a clasificarlos. También aprende los artículos de las palabras vistas. Las fichas siguientes le serán de mucha utilidad.

Ficha de información — Los nombres de cosas

Son masculinos:
- Generalmente los nombres terminados en **-o**: *bollo, zapato*.
- Ciertos nombres terminados en **-a**: *día, mapa, planeta*.
- Los nombres terminados en **-or**: *color, amor*. Excepto: *flor, coliflor, labor*.
- Los nombres de origen griego terminados en **-ma**: *problema, idioma, programa*.

Son femeninos:
- Generalmente los nombres terminados en **-a**: *mantequilla, tostada, paella*.
- Ciertos nombres terminado en **-o**: *mano, moto*.
- Los nombres terminados en **-tad, -dad, -tud, -ción**: *libertad, verdad, juventud, información*.

Sugerencia: Retomar las palabras ya aprendidas y cambiarles el género.

Ficha de información — Usos de los artículos

Artículo determinado:
- Cuando hablamos de algo conocido: *La profesora es muy simpática.*
- Con señor / señora + apellido: *El señor Fernández*. Excepto cuando hablamos directamente con la persona: *Encantado, señor Fernández*.
- Con las horas y los días de la semana: *Los sábados abre a las diez.*
- Cuando hablamos de cosas únicas: *El sol. La lluvia. Los reyes de España.*

Artículo indeterminado:
- Cuando hablamos de algo por primera vez: *Quiero un café.*
- Hay + artículo indeterminado: *Hay una cafetería.*

La Gramática de esta unidad termina con el aprendizaje del número del nombre. Se procederá del mismo modo, primero con una observación de las palabras que pasan del singular al plural y luego con una fijación de las reglas que figuran en el cuadro gramatical.

Sugerencia: Los alumnos pueden hacer algunos ejercicios gramaticales individualmente para que puedan reflexionar sobre las reglas que están aplicando, otros por parejas y corregirlos después en voz alta o poner las respuestas en la pizarra.

La motivación también reside en la variedad de estos ejercicios. Además, el profesor propondrá una serie de actividades y ejercicios graduados que permitan satisfacer a cada alumno en su deseo de superarse, es decir, una enseñanza individualizada. Para ello, echará mano del Cuaderno de Refuerzo.

Expresión oral

El objetivo del primer ejercicio de Expresión oral es que los alumnos aprendan a preguntar por las palabras que no conocen. Al mismo tiempo tomar conciencia del tratamiento formal o informal en la manera de hacer la pregunta según si la dirigen al profesor o un compañero, a pesar de que en ambos casos puede usar los dos registros.

Cada pregunta tiene que convertirse en un minidiálogo, por lo que se sugiere que se proceda con orden y que las preguntas sean completas y variadas. El profesor variará los turnos de palabra para que todos los alumnos se integren en un momento dado en la interacción.

El ejercicio de simulación requiere que los alumnos preparen por parejas, con la ayuda del profesor, la situación que van a realizar. Una vez terminado pueden repetirlo varias hasta que sepan hacerlo. Luego, si es posible, sería interesante que lo representaran delante de la clase sin mirar el papel.

Cada acto lingüístico se debe transformar en un acto comunicativo con el que establecer un perpetuo vaivén de acción y de interacción entre los participantes. El profesor dará seguridad al alumno premiando las respuestas, las intervenciones, las iniciativas, la espontaneidad.

Sugerencia: En el ejercicio 2b el profesor, o los mismos alumnos, pueden ir cambiando los dibujos que se proponen por otros diferentes, con el fin de que pongan en común el vocabulario que conoce cada uno. Por ejemplo, un estudiante sale a la pizarra, hace un dibujo y pregunta cómo se dice en español o cómo se escribe.

Mundo hispano

El objetivo es familiarizarse con el desayuno típico español y compararlo con el de su propio país. Al mismo tiempo es la ocasión de ampliar el conocimiento de los platos gastronómicos hispanos.

En todo momento se tomará en cuenta lo aprendido en la unidad: pronunciación, acento de intensidad, manera de hacer las preguntas, género y número del nombre.

Ficha de información — Platos típicos de la gastronomía hispana

Arepa: especie de pan de forma circular, hecho con maíz ablandado a fuego lento y luego molido, con huevos y manteca. Se cocina sobre un budare (plato de barro o hierro) o una plancha. Origen venezolano.
Chiles: ají, pimiento o pimentón. De origen mexicano.
Churrasco: carne asada a la plancha o a la parrilla. Origen argentino.
Tacos: La tortilla es básicamente masa de maíz a la que se le añade cal y cocida en el comal (disco de barro o de metal). Es un alimento simple y la vez muy versátil, pues sirve de cuchara, de plato y de base para múltiples alimentos. Enumerar los tacos o tortillas rellenas que pueden prepararse es imposible, pues en cada región, en cada pueblo, en cada calle, en cada esquina y hasta en cada aldea o ranchería se tiene una "especialidad". De origen mexicano.

Síntesis

Después de dejar cierto tiempo al estudiante para que se familiarice con la ilustración, se le pide que describa lo que ve y que invente una frase para cada personaje.

Sugerencia: Para identificar mejor a los personajes de cara al ejercicio 1b, sobre la ilustración se ha marcado algunos de ellos con las letras A, B, C y D. Sin embargo, el profesor propondrá a los alumnos que inventen una frase para todos los personajes:
- El anciano del bastón puede decir: "Por favor" para que le dejen pasar.
- El joven que está a su derecha puede decir: "Yo no quiero nada, gracias".
- El camarero puede decir: "Buenas noches, ¿qué desean?"
- Japonés 1: "Perdón, no le entiendo".
- Japonés 2: "¿Puede repetir?"
- El chico de gafas que está en primer plano: "Es María", refiriéndose a la chica que está sola.

Es el momento también de recordar el léxico aprendido y de reconocer las palabras que figuran en la ilustración.

Para terminar este apartado el profesor pide a los estudiantes que realicen por escrito un minidiálogo entre dos de los personajes.

Sugerencia: El ejercicio 1c puede realizarse por parejas para que después escenifiquen delante de la clase el diálogo inventado.

Todas las actividades propuestas en clase pueden ser de una manera u otra transformadas en actividades creativas. Desde el sencillo comentario de una foto o la tradicional explicación de un texto hasta el juego mas lúdico, se puede dirigir, ya sea en la manera de presentarlo, ya sea en las invitaciones a hacerlo más imaginativo, como actividades que ponen en marcha los resortes creativos.

Taller de Internet

Enviar un desayuno sorpresa a un amigo puede ser una manera entretenida de familiarizarse con la lengua real y ampliar sus conocimientos.

2 ¿Cómo se dice en español?

1. Lee, escucha y completa las palabras que faltan en cada viñeta.

(¿perdón? – buenos días – por favor – lo siento – muchas gracias – sí)

Comprensión y práctica A
En una tienda

1. ¿Qué oyes?

1. ☐ No te entiendo.
   ✓ No le entiendo.

2. ☐ ¿Puedes repetir?
   ✓ ¿Puede repetir?

3. ☐ Quieres paella.
   ✓ Quiere paella.

4. ✓ ¿Quieres algo o no?
   ☐ ¿Quiere algo o no?

2. Completa los diálogos.

1. – ¿Puede repetir, ...por favor...?
   – Gazpacho.
   – ...Perdón..., no le entiendo.
   – ¡Gaz-pa-cho!

   Perdón
   Por favor

2. – ...Oye..., ¿quieres algo?
   – No, ...gracias... .

   Oye
   Gracias

3. – ¿Qué es esto?
   – Esto es paella.
   – ...¿Perdón?...
   – Paella.
   – ¡...Ah..., paella! ...Muchas gracias... .

   Ah
   Muchas gracias
   ¿Perdón?

4. – ...Oiga..., ¿y esto qué es?
   – Tortilla de patatas.
   – ...¿Cómo?... .

   ¿Cómo?
   Oiga

3. Clasifica las expresiones siguientes.

¿Qué desean?
¿Quiere tortilla de patatas?
¿Y tú quieres tortilla de patatas?
¿Puede repetir, por favor?
¿Quieres algo o no?
No le entiendo.

Expresiones formales (USTED)	Expresiones informales (TÚ)
¿Qué desean? ¿Quiere tortilla de patatas? ¿Puede repetir, por favor? No le entiendo.	¿Quieres algo o no? ¿Y tú quieres tortilla de patatas?

4. Relaciona los diálogos con los dibujos.

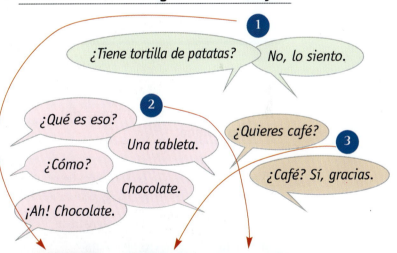

1. ¿Tiene tortilla de patatas? — No, lo siento.
2. ¿Qué es eso? — Una tableta. — ¿Cómo? — Chocolate. — ¡Ah! Chocolate.
3. ¿Quieres café? — ¿Café? Sí, gracias.

A

B

C

B Pronunciación y ortografía
El acento tónico

1. Escucha y repite la pronunciación de las palabras siguientes.

> El acento tónico aparece en sílabas diferentes según las palabras.
> ho<u>la</u>   u<u>sted</u>   a<u>pe</u>llido   E<u>cua</u>dor   <u>Mé</u>xico

•●	
1. Usted	2. Madrid
●•	
3. Nombre	4. Hola
••●	
5. Ecuador	6. Paraguay
•●•	
7. Alberto	8. Mañana
●••	
9. Fátima	10. México

2. Escucha y repite estas palabras despacio y subraya el lugar del acento tónico.

1. Tor-<u>ti</u>-lla
2. A-<u>rroz</u>
3. <u>A</u>-gua
4. Pa-<u>ta</u>-ta
5. Ca-<u>fé</u>
6. <u>Zu</u>-mo
7. Gaz-<u>pa</u>-cho
8. <u>Le</u>-che
9. Cho-co-<u>la</u>-te
10. Pa-<u>e</u>-lla
11. A-<u>cei</u>-te
12. Na-<u>ran</u>-ja

> Si la palabra lleva acento escrito, esa es la sílaba del acento tónico.
> Perú   día   México

3. ¿Qué oyes?

1. ✓ Llamo
   ☐ Llamó

2. ☐ Estas
   ✓ Estás

3. ✓ Nombre
   ☐ Nombré

4. ✓ Llamé
   ☐ Llame

5. ✓ Apellido
   ☐ Apellidó

6. ✓ Quito
   ☐ Quitó

4. Escucha los diálogos y marca el icono que corresponde. Después, escribe la palabra.

1 — 6 — información
2 — 4 — taxi

3 — 1 — lavabos
4 — 2 — autobús

5 — 5 — teléfono
6 — 3 — restaurante

Léxico C
La comida

1. Mira esta ilustración y escribe el nombre.

> café solo   chocolate   té   zumo de naranja
> cruasán   tostadas   pan con aceite   bollos

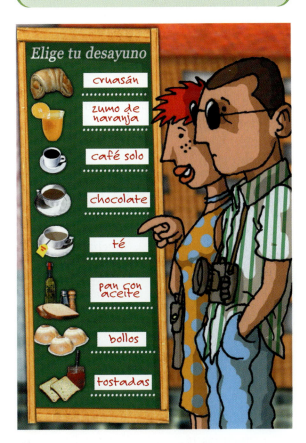

2. Escribe tu propio desayuno.

Por favor, quiero...
....
....
....
....
....
....
.... *Gracias.*

3. Escribe el nombre de estas comidas y bebidas. Después completa el diálogo entre un vendedor y tú.

a. la naranja

> pescado   naranja   pan
> tomate   carne   chocolate
> queso   manzana   leche

b. el pan

c. el tomate

d. el pescado

e. la carne

f. el chocolate

g. el queso

h. la manzana

i. la leche

VENDEDOR: Buenos días.
TÚ: ....
VENDEDOR: ¿Qué desea?
TÚ: ¿Tiene ....?
VENDEDOR: No, no tengo.
TÚ: ¿Y ....?
VENDEDOR: Sí. ¿Quiere ....?
TÚ: Sí, por favor. También quiero ....
VENDEDOR: No tengo, lo siento.
TÚ: Entonces quiero ....
VENDEDOR: Muy bien.
TÚ: ¿Tiene ....?
VENDEDOR: ¿Perdone?
TÚ: ....
VENDEDOR: ¡Ah, sí!
TÚ: También quiero .... y ....
VENDEDOR: Estupendo.
TÚ: Además quiero ....
VENDEDOR: No, ... no tengo.
TÚ: Entonces ....
VENDEDOR: ¿Algo más?
TÚ: Y ....
VENDEDOR: Aquí tiene.
TÚ: Gracias.

D Gramática

El género del nombre

1a. Observa.

> Los nombres masculinos de personas y animales acaban a menudo en –o y los femeninos en –a.
>
> | Masculino | Femenino |
> |---|---|
> | alumno | alumna |
> | niño | niña |
> | gato | gata |
>
> Muchos nombres masculinos de personas y animales acaban en consonante y el femenino añade una –a.
>
> | Masculino | Femenino |
> |---|---|
> | profesor | profesora |
> | señor | señora |
>
> Hay otros nombres que tienen palabras distintas para masculino y para femenino.
>
> | Masculino | Femenino |
> |---|---|
> | hombre | mujer |
> | padre | madre |
> | toro | vaca |

> Los nombres de cosas no siguen ninguna norma.
>
> | Masculino | Femenino |
> |---|---|
> | teléfono | tortilla |
> | día | mano |
> | café | noche |
> | arroz | información |

1b. Cambia a femenino.

a. Alumno .... *alumna*
b. Hombre .... *mujer*
c. Profesor .... *profesora*
d. Niño .... *niña*
e. Señor .... *señora*
f. Compañero .... *compañera*
g. Amigo .... *amiga*
h. Chico .... *chica*

1c. Cambia a masculino.

a. Directora .... *director*
b. Madre .... *padre*
c. Gata .... *gato*
d. Vendedora .... *vendedor*
e. Loba .... *lobo*
f. Maestra .... *maestro*
g. Abuela .... *abuelo*
h. Vaca .... *toro*

1d. Relaciona.

Masculinos	Femeninos
a. Papá	1. Esposa
b. León	2. Muchacha
c. Esposo	3. Mamá
d. Muchacho	4. Doctora
e. Doctor	5. Leona

(a–3, b–5, c–1, d–2, e–4)

1e. Clasifica los nombres subrayados.

1. Quiero <u>aceite</u> y <u>pan</u>, por favor.
2. Carlos es <u>profesor</u> y su esposa es <u>doctora</u>.
3. No tengo <u>ordenador</u> ni <u>impresora</u>.
4. Tiene <u>chocolate</u> y <u>leche</u>.
5. ¿Quiere <u>tortilla</u> de <u>patatas</u>?
6. Esto es <u>carne</u> con <u>tomate</u>.
7. <u>Teléfono</u> es una <u>palabra</u> internacional.

Masculinos	Femeninos
aceite	doctora
pan	impresora
profesor	leche
ordenador	tortilla
chocolate	patatas
tomate	carne
teléfono	palabra

Gramática D
El número del nombre y los artículos

2a. Observa.

Artículo determinado

	Masculino	Femenino
Singular	el	la
Plural	los	las

Artículo indeterminado

	Masculino	Femenino
Singular	un	una
Plural	unos	unas

2b. Pon el artículo determinado.

a. **La** palabra
b. **Los** nombres
c. **Los** apellidos
d. **La** información
e. **Las** naranjas
f. **Los** teléfonos
g. **La** carne
h. **El** pescado
i. **Los** chocolates
j. **El** lavabo
k. **Las** noches
l. **La** tarde

2c. Pon el artículo indeterminado.

a. **Un** país
b. **Unas** ciudades
c. **Un** saludo
d. **Una** despedida
e. **Unas** letras
f. **Un** argentino
g. **Unos** toros
h. **Un** verbo
i. **Un** idioma
j. **Una** ficha
k. **Unas** compañeras
l. **Unas** profesoras

2d. Marca el artículo correcto.

1. El / (los) alumnos son buenos estudiantes.
2. ¿Quieres (un) / unos café?
3. El / (la) paella tiene un limón.
4. Necesito un / (una) información.
5. ¿Es usted el / (la) abuela de Juan?
6. Susana trabaja por el / (la) noche.
7. Unos / (unas) naranjas, por favor.
8. ¿Son ustedes (los) / las señores Martínez?

2e. Pon las siguientes frases en femenino.

1. Quiero hablar con el director. **...la directora.**
2. Es mi padre. **Es mi madre.**
3. Quiero un gato. **Quiero una gata.**
4. Ellos no son los vendedores. **Ellas ...las vendedoras.**
5. ¡Es un niño! **¡Es una niña!**
6. Buenos días, señor, ¿qué desea? **...señora, ¿qué desea?**

3a. Observa.

Singular: acabado en vocal.	Plural: +s
amigo	amigos
fiesta	fiestas
café	cafés

Singular: acabado en consonante o en **í**.	Plural: +es
información	informaciones
jamón	jamones
marroquí	marroquíes

Observaciones:
Los nombres acabados en –z hacen el plural en –ces:
el arroz – los arroces
Muchos nombres acabados en –s no cambian:
el lunes – los lunes

3b. Cambia al plural.

a. El tomate — **Los tomates**
b. Una paella — **Unas paellas**
c. Un pescado — **Unos pescados**
d. Una playa — **Unas playas**
e. Un televisor — **Unos televisores**
f. El autobús — **Los autobuses**
g. Un bar — **Unos bares**
h. La noche — **Las noches**

3c. Pon las siguientes frases en plural.

1. El cliente quiere naranja. **Los clientes quieren naranjas.**
2. ¿Es usted español? **¿Son ustedes españoles?**
3. Es una estudiante alemana. **Son unas estudiantes alemanas.**
4. Es un amigo israelí. **Son unos amigos israelíes.**
5. La profesora no es inglesa. **Las profesoras no son inglesas.**

E Expresión oral
Preguntar por una comida y comprar

1. Pregunta a tu compañero o al profesor qué son estas cosas.

Informal	Formal
¿Cómo se dice ...... en español?	
¿Qué es esto?	
¿Puedes repetir, por favor?	¿Puede repetir, por favor?
No te entiendo	No le entiendo
¿Perdón?	
¿Cómo?	

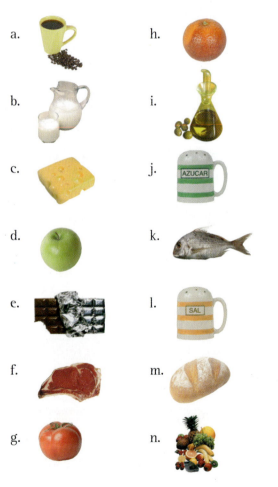

2a. Habla con tu compañero. Uno es el vendedor y otro el cliente. Pide una cosa distinta cada vez (café, aceite, pan, huevos...).

2b. Quieres una cosa y no conoces el nombre en español. Pregunta al compañero o al profesor.

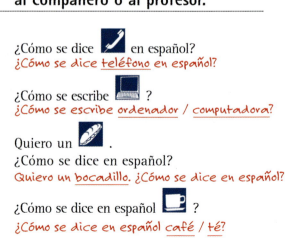

22
veintidós

Mundo hispano

1a. Este es un desayuno típico en España. Escribe las palabras.

- Tostadas
- Mermelada
- Mantequilla
- Zumo de naranja
- Café (con leche)

1b. ¿Es igual en tu país? ¿Cuál es el desayuno típico?

....
....

1c. Compara los resultados con tus compañeros.

2a. Aquí tienes unos platos típicos de la gastronomía hispana. ¿Cuáles conoces? Escribe el nombre.

1. Arepa
2. Chiles
3. Chocolate
4. Churrasco
5. Gazpacho
6. Paella
7. Tacos
8. Tortilla de patatas

tacos   churrasco   tortilla de patatas   paella   chocolate   gazpacho   arepa   chiles

2b. ¿Cómo se pronuncian estas palabras? Escucha y marca el acento tónico.

Síntesis
A B C D E

1. Mira la ilustración.

a. Describe la escena (¿Dónde están? ¿Qué hacen?).

b. Imagina una frase para cada persona.

c. Elige a uno de los personajes e imagina el diálogo.

Taller de Internet

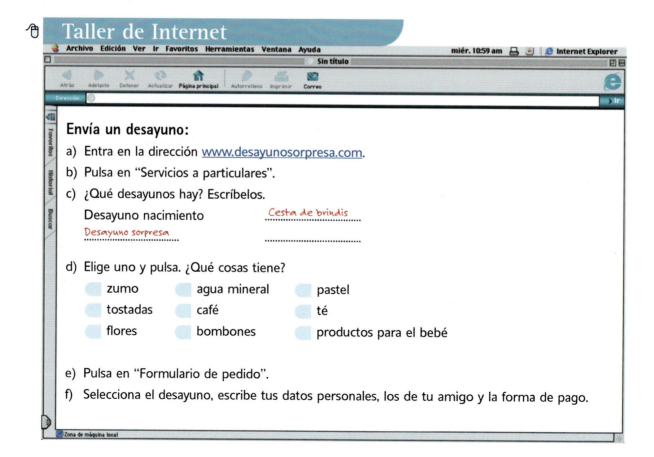

Envía un desayuno:
a) Entra en la dirección www.desayunosorpresa.com.
b) Pulsa en "Servicios a particulares".
c) ¿Qué desayunos hay? Escríbelos.

Desayuno nacimiento   *Cesta de brindis*

Desayuno sorpresa

d) Elige uno y pulsa. ¿Qué cosas tiene?

- zumo
- agua mineral
- pastel
- tostadas
- café
- té
- flores
- bombones
- productos para el bebé

e) Pulsa en "Formulario de pedido".
f) Selecciona el desayuno, escribe tus datos personales, los de tu amigo y la forma de pago.

Ya conoces

A B C D E

1. Las expresiones para manejarse en una tienda:

Oye / Oiga.	Muchas gracias. Gracias.	Perdón. Perdone. Perdona.	Lo siento. Por favor.	¿Cómo? ¿Perdón? No le / te entiendo. ¿Puede / Puedes repetir?

Formal	Informal
¿Qué desea(n)?	¿Qué quieres?
¿Puede repetir, por favor?	¿Puedes repetir, por favor?
¿Quiere tortilla de patatas?	¿Quieres tortilla de patatas?
No le entiendo.	No te entiendo.
Perdone.	Perdona.

2. Las comidas y bebidas: el aceite, el agua, el arroz, el azúcar, los bollos, el café con leche, el café solo, la carne, el cortado, el cruasán, el chocolate, la ensaimada, el gazpacho, la leche, la magdalena, la manzana, la naranja, la paella, el pan, la patata, el pescado, el plátano, el queso, la sal, el té, el tomate, la tortilla, la tostada con mantequilla y mermelada, la uva, el zumo de naranja...

3a. La forma para conocer el género de las palabras:

Los nombres masculinos de personas y animales acaban a menudo en –o y los femeninos en –a.

Masculino	Femenino
alumno	alumna
niño	niña
gato	gata

Muchos nombres masculinos de personas y animales acaban en consonante y el femenino añade una –a.

Masculino	Femenino
profesor	profesora
señor	señora

Hay otros nombres que tienen palabras distintas para masculino y para femenino.

Masculino	Femenino
hombre	mujer
padre	madre
toro	vaca

Los nombres de cosas no siguen ninguna norma.

Masculino	Femenino
teléfono	tortilla
día	mano
café	noche
arroz	información

3b. Y los artículos:

Artículo determinado		
	Masculino	Femenino
Singular	el	la
Plural	los	las

Artículo indeterminado		
	Masculino	Femenino
Singular	un	una
Plural	unos	unas

3c. El número del nombre:

Singular: acabado en vocal.	Plural: +s
amigo	amigos
fiesta	fiestas
café	cafés

Singular: acabado en consonante o en í.	Plural: +es
información	informaciones
jamón	jamones
marroquí	marroquíes

Observaciones:
Los nombres acabados en –z hacen el plural en –ces:
el arroz – los arroces
Muchos nombres acabados en –s no cambian:
el lunes – los lunes

3 ¿Dónde vives?

Situar objetos

Objetivos

- Saber preguntar y decir la dirección, el teléfono y el correo electrónico.
- Situarse en el espacio y orientarse.
- Aprender a pronunciar los sonidos [θ] y [k] y la entonación de la frase.
- Estudiar los presentes regulares y empezar el estudio de los presentes irregulares: *querer, tener, repetir*.
- Conocer el uso de *TÚ – USTED – VOS*.
- Memorizar los números del 0 al 19.
- Conocer la palabras para orientarse en la ciudad: calles, plazas, edificios.
- Aprender las abreviaturas relativas a las direcciones postales.
- Identificar los establecimientos característicos del paisaje urbano en España.
- Conocer algunos datos personales de los compañeros de clase.

Desarrollo de las secciones

La unidad 3 comienza con una serie de cuatro ilustraciones que, ordenadas correctamente, dan la pista de una secuencia muy común entre varios amigos que quedan. El pretexto para verse es un desayuno, con cuyo léxico el estudiante ya está familiarizado gracias a la unidad anterior.

En un primer momento se pide al alumno que observe las ilustraciones atentamente. Puede utilizar la lámina Nº 3. Hay que dejar cierto tiempo para que se familiarice con ellas. El profesor escribe en la pizarra algunas palabras y expresiones que ya se han estudiado y otras nuevas: *teléfono, contestador automático, señal, mensaje, correo electrónico, llamar* y *dejar un mensaje*.

La audición puede ser fragmentada para que el alumno tenga tiempo de asimilarla. El profesor puede hacer algunas preguntas orientativas que le ayuden en la comprensión: ¿es una voz de hombre o de mujer?, ¿habla de manera formal o informal?, ¿los personajes se conocen entre sí o no?

Sugerencia: Para situar las cosas en el espacio el profesor puede tomar elementos concretos que están en el aula y simular situaciones para practicar las expresiones que aparecen en la audición: **a la derecha de**, **al lado de**, **en frente de...** También puede valerse de dibujos en la pizarra.

Sugerencia: A partir de la oferta del desayuno que aparece en una de las imágenes, el profesor repasará el vocabulario de la unidad 2 preguntando a los alumnos qué han desayunado hoy y qué otros productos de desayuno conocen.

Comprensión y práctica

El objetivo de este apartado es fijar las cifras y las funciones que permiten situar en el espacio. Si el alumno comprendió globalmente la audición inicial, será capaz de escuchar, identificar las palabras y completar los huecos del ejercicio 1 con los números y las palabras correctas sin problemas.

El ejercicio 2 servirá para que el alumno memorice las expresiones de situar en el espacio y las reconozca gracias a la nueva audición.

Los ejercicios 3 y 4 son de consolidación. En el primero, el alumno ordena un diálogo en el que dos personas se intercambian información personal y que le servirá de modelo para explicar oralmente sus propios datos.

Sugerencia: El profesor ampliará esta parte con preguntas que tienen que ver con otras situaciones en las que está o vive el alumno. También puede pedir que algunos voluntarios escenifiquen el diálogo del ejercicio 3, aportando alguna originalidad.

Sugerencia: El profesor preparará 10 papeles pequeños: en 5 de ellos escribirá las preguntas del diálogo del ejercicio 3 y en los otros 5 escribirá las respuestas. En clase las repartirá entre sus alumnos para que cada alumno encuentre a su pareja pregunta-respuesta correcta.

El juicio más conocido por parte de todos los alumnos es que éstos trabajan si les gusta o quieren al profesor y que de lo contrario no trabajan. Evidente es que el profesor tiene que demostrar repetidas veces que a él le gusta estar en la clase en que está y que le gustan los alumnos que tiene. Por eso, tiene que llevar a la clase ideas originales y divertidas con las que pasarlo bien con los alumnos.

Pronunciación y ortografía

El objetivo es fijar el sonido [θ] y el sonido [k], las letras C y Z y la entonación de la frase.

Ficha de información — La frase afirmativa e interrogativa

La frase afirmativa expresa objetivamente un hecho. Su entonación es la siguiente:

a) Si la frase lleva acento tónico en la primera sílaba, el tono empieza alto desde el principio, se mantiene y desciende al final.
  Quiero café.

b) Si la frase lleva el acento tónico en la segunda o siguientes sílabas, el tono empieza bajo hasta la primera sílaba tónica, se mantiene así y luego desciende al final.
  En el número cinco.

La frase interrogativa total pregunta por la verdad o falsedad de la expresión: se contesta con un *sí* o un *no*. En este tipo de frases la entonación va subiendo hasta la primera sílaba tónica, luego empieza a bajar hasta la última sílaba tónica y al final vuelve a subir.
  ¿Me envías un plano?

La frase interrogativa parcial pregunta sobre algún dato concreto de la expresión, por lo que la respuesta es abierta. Esta frase siempre empieza por un elemento interrogativo. La entonación es parecida a la de la frase afirmativa.

¿Cuál es tu dirección?

Sugerencia: El libro **Tiempo para pronunciar** (de Edelsa) es un magnífico material complementario pensado para estudiantes de nivel inicial, que tiene más de 100 ejercicios para practicar y mejorar la pronunciación del español. El libro incluye un CD-Audio para que el alumno pueda trabajar de forma autónoma.

La ayuda intelectual forma parte de la motivación. Si el profesor quiere responder de una manera precisa a las necesidades diferenciadas de cada alumno debe proporcionarles un material específico (ejercicios de corrección fonética, de comprensión, gramaticales, etc.).

Léxico

En esta sección se propone al alumno el aprendizaje de los números del 0 al 19 a partir del juego del bingo.

En los siguientes ejercicios conocerá la manera de escribir las direcciones postales (incluyendo las diferentes abreviaturas utilizadas en español) y, por último, a partir de la lectura de una tarjeta postal, el alumno aprenderá un léxico de gran utilidad para orientarse en la ciudad.

Ficha de información — Abreviaturas relacionadas con el correo

Apdo. = *apartado*. Servicio de la oficina de correos por el que se alquila al usuario una caja o sección con un número, en donde se deposita su correspondencia.
Av.; avd.; avda = *avenida*.
Barna. = *Barcelona (España)*.
Bº = *barrio*.
Bs. As. = *Buenos Aires*.
C/; C.; Cl = *calle*
Cra. = *carrera*. Se llama así a la calle que antes fue camino.
Col. = *colegio*.
C.P. = *código postal*. Relación de números formados por cifras que funcionan como clave de zonas, poblaciones y distritos, a efectos de la clasificación y distribución del correo.
Dcha. = *derecha*.
D.F. = *distrito federal*.
igl. = *iglesia*.
Inst. = *instituto*.
Izq.; Izda. = *izquierda*.
Nº.; Núm. = *número*
Pla.; Pza.; plza. = *plaza*.
ppal.; pral. = *principal*. Piso que en los edificios se halla sobre el bajo o el entresuelo.
prov. = *provincia*.
s.n.; s/n = *sin número*.
Univ. = *universidad*.

Gramática

El objetivo de esta parte gramatical es comenzar el estudio sistemático de la conjugación española partiendo de las tres conjugaciones regulares y abordando poco a poco los modelos de los verbos irregulares. El profesor tomará en cuenta que la conjugación española es un punto delicado del aprendizaje debido a la complejidad. La conjugación española cuenta con no menos de cien verbos irregulares. En este módulo se le exigirá al alumno que conozca solamente el Presente de Indicativo, el Pretérito Indefinido y el Imperativo de unos cuarenta verbos modelos.

Para facilitar el aprendizaje a lo largo de los diferentes niveles, el estudiante encontrará siempre el mismo verbo modelo conjugado en los diferentes tiempos. En caso de duda y para no volver hacia atrás, el estudiante puede consultar las tablas de estos verbos en el *Cuaderno de Refuerzo*.

El aprendizaje de los verbos tiene que ser sistemático. El alumno no puede expresarse y al mismo tiempo repasar en su mente la conjugación de un verbo. Tiene que saberlos de memoria. Puede utilizar la lámina Nº 13.

Ficha de información — TU - VOS - USTED

El *tuteo* (llamar de **tú** al interlocutor) se ha extendido mucho últimamente, incluso entre personas que no se conocen (vendedor y cliente, por ejemplo).
Por favor, ¿me pones un café con leche?
Sin embargo, el uso de **usted** sigue considerándose más adecuado en la vida profesional, puesto que sirve como distanciador.
¿Tiene usted un momento, por favor?
Recuérdese que **usted** concuerda con el verbo en 3ª persona, a pesar de referirse a nuestro interlocutor.
En algunas zonas de España (parte de Andalucía y Canarias) y en toda América Latina, no existe **vosotros** y sólo se usa **ustedes**.
¿Ustedes viven aquí? en lugar de *¿Vosotros vivís aquí?*
En la América hispanohablante está muy extendido el fenómeno llamado **voseo**, que consiste en el uso de **vos** en lugar de **tú**, como tratamiento familiar. El **voseo** va unido a formas verbales algo distintas.
¿Vos hablás español?

Sugerencia: Una manera fácil de recordar cómo son las formas verbales de *vos*, es tomando las formas de la segunda persona del plural y eliminando la vocal débil:

vosotros habláis = vos hablás   vosotros sois = vos sos
vosotros bebéis = vos bebés   vosotros queréis = vos querés

El profesor propondrá diferentes formas de las segundas personas del plural para que el alumno las cambie por la forma de *vos*. Es un método sencillo y divertido para aprender verbos.

Para que el alumno se sienta seguro, el aprendizaje tiene que hacerse de manera progresiva y programada, proponiendo paso a paso una solución a los problemas gramaticales que le afectan.

3

Expresión oral

El objetivo de la primera actividad es que el estudiante pueda hacer las preguntas básicas que le permiten obtener información del interlocutor: saber cómo se llama, dónde vive, cuál es su número de teléfono, su dirección de correo electrónico, etc., y saber cómo tiene que contestar a estas preguntas.

A continuación, los alumnos inventan diferentes tarjetas para practicar el mismo ejercicio, pero ahora se puede jugar a elegir la tarjeta más original. No olvidemos que tienen las herramientas de léxico adecuadas para escribir nombres, lugares y direcciones muy diversas. Es una actividad que sirve para afianzar el léxico aprendido en esta unidad.

En la segunda parte de la sección (ejercicios 2 y 3) entran en juego las expresiones para situarse en el espacio y orientarse.

Sugerencia: En la sección del plano de la ciudad de Madrid aparecen tres de los museos más importantes de España: Museo del Prado, Museo Thyssen-Bornemisza, Centro de Arte Reina Sofía. El profesor podría llevar a la clase fotografías de cuadros famosos que se pueden ver en esos museos y comentarlas con los alumnos.

Ficha de información | La milla de oro de la pintura mundial

La zona desde la fuente de Neptuno hasta Atocha acoge la llamada milla de oro de la pintura mundial: **Museo del Prado, Museo Thyssen-Bornemisza** y **Museo Nacional Centro de Arte Reina Sofía**. No hay que olvidar el **Jardín Botánico**, ni el **Parque del Retiro**, el más importante de los jardines madrileños.
Museo del Prado: Uno de los más prestigiosos del mundo, recoge magníficas obras de Velázquez y Goya. También obras de autores extranjeros, sobre todo italianos y flamencos. Pº. del Prado, s/n. Metro: Atocha y Banco de España. Tel.: (+34) 91 330 28 00.

http://museoprado.mcu.es
Centro de Arte Reina Sofía: En su interior se encuentra el famoso *Guernica* de Picasso. También otras obras de artistas tan renombrados como Dalí o Miró. Santa Isabel, 53. Tel.: (+34) 91 467 50 62. http://museoreinasofia.mcu.es
Museo Thyssen Bornemisza: Guarda una de las colecciones particulares de arte más importantes del mundo, donada a España en 1993. Se exponen obras maestras de Tiziano, Goya, Van Gogh, Picasso, entre otras grandes firmas del arte. Pº. del Prado, 8. Tel.: (+34) 91 359 01 51. http://www.museothyssen.org

Sugerencia: Para terminar la sección, el profesor propondrá, individualmente o en parejas, la elaboración de un mensaje para decir dónde se encuentran y dejarlo grabado en un contestador telefónico.

La creatividad, como fuente de motivación, reside no sólo en la actitud del profesor para crear situaciones, actividades, ejercicios nuevos o insólitos que hacen hincapié en lo imaginativo del alumno, sino que consiste igualmente en la libertad de éste para dar rienda suelta a su originalidad y a las ganas de manifestarla.

Mundo hispano

En esta sección se le pide al estudiante que relacione las fotos con sitios típicos del paisaje urbano español. Luego se le pide que relacione estos lugares con la actividad que en ellos se hace, teniendo en cuenta que, en algunos de ellos, no sólo se realiza una actividad.

El profesor podrá dar más detalles sobre estos lugares y actividades a partir de la ficha de información siguiente. El objetivo es que los compare con establecimientos parecidos en su país y contrastar elementos culturales.

Ficha de información | El paisaje urbano en España

Puesto de la ONCE: pequeña caseta que la empresa ONCE (ver unidad 1 del *Libro del Profesor*) instala en la calle para vender los llamados "cupones".

Estanco: sitio o tienda donde se venden especialmente sellos, sobres de carta, tabaco y cerillas.

Administración de lotería: local en el que se venden billetes de lotería. Este es un juego público en que se premian con diversas cantidades varios billetes sacados a la suerte entre un gran número de ellos que se ponen en venta.

Oficina de correos: lugar donde se admite correspondencia oficial y privada para su transporte. También ofrece otros servicios como el telegráfico, los giros postales o el fax.

Buzón: recipiente en la calle en el que se echan las cartas y papeles para el correo.

Kiosco: construcción pequeña que se instala en la calle o lugares públicos para vender en ella periódicos, flores, etc.

Tasca: establecimiento público, de carácter popular, donde se sirven y expenden bebidas y, a veces, se sirven comidas. También se llaman tabernas.

Churrería: lugar donde se hacen y se venden churros. El churro es una masa de harina y agua a la que se da forma de cordón grueso con un aparato especial y se fríe en aceite. Es un producto muy típico que se suele comer con chocolate caliente.

Síntesis

El profesor dejará observar la ilustración el tiempo necesario y pedirá después al alumno que describa todo lo que ve. Se puede pedir primero a los estudiantes una descripción metódica hasta que todos los alumnos se hayan expresado y pedirles después que hagan las preguntas correspondientes para poder situar los sitios y los objetos.

En la última actividad se solicita al estudiante que haga un juego de rol: por parejas escriben un pequeño guión, repiten los diálogos y luego lo presentan delante de todos.

Taller de Internet

El objetivo de este taller es el de enviar una tarjeta postal musical de un país de habla hispana. El estudiante recorre así varios países y temas musicales y mantiene una correspondencia en español con un amigo.

Sugerencia: El libro **Correo electrónico**, dentro de la colección **Uso de Internet en el aula** (de Edelsa), ya recomendado en la Unidad 1, dispone de un amplio catálogo de direcciones.

3 ¿Dónde vives?

1. Escucha y numera las imágenes.

2. Escucha otra vez y marca en el plano dónde está la cafetería.

Comprensión y práctica A
Número de teléfono y direcciones

1. Escucha y completa los diálogos.

1

0	1	2	3	4
cero	uno	dos	tres	cuatro
5	6	7	8	9
cinco	seis	siete	ocho	nueve

Este es el 9 - 0 - 8 - 4 - 2 - 0 - 5 - 0 - 5

2

desayunamos - comemos - merendamos - cenamos - avenida - calle - paseo - plaza - cuatro - cinco - ocho - a la derecha - a la izquierda - al lado - enfrente - fax - carta - correo electrónico

- Oye, mañana *desayunamos* en la cafetería Suiza.
- ¿Cuál es la dirección?
- Está en la *calle* Delicias.
- ¿En qué número?
- En el número *cinco*.
- ¿Dónde está?
- Está *al lado* de una oficina de correos y *enfrente* del Hotel Ginebra.
- ¿Me envías un plano?
- Sí, te envío un plano por *fax*.

2. Observa el cuadro, escucha y escribe las respuestas.

Situar en el espacio
- cerca de / lejos de
- al lado de
- a la derecha de / a la izquierda de
- enfrente de
- delante de / detrás de
- entre

¿Dónde está la oficina de correos? — *Entre el hotel y el estanco.*

¿Dónde está la estación del metro? — *Detrás de la cafetería.*

¿Dónde están los niños? — *A la derecha del hospital.*

¿Dónde está la cafetería? — *A la izquierda de la oficina de correos.*

¿Dónde está el buzón? — *Delante del estanco.*

3. Escucha y ordena el diálogo.

- 4   a. En el 5.
- 1   b. Hola, ¿dónde vives?
- 8   c. Es el 907 11 00 14.
- 3   d. ¿En qué número?
- 9   e. ¿Cuál es tu correo electrónico?
- 2   f. Vivo en la calle Goya.
- 10   g. Mi correo es marcelo@inter.es
- 6   h. Está cerca de la estación.
- 5   i. ¿Dónde está esa calle?
- 7   j. ¿Cuál es tu número de teléfono?

4. Y tú, ¿dónde vives? Di tu dirección y dónde está tu casa.

Yo vivo en la calle... Mi casa está...

B Pronunciación y ortografía
La ce (c), la zeta (z), la cu (q) y la entonación de la frase

1a. Escucha y repite la pronunciación de las palabras siguientes.

> La letra **C** se pronuncia [θ] delante de E, I

1. Gracias   2. Marcelo   3. Cero

> La letra **C** se pronuncia [k] delante de A, O, U

4. Cafetería   5. Correos   6. Cuatro

> La letra **Z** siempre se pronuncia [θ]

7. Suiza   8. Zona   9. Diez

> La letra **Q + U** se pronuncia [k] delante de E, I

10. Queda   11. Que   12. Quince

1b. Escucha estas palabras y escribe las letras que faltan (c, z, qu).

a. Estan**c**o   f. **C**orreos
b. **C**afetería   g. Par**qu**e
c. Pla**z**a   h. **C**iudad
d. Bu**z**ón   i. Supermer**c**ado
e. **C**alle   j. **C**ine

1c. Escucha y ordena según el orden en que se pronuncia.

a.
  1 Cinco
  2 Bingo

b.
  2 Plaza
  1 Placa

c.
  2 Zona
  1 Lona

2. Escucha estas palabras pronunciadas por un hablante que "sesea".

> En algunas zonas de España y en toda América Latina, el sonido [θ] no existe. Por eso, **za, ce, ci, zo** y **zu** se pronuncian siempre [s]. A esto se le llama **seseo**.

a. Gracias   c. Cero   e. Zona
b. Marcelo   d. Suiza   f. Diez

3a. Escucha y repite estas frases con entonación diferente.

1. ¡Hola!
2. ¿Cómo te llamas?
3. Yo soy Miguel.
4. ¡Encantada!
5. ¿Dónde vives?

3b. Escucha y repite.

> La frase **afirmativa** termina hacia abajo.

Ejemplo: Está en la calle Delicias.

1. Está al lado de la oficina de correos.
2. Vivo en la calle Goya.
3. Me llamo Manuel.
4. Te envío una plano por fax.

3c. Escucha y repite.

> La frase **interrogativa** termina hacia abajo con interrogativo inicial.

Ejemplo: ¿Cuál es la dirección?

1. ¿Cómo te llamas?
2. ¿De dónde eres?
3. ¿Dónde vives?
4. ¿Dónde está la cafetería?

3d. Escucha y repite.

> La frase **interrogativa** termina hacia arriba sin interrogativo inicial.

Ejemplo: ¿Me envías un plano?

1. ¿Está cerca?
2. ¿Hablas español?
3. ¿Me entiendes?
4. ¿Eres uruguaya?

Léxico C
Números y direcciones

1a. Observa.

0 cero	1 uno	2 dos	3 tres
4 cuatro	5 cinco	6 seis	7 siete
8 ocho	9 nueve	10 diez	11 once
12 doce	13 trece	14 catorce	15 quince
16 dieciséis	17 diecisiete	18 dieciocho	19 diecinueve

1b. Escribe en este cartón de bingo números del 0 al 19.

Ahora escucha y tacha los números que oyes. Si completas el cartón, di ¡Bingo!

2. Lee estos sobres y marca las direcciones.

Estanco Pérez
C/ Goya, 13
15009 LA CORUÑA

D. Mario López García
Gta. de Quevedo, 9
28008 MADRID

Carlos Fernández López
C/ Hipólito Irigoyen, 1956
1086 BUENOS AIRES

Farmacia La Salud
Pza. Urquinaona, 1
08001 BARCELONA

3a. Relaciona.

1. C/ — d. Calle
2. Pº. — a. Paseo
3. Avda. — e. Avenida
4. Pza. — c. Plaza
5. Nº. — b. Número
6. Gta. — f. Glorieta

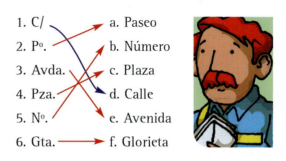

3b. Lee la siguiente carta postal.

Querido Luis:
Ahora vivo en una ciudad al lado de un río. Las calles son pequeñas y no tiene avenidas. Los edificios altos están lejos del centro: son la iglesia y el hospital. Tenemos un museo y un monumento a Colón. Mi casa está en la Plaza Mayor enfrente de un parque. ¿Quieres conocerla?

Tu amigo,
Carlos

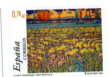

D. Luis Gómez
Gta. de Ibiza, 34
28000 MADRID

3c. Di si es verdadero (V) o falso (F).

- V Carlos vive en una ciudad.
- F La ciudad está lejos de un río.
- F La ciudad no tiene calles.
- F Los edificios altos están en el centro.
- V La iglesia y el hospital son edificios altos.
- V La ciudad tiene un museo.
- F Luis vive en la plaza Mayor.
- V El parque está cerca de casa de Carlos.

D Gramática
Presente de verbos regulares. Uso de *TÚ, USTED, VOS*

1a. Observa.

	Hablar	Beber	Vivir
Yo	hablo	bebo	vivo
Tú	hablas	bebes	vives
Él, ella, usted	habla	bebe	vive
Nosotros, as	hablamos	bebemos	vivimos
Vosotros, as	habláis	bebéis	vivís
Ellos, ellas, ustedes	hablan	beben	viven

1b. Completa el cuadro.

	Desayunar	Comprender	Escribir
Yo	desayuno	*comprendo*	*escribo*
Tú	*desayunas*	*comprendes*	escribes
Él, ella, usted	*desayuna*	comprende	*escribe*
Nosotros, as	desayunamos	*comprendemos*	*escribimos*
Vosotros, as	*desayunáis*	*comprendéis*	escribís
Ellos, ellas, ustedes	*desayunan*	comprenden	*escriben*

1c. Completa las frases.

1. Don Víctor, ¿me *comprende* usted? *(comprender)*.
2. Manuel y yo *hablamos* español y francés *(hablar)*.
3. Yo *hablo* y *escribo* español correctamente *(hablar), (escribir)*.
4. Elena y Marta no *comprenden* bien esta palabra *(comprender)*.
5. ¿Vosotros *habláis* español? *(hablar)*.

2a. Observa.

TÚ - VOS - USTED

TÚ: informal   USTED: formal
VOS = Tú en Argentina, Uruguay, Paraguay y otros países de América Latina.
USTEDES: plural de TÚ, VOS y USTED en América Latina.

2b. Los verbos usados con *VOS* cambian en el presente. Escucha y repite.

1. Tú eres / Vos sos.
2. Tú hablas / Vos hablás.
3. Tú comprendes / Vos comprendés.
4. Tú escribes / Vos escribís.

2c. Clasifica las frases en el cuadro.

1. ¿Vos hablás inglés?
2. ¿Puede usted escribirlo?
3. ¿Hablas español?
4. ¿Cómo te llamás?
5. ¿Puedes repetir, por favor?
6. ¿Me entiendes?
7. ¿Sos español?

Formal	Informal	
En España y en Argentina	En España	En Argentina
2.	3.	1.
	5.	4.
	6.	7.

Gramática D
Presente de verbos irregulares

3a. Observa y completa las frases.

	Querer	Tener	Repetir
Yo	quiero	tengo	repito
Tú	quieres	tienes	repites
Él, ella, usted	quiere	tiene	repite
Nosotros, as	queremos	tenemos	repetimos
Vosotros, as	queréis	tenéis	repetís
Ellos, ellas, ustedes	quieren	tienen	repiten

1. Las chicas no *quieren* nada (querer).
2. No hablan español, pero lo *repiten* todo (repetir).
3. Nosotros no *tenemos* nada (tener).
4. Los niños no *tienen* chocolate (tener).
5. El profesor *repite* la pregunta (repetir).
6. ¿Ustedes *quieren* algo? No, gracias, no *queremos* nada (querer).

3b. Señala si los verbos de estas frases son regulares o irregulares.

	Verbos regulares	Verbos irregulares
a. ¿Repetimos?		✓
b. Queremos café y un bollo, por favor.		✓
c. ¿Dónde viven?	✓	
d. ¿Desayunas conmigo?	✓	
e. Te enviamos un plano por correo.	✓	
f. Llamas tú a Lucía y Antonio.	✓	
g. ¿Tenéis correo electrónico?		✓

3c. Completa.

1. ¿Viven ustedes en la calle Aribau? No, *vivimos* en la calle Bailén.
2. Ellas quieren pescado. Y vosotras, ¿qué *queréis*?
3. ¿Tienes móvil? Sí, sí *tengo*. Es el 661 00 00 01.
4. Yo desayuno en casa, pero Juan *desayuna* en la cafetería.
5. ¿Habláis español? Sí, *hablamos* español y francés.

3d. Pon las siguientes frases en plural.

1. El cliente desea un sombrero.
   Los clientes desean unos sombreros.
2. ¿Habla usted español?
   ¿Hablan ustedes español?
3. Es una estudiante alemana.
   Son unas estudiantes alemanas.
4. El profesor habla de España.
   Los profesores hablan de España.
5. ¿Comprendes el problema?
   ¿Comprendéis los problemas?

3e. Y estas en singular.

1. Las chicas no tienen sombreros.
   La chica no tiene sombrero.
2. ¿Quieren ustedes unos tomates?
   ¿Quiere usted un tomate?
3. ¿Repetimos?
   ¿Repito?
4. Tenemos unos amigos marroquíes.
   Tengo un amigo marroquí.
5. ¿Habláis de mí?
   ¿Hablas de mí?

E Expresión oral
Dar datos personales e indicar una dirección

1a. A partir de los datos de estas tarjetas practica diferentes preguntas con tu compañero.

2. Habla con tu compañero para decirle el lugar donde vives. Mira el modelo.

Elena García Pérez

Calle Corrientes, 1134
1428 Buenos Aires
Argentina

Tel. 11 933.00.01
Móvil: 15 495.00.01
elega@argentina.com.ar

- Hola. ¿Cómo se llama?
- Elena García.
- ¿Dónde vive?
- En la calle Corrientes.
- ¿En qué número?
- En el ....

- ¿Dónde vives?
- En la calle...
- ¿Dónde está?
- Cerca de la estación.
- ¿Y en qué número?
- ....

3. Describe dónde están los museos.

Farmacia La Salud

Plaza de la Ciudad, 1
28001 - Madrid
España

Tel. 908.20.01.14
Fax: 908.15.16.17

- ¿Cuál es el teléfono de la farmacia?
- ....
- ¿Y el fax?

1b. Escribe una tarjeta y habla con tu compañero, como en el ejercicio anterior.

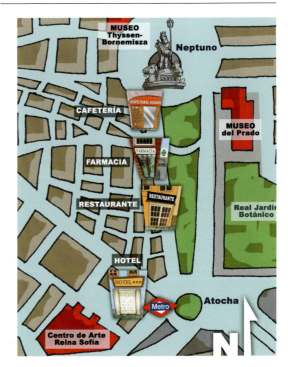

Mundo hispano

El paisaje urbano en España

1. Relaciona estas palabras con las fotos.

Puesto de la ONCE   Estanco   Administración de lotería   Oficina de correos   Buzón
Hospital   Farmacia   Kiosco   Tasca   Panadería   Churrería

A. Hospital   B. Farmacia   C. Kiosco   D. Administración de lotería   E. Oficina de Correos

F. Buzón   G. Estanco   H. Panadería   I. Churrería   J. Tasca   K. Puesto de la ONCE

2. Relaciona con flechas.

1. Administración de lotería
2. Estanco
3. Panadería
4. Oficina de correos
5. Hospital
6. Kiosco
7. Farmacia
8. Tasca
9. Puesto de la ONCE

a. Pan y bollos
b. Sellos y cartas
c. Lotería y juegos de azar
d. Medicina
e. Tabaco
f. Comidas y bebidas
g. Periódicos y revistas

3. ¿Hay en tu país algunas tiendas diferentes? ¿Cuáles?

Síntesis
A B C D E

1. Mira la ilustración durante un minuto y luego marca lo que has visto.

- ✓ Un kiosco
- Un puesto de la ONCE
- ✓ Una cafetería
- ✓ Una administración de lotería
- Un hospital
- ✓ Un buzón
- Una oficina de correos
- ✓ Una tasca
- Una churrería
- ✓ Un estanco

a. Describe la imagen.

b. Elige a dos personajes e imagina el diálogo.

Taller de Internet

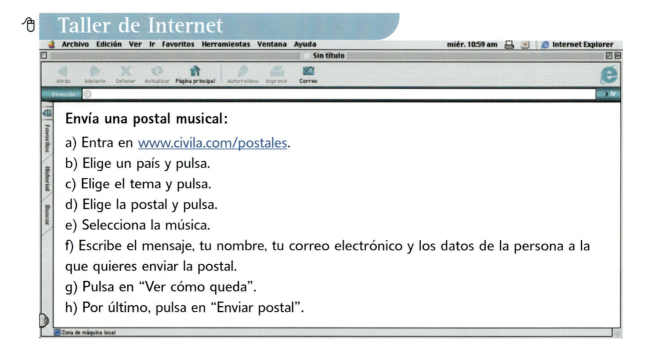

Envía una postal musical:

a) Entra en www.civila.com/postales.
b) Elige un país y pulsa.
c) Elige el tema y pulsa.
d) Elige la postal y pulsa.
e) Selecciona la música.
f) Escribe el mensaje, tu nombre, tu correo electrónico y los datos de la persona a la que quieres enviar la postal.
g) Pulsa en "Ver cómo queda".
h) Por último, pulsa en "Enviar postal".

Ya conoces
A B C D E

1a. Las expresiones para manejarse en la calle:

Situar en el espacio
Cerca de / lejos de
Al lado de
A la derecha de / a la izquierda de
Enfrente de
Delante de / detrás de
Entre

1b. Y para informarte de datos personales:

¿Dónde vives?	Vivo en la calle...
¿En qué número?	En el...
¿Dónde está esa calle?	Está cerca de...
¿Tienes correo electrónico / teléfono?	Mi correo es...@... . ...
¿Cuál es tu correo electrónico?	Es el...
¿Cuál es tu número de teléfono?	

2a. Los números: cero, uno, dos, tres, cuatro, cinco, seis, siete, ocho, nueve, diez, once, doce, trece, catorce, quince, dieciséis, diecisiete, dieciocho, diecinueve y veinte.

2b. Las palabras de la comunicación: la carta, el contestador, el correo electrónico, el fax, el mensaje, llamar, dejar un mensaje, la señal y el teléfono.

2c. Los lugares para orientarte: la administración de lotería, el ambulatorio, la avenida, el bingo, el buzón, la cafetería, la calle, la carretera, la casa, la churrería, los edificios, la estación de metro, el estanco, la farmacia, la glorieta, el hospital, el hotel, la iglesia, el kiosco, el monumento, el museo, la oficina de correos, el parque, el paseo, la plaza, el puesto de la ONCE, el restaurante, el río y la tasca.

2d. Los verbos: desayunar, comer, merendar y cenar.

3a. El presente de los verbos regulares:

	Hablar	Beber	Vivir
Yo	hablo	bebo	vivo
Tú	hablas	bebes	vives
Él, ella, usted	habla	bebe	vive
Nosotros, as	hablamos	bebemos	vivimos
Vosotros, as	habláis	bebéis	vivís
Ellos, ellas, ustedes	hablan	beben	viven

3.b. Y de algunos irregulares:

	Querer	Tener	Repetir
Yo	quiero	tengo	repito
Tú	quieres	tienes	repites
Él, ella, usted	quiere	tiene	repite
Nosotros, as	queremos	tenemos	repetimos
Vosotros, as	queréis	tenéis	repetís
Ellos, ellas, ustedes	quieren	tienen	repiten

4 ¿A qué te dedicas?

Conocer a alguien

Objetivos

- Aprender a preguntar y decir la profesión.
- Aprender a presentar a una tercera persona.
- Manejarse en una entrevista de trabajo.
- Familiarizarse con la pronunciación correcta de los sonidos [r̄] y [r].
- Conocer el léxico de las profesiones y de los lugares de trabajo.
- Aprender las palabras claves para hacer un currículum.
- Continuar el estudio de los presentes irregulares.
- Estudiar los presentes de algunos verbos reflexivos.
- Conocer los pronombres personales y reflexivos.
- Aprender el uso de las contracciones *AL* y *DEL*.
- Tener un punto de vista del trabajo en España y América Latina.
- Hablar de las profesiones con los compañeros de clase.

Desarrollo de las secciones

La unidad se titula *¿A qué te dedicas?* Antes de iniciar la audición, el profesor explotará el título de la lección para preguntar a los estudiantes quién trabaja, o quién busca un trabajo. Del mismo modo pedirá a los alumnos que, a partir del título, imaginen de qué puede tratar la entrevista que van a escuchar.

Es el momento adecuado para que el profesor empiece a tener en cuenta el estatus que el alumno ocupa o quiere ocupar en este grupo sin necesidad de recurrir a su historia o a su pasado. Tendrá que hacerse cargo del comportamiento verbal que nos manifiesta y de los mensajes que nos transmite. Recordemos algo que ya se dijo: se debe conocer del alumno lo que él quiere que conozcamos y nada más.

La audición consta de dos partes. Primero el estudiante tiene que numerar las imágenes en el orden cronológico siguiendo la línea argumental del diálogo. Puede utilizar la lámina Nº 4.

El profesor sacará provecho de las ilustraciones con vistas a mejorar la comprensión del diálogo.

En la segunda audición se pide al estudiante que complete los datos del currículum para que asimile las palabras y expresiones clave: nacionalidad, profesión, trabajar como/de, dedicarse, etc. El profesor puede optar por explotar la actividad como si fuera meramente auditiva o permitir que el alumno lea la entrevista de trabajo.

 Sugerencia: Se podría ampliar el vocabulario con el estado civil o mostrando un carné de identidad y explicando todos los datos que en él aparecen.

4

Ficha de información — Currículum vítae o currículo vitae

En español están aceptadas las dos formas de referirse a ese documentos, con tilde o sin tilde, como el original latino.

Comprensión y práctica

El objetivo de esta sección es familiarizar al estudiante con las expresiones básicas para presentar a una persona y asistir a una entrevista de trabajo.

El idioma será siempre considerado como un medio de comunicación y no simplemente como una asignatura que se aprende. En efecto, cada palabra puede actuar con una fuerza que modifica el comportamiento de los interlocutores, cada acto de habla debe actuar como un descubrimiento de la utilidad real de la lengua que se aprende.

En el primer ejercicio tiene que oír y entender ciertas frases que presentan dificultad y que, mientras no las identifique, no alcanzará la comprensión global del texto. A continuación, mediante el ejercicio de verdadero o falso se le dan pistas al estudiante para que construya él mismo el sentido exacto del diálogo.

Por último, y antes de la práctica, realizará un ejercicio de relación de significados de palabras y expresiones fundamentales para la inserción real en el mundo del trabajo. No olvidemos que un público adulto busca algo más que relaciones sociales cuando ha iniciado el estudio de una lengua extranjera.

Sugerencia: Para practicar las presentaciones y proporcionarle al alumno más vocabulario de profesiones y lugares de trabajo, el profesor llevará a clase cuatro diálogos escritos, dividirá a los alumnos en grupos de tres y dará a cada grupo un diálogo diferente.

1. **A:** Mira, te presento a Elena.
   B: Hola, Elena, encantado. Yo soy Jorge.
   C: Hola, ¿qué tal?
   A: Elena trabaja en un hotel. Es recepcionista.

2. **A:** Señor Serra, le presento a la señora Márquez. La señora Márquez es la directora.
   B: Mucho gusto.
   C: Encantada.

3. **A:** Señora Durán, mire, ¿conoce a la señorita Ramos?
   B: No.
   A: Es la nueva secretaria.
   C: Encantada.
   B: Mucho gusto.

4. **A:** ¿Conoces a Lola? Es una amiga.
   B: Hola, ¿qué tal? Yo soy Isabel.
   C: Hola. Te conozco, ¿no? Tú trabajas en un tienda en la calle Libertad.
   B: Sí.

Los alumnos los aprenderán de memoria y los expondrán delante de los demás. Al final, el profesor les pedirá que clasifiquen el vocabulario y las expresiones según los siguientes cuadros, en los que ya damos la solución:

Expresiones de presentación	Profesiones	Lugares de trabajo
¿Conoce a...? / ¿Conoces a...? Mire, este/a es... / Mira, este/a es... Le presento a... / Te presento a... Encantado/a. / Mucho gusto.	Recepcionista Directora Secretaria	En un hotel En una tienda

LXV

4

Pronunciación y ortografía

El objetivo de esta sección es que los estudiantes se tomen el tiempo suficiente para dominar dos de los sonidos que tradicionalmente se pronuncian con dificultad: [r̄] y [r].

Sugerencia: El profesor llevará un esquema de pronunciación de ambos sonidos para facilitar a los alumnos la producción de los dos sonidos vibrantes. Les hará oír lo que pronuncian y compararán cómo ponen la lengua aquellos que los pronuncian bien poniéndoles frente a frente.

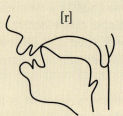

[r]

La punta de la lengua se pone al principio del paladar. Y al salir el aire la hace vibrar una vez.

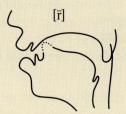

[r̄]

La punta de la lengua se pone al principio del paladar. Y al salir el aire la hace vibrar más de una vez.

En el terreno de la pronunciación, más que en ningún otro, el alumno tiene que tener una conciencia clara de que todo está a su alcance sabiendo que cada individuo dispone de posibilidades enormes que a menudo desconoce.
La emulación y la competitividad serán presentados en primer lugar como una conquista sobre sí mismo antes de ser una competitividad con relación a los demás.

Ficha de información: La ere y la erre

La letra R se pronuncia [r]:
- Entre vocales (*ahora*).
- Delante de consonante (*perdón*).
- Detrás de consonante excepto *S, L, N* (*gracias*).
- A final de palabra (*señor*).

La letra R se pronuncia [r̄]:
- A principio de palabra (*repita*).
- Detrás de las consonantes *S, L, N* (*Enrique*).
- Detrás de las consonantes *B, D, T* cuando no forma sílaba con ellas (*subraya*).

La letra RR se pronuncia siempre [r̄]: *arroz*.

Sugerencia: Además del trabalenguas de la actividad 5, el profesor podría llevar a clase estos otros, si ve que los alumnos se interesan por ellos:

1. El otorrinolaringólogo trabaja en la otorrinolaringología.
2. Un burro comía berros y el perro se los robó, el burro lanzó un rebuzno, y el perro al barro cayó.
3. Si el caracol tuviera cara como tiene el caracol, fuera cara, fuera col, fuera caracol con cara.
4. "Erre" con "erre" cigarro, "erre" con "erre" barril. Rápido corren los carros, cargados de azúcar del ferrocarril.

Léxico

En esta etapa se trata de fijar el aprendizaje de las profesiones y de asociarlas con las actividades que realizan y los lugares de trabajo. La lámina Nº 20 puede facilitar este aprendizaje.

El juego no tiene que ser considerado como una actividad aparte en la enseñanza, una especie de recompensa al final del trimestre, una actividad cuando no se tienen demasiadas ganas de trabajar; sino que el juego se debe integrar plenamente en el proceso del aprendizaje teniendo en cuenta la inmensa variedad de posibilidades: trabalenguas, pasatiempos, juegos de palabras, crucigramas, sopas de letras, adivinanzas, juegos de roles, etc.
El aprendizaje del léxico proporciona una fuente inagotable de juegos.
Historietas y pasatiempos I y II (de Edelsa) son dos libros ideados para aprender jugando en clase: con juegos, adivinanzas y pasatiempos.

Gramática

En esta sección se trata en primer lugar la cuestión de las contracciones, que el alumno posiblemente ya ha asimilado a lo largo de las unidades anteriores, pero que ahora sistematizaremos en un amplio ejercicio en el que además se revisa el vocabulario ya aprendido.

Luego se inicia el estudio de los Presentes irregulares con diptongación. Aunque **no haya regla para determinar si un verbo tiene o no diptongación**, el profesor insistirá sobre tres aspectos:

1. Si un Presente de Indicativo lleva diptongación, sólo se produce cuando la *E* o la *O* del radical llevan el acento tónico.

2. A veces se puede deducir la diptongación de un verbo si el sustantivo también la lleva: por ejemplo, *el recuerdo* (recordar), *el vuelo* (volar), etc.

3. El estudiante, gracias al uso, irá tomando conciencia poco a poco de los verbos que tienen esta irregularidad.

Para el estudio de la conjugación de los verbos en Presente, puede ser útil la lámina Nº 13. Para los pronombres, la lámina Nº 11.

Ficha de información | Presentes con diptongación

Verbos con diptongación E>IE
acertar, apretar, arrendar, atravesar, calentar, cegar, cerrar, comenzar, concertar, confesar, desconcertar, despertar, desterrar, empezar, encerrar, encomendar, enmendar, enterrar, fregar, gobernar, helar, manifestar, merendar, negar, nevar, pensar, plegar, quebrar, recalentar, recomendar, recomenzar, regar, renegar, reventar, segar, sembrar, sentar, sosegar, temblar, tentar, tropezar...

Verbos con diptongación O>UE
acordar, acostar(se), almorzar, apostar, aprobar, avergonzar, colar, colgar, comprobar, concordar, consolar, costar, degollar, demostrar, desacordar, desaprobar, descolgar, descontar, despoblar, encontrar, esforzarse, forzar, mostrar, poblar, probar, recontar, recordar, reforzar, renovar, repoblar, resonar, revolcar, rodar, rogar, sobrevolar, soldar, soltar, sonar, soñar, tostar, volar, volcar...

4

En la segunda parte de la sección se prosigue el estudio de los pronombres personales. Quizás convendría que se le recordaran al estudiante ciertas nociones que tal vez haya olvidado –o no tenga–, como saber lo que es un pronombre complemento con preposición o sin ella. De manera general, el estudiante no puede memorizar una cosa que no entiende perfectamente y sobre todo si no lo puede poner en relación son su propia lengua.

Ficha de información — Uso de YO y TÚ en lugar de MÍ y TI

Con las partículas **entre, según, excepto, incluso, menos, salvo** y **hasta** (con el sentido de incluso) se usan YO y TÚ en lugar de MÍ y TI.
Entre tú y yo terminamos el trabajo.
Según tú, esta no es María.
Todos estudian menos yo.

Hay que indicar que en este primer módulo de **ECO** no se verá todo el paradigma de los pronombres personales. Dejamos para el siguiente módulo el estudio de los pronombres complemento sin preposición.

Los últimos ejercicios de gramática se dedican a los verbos con pronombres reflexivos. El profesor deberá indicar que hay bastantes verbos que cambian de significado según los lleven o no: *llamar / llamarse, sentar / sentarse, acordar / acordarse...*

Sugerencia: El **Cuaderno de Refuerzo** tiene un cuadro resumen de los verbos más importantes estudiados en *ECO*, pero el profesor también puede recomendar **Conjugar es fácil** (de Edelsa), donde además de un listado general de verbos, figura un resumen gramatical del verbo y numerosas tablas de conjugación.

Expresión oral

Como se ha visto en la entrada, el objetivo de la lección es llegar a presentarse a sí mismo, presentar a alguien y decir y preguntar por la profesión. Por supuesto, todas las actividades de este apartado van encaminadas hacia este objetivo.

Sugerencia: El profesor puede transformar todos los ejercicios y dramatizarlos haciendo con ellos pequeñas simulaciones, como las siguientes:
Ejercicios 1a y 1b: se transforman en una fiesta en casa de alguien. Todos los alumnos salen del aula y van entrando en ella de uno en uno o de dos en dos. Uno de los alumnos es el anfitrión y los va recibiendo y presentando a todos.
Ejercicio 2a y 2b: se transforman en una entrevista de trabajo. Un alumno lee un anuncio de oferta de empleo en el periódico y se presenta a una entrevista. Dos alumnos le hacen la entrevista y van completando el currículum. Al final, tienen que decidir a quién dan el puesto de trabajo.

El profesor tiene que saber continuamente provocar la curiosidad de los alumnos. No solamente por la variedad de las actividades propuestas, sino también por la variedad en la manera de presentarlas, de tratarlas y la manera de comportarse frente a estas actividades. El alumno tiene que estar de manera general con el alma en vilo.

Mundo hispano

En este apartado se trata de observar el trabajo en España y en América Latina, de examinar las diferencias con las de los países de los estudiantes y de hablar de los sectores en lo que ellos trabajan.

Síntesis

Como para todas estas ilustraciones, primero los estudiantes tienen que acostumbrarse a observar detenidamente la imagen y hacer una descripción espontánea y lo más completa posible de lo que ven. El profesor les proporciona, cuando lo crea conveniente, los elementos lingüísticos necesarios: nexos, léxico, palabras claves estudiadas, etc. A continuación, efectúan las actividades propuestas.

Los ejercicios son abiertos y dejan un amplio margen a la creatividad y la espontaneidad. Conviene que el profesor dirija la creación para hacerles reutilizar sobre todo los elementos estudiados en la unidad.

Ficha de información — INEM

Las Oficinas de Empleo del INEM (Instituto Nacional de Empleo) son un espacio donde se ofrece a los usuarios, de forma gratuita, entre otros, los siguientes servicios:
– Inscripción y registro como demandantes de empleo.
– Ofertas de puestos de trabajo, que se adaptan a sus características profesionales.
– Información sobre el mercado de trabajo.
– Servicios de selección técnica de trabajadores para empresas.
– Información, tramitación y reconocimiento de ayudas a los desempleados.
– Información sobre las diferentes modalidades de contratación, requisitos, subvenciones, plazos y registro.

Taller de Internet

El objetivo de este taller es comprobar el funcionamiento real del mundo del trabajo en España a partir de una página de Internet.

Sugerencia: El profesor puede encontrar otros ejercicios en el libro **Buscando trabajo**, dentro de la colección **Uso de Internet en el aula** (de Edelsa).

4 ¿A qué te dedicas?

1. Escucha y numera las imágenes.

2. Completa los datos personales de María Cardoso.

DATOS PERSONALES

Nombre: María Cardoso Figo
Dirección: Plaza de la Constitución, 23. Salamanca (España).
Teléfono: 923 21 86 45
País de nacimiento: Brasil.
Estudios: Licenciada en Lenguas Modernas.
Idiomas: Portugués, español, inglés y francés.
Vida profesional: Profesora de español en una academia.

SR. FUENTES: Es usted brasileña, ¿no?
MARÍA: Sí.
SR. FUENTES: Y es licenciada en Lenguas Modernas, ¿verdad?
MARÍA: Sí, eso es. Hablo perfectamente español e inglés y tengo conocimientos de francés.
SR. FUENTES: Y ¿a qué se dedica ahora?
MARÍA: Trabajo en mi tesis y estoy en paro.
SR. FUENTES: ¿Tiene experiencia como profesora?
MARÍA: Sí, en Brasil, dos años como profesora de español en una academia de idiomas.

Comprensión y práctica A
En una entrevista de trabajo

1. ¿Qué oyes?

1. ☐ Tengo una cita con el profesor.
   ✓ Tengo una cita con el director.
2. ✓ ¿Me acompaña?
   ☐ ¿Te acompaña?
3. ✓ Es usted brasileña.
   ☐ Es usted madrileña.
4. ✓ ¿Quiere trabajar?
   ☐ ¿Quieren trabajar?
5. ✓ Le presento a Ramón Roca.
   ☐ Te presento a Ramón Roca.
6. ☐ Trabajo de profesora.
   ✓ Trabajo como profesora.
7. ✓ ¿Con nosotros?
   ☐ ¿Con vosotros?
8. ✓ ¿Puede empezar mañana?
   ☐ ¿Puedes empezar mañana?

2. Di si es verdadero (V) o falso (F).

- F María tiene una cita con el señor Fuentes.
- F La secretaria conoce a María.
- F María enseña idiomas en un hotel.
- V María está en paro.
- V El Sr. Roca es el Jefe del Departamento de Idiomas.
- V María empieza a trabajar mañana.

3. Relaciona.

1. Colegio
2. Tener una cita
3. Dominio de español e inglés
4. Tener experiencia
5. Academia
6. Jefe
7. Estar en paro
8. Conocimientos de francés
9. Tesis
10. Licenciado/a

- 6 a. La persona más importante en un trabajo.
- 8 b. Puedo comunicar en francés.
- 2 c. Tener una reunión con alguien.
- 1 d. Centro de estudios para niños y jóvenes.
- 3 e. Hablar perfectamente español e inglés.
- 7 f. Estar sin trabajo.
- 9 g. Trabajo de investigación al final de la licenciatura.
- 10 h. Persona con estudios universitarios.
- 4 i. Trabajar antes.
- 5 j. Centro de estudios especializado.

4. Y tú, ¿a qué te dedicas?

Yo soy......................

B Pronunciación y ortografía
La ere y la erre

1. Escucha estos nombres y apellidos. Todos tienen los sonidos [r] o [r̄]. Márcalo.

- a. Ma<u>r</u>ía
- b. Ca<u>r</u>doso
- c. <u>R</u>oca
- d. Du<u>r</u>án
- e. Má<u>r</u>quez
- f. <u>R</u>amón
- g. Jo<u>r</u>ge
- h. Se<u>r</u>ra

2. Sonido [r]. Escucha y repite.

- a. Seño<u>r</u>
- b. G<u>r</u>acias
- c. Pe<u>r</u>done
- d. Po<u>r</u> favor
- e. B<u>r</u>asileña
- f. T<u>r</u>abajo
- g. Di<u>r</u>ecto<u>r</u>
- h. P<u>r</u>ofeso<u>r</u>a

3. Sonido [r̄]. Escucha y repite.

> La letra **R** se pronuncia [r̄] cuando va entre vocales (**RR**) o al principio de palabra (**R**).

- a. <u>R</u>estaurante
- b. <u>R</u>enfe
- c. <u>R</u>ecepcionista
- d. Co<u>rr</u>ecto
- e. Co<u>rr</u>eo
- f. <u>R</u>epita
- g. A<u>rr</u>oz
- h. Chu<u>rr</u>os

4. Contraste [r] y [r̄]. Escucha y marca lo que oyes.

- a. ✓ Ahora
-     Ahorra
- b.   Pero
-   ✓ Perro
- c. ✓ Cero
-     Cerro
- d.   Coreo
-   ✓ Correo

5. Trabalenguas. Escucha y repite.

> El perro de Rosa y Roque no tiene rabo.

6. Escucha y pronuncia correctamente estas frases.

1. Es profeso<u>r</u> en una academia.
2. ¿Puede llama<u>r</u> al señor <u>R</u>oca?
3. Puede deja<u>r</u> un mensaje.
4. Contestado<u>r</u> automático.

7. Observa el mapa de España con los nombres de algunas ciudades y autonomías. Lee cinco. Tu compañero las marca.

38
treinta y ocho

Léxico C
Las profesiones

1. ¿Qué profesión tienen?

 A Azafata

 B Recepcionista

 C Mecánico

 D Pintor

 E Cantante

 F Secretaria

 G Actor

H Policía

 I Farmacéutica

J Escritor

K Taxista

 L Médico

 M Camarero

 N Peluquero

  Ñ Profesora

Actor-actriz
Azafata
Pintor-pintora
Taxista
Médico-médica
Peluquero-peluquera
Farmacéutico-farmacéutica
Mecánico
Cantante
Recepcionista
Policía
Camarero-camarera
Profesor-profesora
Secretario-secretaria
Escritor-escritora

2. ¿Dónde trabaja? Relaciona las profesiones con los lugares de trabajo.

1. Actor
2. Mecánico
3. Camarero
4. Profesor
5. Azafata
6. Policía
7. Secretaria
8. Médico

a. Taller
b. Hospital
c. Comisaría
d. Oficina
e. Teatro
f. Avión
g. Colegio
h. Restaurante o bar

3. ¿Qué hacen? Relaciona para completar las frases.

1. El actor
2. La secretaria
3. El policía
4. El camarero
5. El farmacéutico
6. El escritor
7. La azafata
8. El director

a. Atiende a los clientes.
b. Dirige una empresa.
c. Vende medicinas.
d. Comprueba que los pasajeros están bien.
e. Recuerda las citas del jefe.
f. Hace un papel en teatro, cine o televisión.
g. Encuentra a los criminales.
h. Cuenta historias en sus libros.

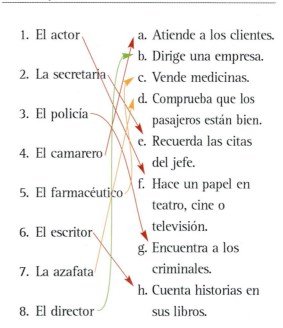

4. Ahora piensa en una profesión y descríbela. Tus compañeros la adivinan.

Trabaja en un avión y comprueba que todo esté bien.

Es...............

D Gramática
Contracciones *AL* y *DEL* y presente de verbos irregulares

1a. Observa.

A + EL = AL
Te presento ~~a el~~ director
AL

DE + EL = DEL
Es el Jefe ~~de el~~ Departamento.
DEL

1b. Completa las frases con *EL, LA, LOS, LAS, AL, DEL*.

1. ¿Me dice *el* número de teléfono *del* restaurante, por favor?
2. Es *la* hora *del* desayuno.
3. ¿Puede llamar a *la* profesora de portugués, por favor?
4. Le presento *al* director de *de la* academia.
5. María y Susana hablan *del* trabajo.
6. *Los* alumnos escriben una carta a *la* directora.
7. Ramón está delante *del* kiosco.
8. *La* azafata atiende *al* pasajero.
9. No me acuerdo de *la* pregunta.
10. ¿Conoces a *los* profesores?

2a. Observa y completa los cuadros.

Algunos verbos irregulares
E > IE (querer – quiero)
O > UE (poder – puedo)
No hay regla para saber si un verbo tiene diptongación o no.

	e > ie	
Empezar	Querer	Sentir
empiezo	quiero	siento
empiezas	quieres	sientes
empieza	quiere	*siente*
empezamos	queremos	*sentimos*
empezáis	queréis	sentís
empiezan	quieren	*sienten*

	o > ue	
Comprobar	Poder	Dormir
compruebo	puedo	duermo
compruebas	puedes	*duermes*
comprueba	puede	duerme
comprobamos	podemos	*dormimos*
comprobáis	podéis	*dormís*
comprueban	pueden	duermen

2b. Pon las frases en singular.

1. Queremos el trabajo. *Quiero el trabajo.*
2. ¿Podéis venir a casa? *¿Puedes venir a casa?*
3. ¿Os acordáis de mí? *¿Te acuerdas de mí?*
4. Empezamos mañana. *Empiezo mañana.*
5. Los niños se duermen en el cine. *El niño se duerme en el cine.*

2c. Escribe el infinitivo de los verbos del ejercicio anterior.

Querer, poder, acordarse, empezar y dormir.

2d. Pon los verbos en la persona indicada.

Infinitivo	Presente
Recordar	tú *recuerdas*
Dormir	yo *duermo*
Mover	vosotros *movéis*
Encontrar	ustedes *encuentran*
Volar	ellas *vuelan*
Defenderse	nosotras *nos defendemos*
Convertir	él *convierte*
Mentir	ella *miente*
Perder	usted *pierde*
Entender	nosotros *entendemos*

Gramática D

Pronombres personales y verbos reflexivos en presente

3a. Observa los pronombres.

Sujeto	Con preposición	Reflexivos
Yo	mí	me
Tú	ti	te
Él, ella, usted	él, ella, usted	se
Nosotros, nosotras	nosotros, as	nos
Vosotros, vosotras	vosotros, as	os
Ellos, ellas, ustedes	ellos, ellas, ustedes	se

con + mí = conmigo
con + ti = contigo

3b. Relaciona los pronombres de las dos columnas.

1. Yo — e. Mí
2. Nosotros — b. Nos
3. Vosotras — a. Os
4. Ustedes — d. Se
5. Tú — c. Te

3c. Marca la forma correcta.

1. Tengo una cita con ...
   ✓ usted.   ☐ ti.   ☐ nos.

2. Está delante de ...
   ☐ se.   ☐ te.   ✓ ellas.

3. Luis viene con ...
   ☐ conmigo.   ☐ ti.   ✓ nosotras.

4. Quiere trabajar con ...
   ☐ mí.   ☐ me.   ✓ él.

5. ¿Vienes ...
   ✓ conmigo?   ☐ con mí?   ☐ con yo?

6. Esto es para ...
   ☐ contigo.   ✓ ti.   ☐ tú.

4a. Completa el cuadro de los verbos con pronombres reflexivos.

Divertirse	Dormirse
me *divierto*	me *duermo*
te diviertes	*te duermes*
se divierte	se *duerme*
nos *divertimos*	*nos dormimos*
os *divertís*	*os dormís*
se divierten	se *duermen*

Sentarse	Defenderse
me *siento*	*me defiendo*
te *sientas*	te *defiendes*
se *sienta*	se *defiende*
nos *sentamos*	*nos defendemos*
os *sentáis*	*os defendéis*
se *sientan*	*se defienden*

4b. Pon los verbos en presente de indicativo. Usa los pronombres reflexivos.

Te presento a mi amiga, ... Clara *(llamarse)*.

Te presento a mi amiga, se llama Clara.

1. Juan *se levanta* a las siete de la mañana *(levantarse)*.
2. *Se duerme* en todas partes *(ella/dormirse)*.
3. Nieves siempre *se sienta* al lado de la profesora *(sentarse)*.
4. *Nos llamamos* Pedro y Tomás *(nosotros/llamarse)*.
5. ¿*Se acuerda* de mí? *(usted/acordarse)*.
6. El tren no *se mueve* *(moverse)*.
7. ¿*Os laváis* por la mañana o por la noche? *(vosotros / lavarse)*.

E Expresión oral
Presentar y hablar de la profesión

1a. Pregunta a tu compañero su profesión, como en el modelo.

Formal	Informal
¿A qué se dedica?	¿A qué te dedicas?
Trabajo de / como... + *profesión*	
Soy... + *profesión*	
Trabajo en + *lugar de trabajo*	
No trabajo.	

¿A qué te dedicas?

Trabajo en un hospital. Soy enfermera. ¿Y tú?

Yo no trabajo. Soy estudiante.

1b. Presenta a tu compañero, como en el modelo.

Formal	Informal
Le presento a...	Te presento a...
¿Conoce a... ?	¿Conoces a... ?
Este / Esta es...	

¿Conoces a Laura?

Hola. Mucho gusto. Yo soy Marcos.

Encantada.

2a. Ahora haz una entrevista de trabajo a tu compañero y rellena su currículum.

DATOS PERSONALES
Nombre: ....
Dirección: ....
Teléfono: ....
País de nacimiento: ....
Estudios: ....
Idiomas: ....
Vida laboral: ....

2b. Lee estos anuncios y elige el mejor para ti. ¿Por qué?

OFERTA
DEPENDIENTA se precisa para tienda de moda femenina, jornada laboral 20 horas semanales, buena presencia, don de gentes, de 20 a 30 años. Interesadas enviar C.V. a Reus, Apartado de Correos 246.
Provincia: TARRAGONA.

OFERTA
ESTUDIO de mercado. 2 días al mes, se precisan personas entre 35/40 años, imprescindible coche para empresa de estudios de mercado.
Telf.: 906 51 55 28. Ref.: 52109477.
Mensaje corto (SMS) al 7575: REF 52109477.
Provincia: TARRAGONA.

OFERTA
PRODUCTOS HOSPITALARIOS empresa mayorista ubicada en Nueva Andalucía (Marbella) necesita empleado para almacén. Envíen C.V. a la atención de M. José: Apartado de Correos 071.
Provincia: MÁLAGA.

OFERTA
SEÑORITA, se precisa para nueva oficina inmobiliaria en Vilanova. Interesadas llamar telf.: 906 51 55 28.
Ref.: 52111490.
Mensaje corto (SMS) al 7575: REF 52111490.
Provincia: BARCELONA.

Mundo hispano

1. Mira el gráfico y relaciona con las fotos.

2. ¿Qué diferencias hay con tu país?

3. ¿En qué sector trabajas tú?

4. Mira el gráfico y compara con España. Di si es verdadero (V) o falso (F).

- V En América Latina hay más pescadores y agricultores.
- F En España hay más trabajadores en el sector de la industria.
- V Los españoles trabajan sobre todo en el sector servicios.
- V Las personas en América Latina trabajan sobre todo en el sector servicios.

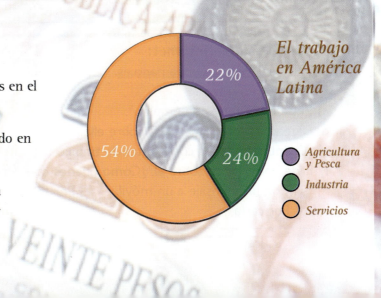

43

cuarenta y tres

Síntesis
A B C D E

1. Mira la ilustración.

a. Relaciona estos diálogos con los personajes de la imagen.

Diálogo 1
- Este es mi curriculum.
- Muchas gracias. ¿Tiene conocimientos de informática?

Diálogo 2
- Sí, sí, tengo experiencia como recepcionista en un hotel.
- Y, ¿habla idiomas?

Diálogo 3
- ¿Tiene experiencia como camarera?
- No.
- Lo siento, el restaurante necesita una camarera con experiencia.

b. Elige una de las situaciones y escribe el diálogo.

c. ¿Qué dicen las tres mujeres de la fila? Imagina la conversación.

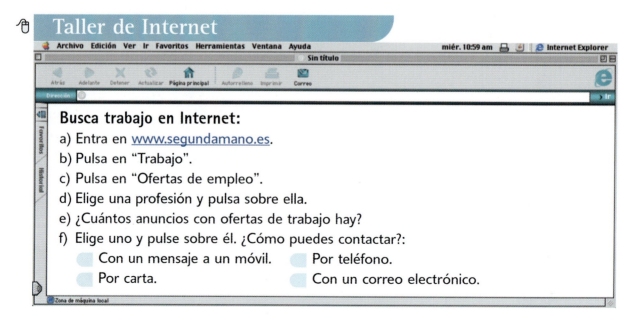

Busca trabajo en Internet:
a) Entra en www.segundamano.es.
b) Pulsa en "Trabajo".
c) Pulsa en "Ofertas de empleo".
d) Elige una profesión y pulsa sobre ella.
e) ¿Cuántos anuncios con ofertas de trabajo hay?
f) Elige uno y pulse sobre él. ¿Cómo puedes contactar?:
   ▢ Con un mensaje a un móvil.　▢ Por teléfono.
   ▢ Por carta.　▢ Con un correo electrónico.

Ya conoces

A B C D E

1a. Las expresiones para presentar a alguien:

> ¿Conoce(s) a... ?
> Mira/e, este/a es...
> Te/le presento a...
> Encantado/a.

1b. Para hablar de la profesión:

> ¿A qué se dedica? / ¿A qué te dedicas?
> ¿En qué trabaja(s)?
> Trabajo como / de...
> Soy...

1c. Y para utilizar en una entrevista de trabajo:

> | Preguntar por un dato: | Dar una información: |
> |---|---|
> | ¿Tiene experiencia en...? | Soy licenciado/a en... |
> | ¿Habla idiomas? | Tengo experiencia en/como... |
> | ¿Puede empezar mañana? | Hablo perfectamente... |
> | | Tengo conocimientos de... |

2a. Los datos del currículum: el colegio, el licenciado, la experiencia, el conocimiento, el dominio, etc.

2b. Las profesiones: el actor, la azafata, el pintor, el taxista, el médico, el peluquero, el farmacéutico, el mecánico, el cantante, el recepcionista, la policía, el camarero, el profesor, el secretario, el escritor, etc.

2c. Los lugares de trabajo: la oficina, la escuela, la academia, el taller, el hospital, la comisaría, el teatro, el avión, el restaurante o el bar, etc.

2d. Los verbos: atender, dirigir, vender, comprobar, recordar, encontrar, contar, divertirse, poder, empezar, entender, sentarse, levantarse, acordarse, etc.

3a. Presente de los verbos irregulares (e>ie, o>ue):

	e > ie	o > ue
	Querer	Poder
Yo	quiero	puedo
Tú	quieres	puedes
Él, ella, usted	quiere	puede
Nosotros, nosotras	queremos	podemos
Vosotros, vosotras	queréis	podéis
Ellos, ellas, ustedes	quieren	pueden

3b. Los pronombres:

Sujeto	Con preposición	Reflexivos
Yo	mí	me
Tú	ti	te
Él, ella, usted	él, ella, usted	se
Nosotros, nosotras	nosotros, as	nos
Vosotros, vosotras	vosotros, as	os
Ellos, ellas, ustedes	ellos, ellas, ustedes	se

> con + mí = conmigo
> con + ti = contigo

3c. Y las contracciones:

> A + EL = AL
> DE + EL = DEL

5 De nueve y media a dos

Hablar de una fecha, de una hora...

Objetivos

- **Preguntar y decir la edad.**
- **Hablar del cumpleaños.**
- **Hablar de horas y horarios.**
- **Hablar de hábitos cotidianos.**
- **Expresar la pertenencia.**
- **Pronunciar correctamente los sonidos [g] y [x].**
- **Ortografía de las letras *g* y *j* seguidas de vocales.**
- **Proseguir el estudio de los Presentes de verbos irregulares.**
- **Aprender los números hasta el 100.**
- **Fijar la estructura Presente de *ESTAR* + gerundio.**
- **Comenzar el estudio de los posesivos.**
- **Realizar un recorrido cultural de las fiestas populares españolas.**

Desarrollo de las secciones

El título de la unidad 5 nos da una clara pista de los contenidos funcionales que se van a estudiar: hablar de horas y horarios. "De nueve y media a dos" suele ser el horario más común de apertura de oficinas de la Administración pública. También es el horario más normal de las tiendas por la mañana. Naturalmente el profesor explotará este título y pedirá a los alumnos que hagan hipótesis.

El profesor debe saber provocar la sorpresa. El alumno cuando llega a clase debe estar en estado de ánimo en el que se diga: ¿Qué va a ocurrir hoy? Esta sorpresa se produce sea por un cambio radical de actividad o de actitud, sea por una serie de detalles que mantienen el espíritu atento y despierto, con ganas de implicarse.

Como la audición es bastante larga el profesor podrá fragmentarla para que el estudiante pueda seguir la conversación entre los dos interlocutores.

Lo importante en un primer tiempo es que el estudiante entienda el sentido general y que luego domine todas las palabras y expresiones.

Sugerencia: Este diálogo puede servir al final de la unidad como modelo de dramatización para representarlo en clase o para construir otro similar. El profesor no debe olvidar, en cualquier caso, hacer leer este diálogo por parejas una vez que se haya asimilado perfectamente.

Comprensión y práctica

En esta sección se trabajan los elementos claves de la unidad: los números, las horas, los horarios y la edad mediante ejercicios de verdadero o falso y de relación.

Sugerencia: El profesor puede ampliar estas actividades con otros elementos lingüísticos del diálogo o no lingüísticos (como los ruidos, las risas que se oyen, etc.), preguntando a los alumnos por su interpretación.

Sugerencia: Para consolidar la comprensión de las principales expresiones utilizadas en el diálogo, el profesor propondrá la siguiente actividad.

Clasifica las expresiones estudiadas.

Es lunes – ¿Qué hora es? – ¿Qué edad tienes? – ¡Felicidades! – El treinta de enero – ¡Feliz cumpleaños! – ¿Cuántos años tienes? – Son las siete y veinte de la tarde – Tengo diecinueve años – Hoy cumplo veinticinco.

La hora	La fecha	La edad	Felicitaciones
	Hoy es lunes		

La actividad 4 hace hincapié en un contenido funcional (expresar hechos cotidianos) que tiene su relación directa con un contenido gramatical: la estructura *ESTAR* + gerundio. Mediante un ejercicio de clasificación, el estudiante se dará cuenta de la diferencia entre el Presente de Indicativo y la perífrasis *ESTAR* + gerundio (hechos habituales / hechos que se realizan en el momento de hablar).

No hay que olvidar que los ejercicios de comprensión auditiva tienen como objetivo fundamental el aprendizaje de un saber hacer y no son ejercicios de evaluación. El alumno tiene que saber que no va a entenderlo todo, hay que enseñarle a oír y a escuchar y después a entender los diferentes elementos claves antes de construir el sentido del diálogo escuchado. Para eso, los estudiantes tienen que ser capaces de anticipar, predecir, emitir hipótesis, encontrar puntos de referencia e identificar, relacionar, operar el tratamiento de la información.

Sugerencia: Para ampliar la práctica de la estructura **ESTAR** + gerundio, el profesor llevará a clase diferentes fotografías o dibujos en los que aparezcan personas realizando acciones. Dejará que los estudiantes las observen y después preguntará qué están haciendo.

Pronunciación y ortografía

En este apartado se trabajan los sonidos [g] y [x] y, al mismo tiempo, se enseña la ortografía de las letras G y J. Conviene fijar esta escritura con el fin de liberar al alumno de problemas de ortografía al respecto.

5

Ficha de información: notas ortográficas

Se escribe **gü** delante de E, I para indicar que la U se pronuncia.
Vergüenza   *pingüino*

Cuando una palabra que empieza por **gu** se debe escribir con mayúscula, sólo se escribe así la primera letra.
Guipúzcoa

La nueva *Ortografía de la Real Academia* recoge algunas palabras que se pueden escribir con J o con X, pero en ambos casos se pronuncian como [x].
México o Méjico   *Texas o Tejas*   *Oaxaca u Oajaca*

Sugerencia: El profesor podrá ampliar la práctica de la pronunciación de los sonidos [g] y [x] con la repetición de los siguientes trabalenguas:

Cuando yo digo "Diego",
digo "digo",
y cuando digo "digo",
digo "Diego".

Juanjo baja la caja abajo.

Léxico

Con el estudio de los números el estudiante puede ahora contar de 1 a 100 y hacer numerosas actividades relacionadas con las cifras: hablar de precios, horarios, fechas, etc.

Sugerencia: El profesor puede proponer ejercicios de aritmética como sumar, restar, multiplicar, dividir con números enteros que son divertidos y agilizan el uso de los números.

Por otro lado, aunque en el **Libro del Alumno** no se estudien los números ordinales, podría ser interesante que el profesor hiciera aprender a los alumnos los diez primeros a través de estas dos actividades:

Ejercicio 1. Escribe el número cardinal que corresponda a cada número de orden.
primero, a ...... cuarto, a........ noveno, a........ quinto, a....... octavo, a........
séptimo, a...... tercero, a....... sexto, a........ segundo, a ...... décimo, a........

Ejercicio 2: el ascensor. ¿Pregunta a tu compañero dónde está cada cosa?
Ejemplo: *¿Dónde está el restaurante? En el décimo.*

Nota: para este ejercicio, el profesor dibujará en la pizarra un tablero con botones de un ascensor. Al lado de cada botón escribirá un letrero: 1 recepción, 2 teléfonos, 3 lavabos, 4 cines, 5 oficina de correos, 6 administración de lotería, 7 academia, 8 tiendas, 9 cafetería, 10 restaurante.

En cuanto a la hora será fácil para el profesor y los estudiantes fabricar o dibujar un reloj para estudiar todas las posibilidades de las horas con el objetivo de fijar de manera definitiva este saber hacer.

También puede utilizar la lámina Nº 24.

Sugerencia: La actividad 2 se puede realizar en parejas. Un alumno dice la hora que marca uno de los relojes y su compañero indica a qué reloj se refiere.

Es muy importante que el profesor reutilice todo lo relacionado con la hora, los horarios y los números en las clases sucesivas haciendo preguntas o dando informaciones de manera natural, para que el alumno no sólo aprenda de manera automática, sino que además sea consciente de que cualquier contenido aprendido tiene su uso posterior en clase y también en la vida cotidiana.

Gramática

La parte gramatical empieza por la presentación de los verbos con debilitación E>I en Presente de Indicativo. El estudiante tiene que observar primero el fenómeno y luego compararlo con los verbos con la diptongación E>IE y O>UE.

Ficha de información: E > I

Se puede deducir una regla que facilita la elección cuando surge la duda: si la E del radical va seguida de las consonantes N o R, el verbo se conjuga como *sentir*. En caso contrario se conjuga como *pedir*, excepto el verbo *servir*.

Verbos con debilitación E>I:
competir, concebir, conseguir, corregir, derretir, despedir, desteñir, desvestir, elegir, embestir, expedir, freír, gemir, impedir, investir, medir, pedir, perseguir, proseguir, reelegir, regir, reír, rendir, reñir, repetir, revestir, seguir, servir, sonreír, travestir, vestir...

La segunda parte gramatical trata de fijar la expresión de la acción en desarrollo: *ESTAR* + gerundio. Quizás esta estructura no tenga equivalencia en la lengua materna del alumno y el profesor tendrá que ilustrarlo con ejemplos y situaciones que lo aclararán de forma contrastiva: *estudia /está estudiando*.

Por último, se presentan los posesivos pero solamente los átonos. El profesor hará hincapié entre la diferencia del posesivo *mi* y el pronombre *mí*; y lo mismo con el posesivo *tu* y el pronombre *tú*. Puede ser útil la lámina Nº 11.

Ficha de información: Los posesivos átonos

Los posesivos átonos sustituyen al artículo para expresar la posesión.
la casa   mi casa

MI, TU, SU concuerdan sólo con el número del sustantivo: *mi libro   mis libros*

NUESTRO, VUESTRO concuerdan en género y número: *nuestros hijos   vuestra hija*

Ambigüedad de la tercera persona (SU):
¿Es su dirección? (de él, de ella, de usted, de ellos, de ellas, de ustedes).

Expresión oral

En el momento de la expresión oral el estudiante pone en juego todo lo que ha observado y aprendido con vistas a comunicarse con su compañero. En esta sección se le proponen actividades variadas que le permiten preguntar por la edad, el cumpleaños, la hora, los horarios y expresar la duración de la acción.

Sugerencia: La actividad 1 se puede convertir en una tarea real en la que cada estudiante anota en su agenda las fechas de los cumpleaños de sus compañeros con vistas a celebrarlos en cada ocasión.
La actividad se puede realizar de forma oral o de forma escrita, de manera que cada alumno sale a la pizarra a escribir su fecha de nacimiento.

Sugerencia: A partir de ahora y por turnos, cada día un alumno escribirá la fecha del día en la pizarra.

Sugerencia: Para practicar el léxico de la hora, el profesor puede proponer otra actividad de grupo: el primer alumno toma un reloj hecho de cartón y dice la hora, después cambia las agujas para que el siguiente la diga, y así sucesivamente.

La actividad 4 de esta sección es por parejas y se puede realizar de diversas maneras: una de ellas es que un alumno ponga nombres a los personajes del dibujo utilizando los que se le proponen en el recuadro. A continuación su compañero tiene que adivinar a quién le ha puesto los nombres preguntando lo que está haciendo cada uno.

La última actividad es un juego de mímica donde el alumno tiene que poner en práctica no sólo su destreza lingüística, sino también sus habilidades en la expresión corporal.

La creatividad toma mayor relieve cuando se concibe la enseñanza como un perpetuo juego. El juego no es una cosa artificial, puesto que existe continuamente en la vida real: juegos en la radio, en la televisión, juegos comerciales, sociales, etc. Si las actividades recreativas cobran tanta importancia en nuestro ambiente social es que el juego provoca el máximo interés del individuo. El juego, al procurar placer, hace olvidar el aspecto serio del aprendizaje. El que juega está preocupado por las reglas del juego y no por las reglas del lenguaje. El juego implica totalmente al individuo, al grupo entero y es, de este modo, puramente comunicativo.

Mundo hispano

Mundo hispano hace un breve recorrido por algunas fiestas tradicionales españolas. El profesor les dará la información complementaria y, si es posible, llevará a clase pósteres y carteles que pueden ilustrar alguna de ellas. Por otro lado, en la sección "Taller de Internet", el alumno tendrá ocasión de ampliar su información sobre las fiestas tradicionales españolas.

Sugerencia: El profesor puede explotar las fotografías de las fiestas preguntando a los alumnos qué están haciendo en cada una de ellas.

Sugerencia: El profesor podría poner la canción de los Sanfermines: *uno de enero, dos de febrero...*, con lo que además se repasaría el léxico de las fechas.

Como ya se aconsejó en la unidad 1, el aula tiene que parecerse lo menos posible a una convencional: convendría que a lo largo del curso se pusieran en las paredes carteles variados de todo lo que puede recordar el conjunto del Mundo hispano. Esos carteles o fotos permiten al estudiante subliminalmente apropiarse de la cultura hispana.

Ficha de información | Algunas fiestas tradicionales en América Latina

El día de los Muertos (México)
Se celebra los días 1 y 2 de noviembre y es una de las fiestas más importantes del año. No son días tristes, sino muy alegres, pues para el mexicano la idea de la muerte no le causa miedo ni rechazo. En esos días, muchos mexicanos van a comer a los cementerios y llevan a los muertos las cosas que más les gustaban cuando estaban vivos. Son también muy típicas las calacas, cráneos de azúcar o chocolate, que se regalan. Además se pueden ver figuras de papel o cartón que representan a los muertos realizando actividades de la vida cotidiana: hablar por teléfono, ir de compras, etc.

El día de la Independencia

27 de febrero: República Dominicana
15 de mayo: Paraguay
5 de julio: Venezuela
25 de agosto: Uruguay
15 de septiembre: Costa Rica
El Salvador, Guatemala
Honduras y Nicaragua

16 de septiembre: México
18 de septiembre: Chile
12 de octubre: Argentina
28 de noviembre: Panamá

Síntesis

La imagen de esta sección contiene todos los elementos necesarios para revisar los contenidos de la unidad. Por consiguiente, el profesor podrá utilizar los ejercicios como evaluación.

Para hacer progresos hay que constatar primero las lagunas que una persona puede tener en relación con los objetivos, así como tener una conciencia de las dificultades que uno siente en el aprendizaje: falta de memoria, incapacidad de ver lo esencial, lentitud en la réplica, falta de método para trabajar, miedo de hablar en público, etc.

Taller de Internet

En este apartado el estudiante puede navegar por la Red y visitar virtualmente las ciudades españolas. Según el tiempo de que disponga también puede recoger información y practicar la comprensión escrita.

5 De nueve y media a dos

1. Escucha esta videoconferencia. Algunas palabras no se oyen bien. ¿Puedes adivinarlas?

José Manuel: Hola. ¿Cómo te ....*llamas*....?
Gema: Gema, ¿y tú?
José Manuel: José Manuel. ¿De dónde ....*eres*....?
Gema: Soy española, pero ahora estoy viviendo en Buenos Aires, ¿y tú?
José Manuel: De Sevilla.
Gema: ¿Y estás en Sevilla?
José Manuel: Sí.
Gema: ¿Qué hora es en España?
José Manuel: Son las siete y veinte de la ....*tarde.*....
Gema: En Buenos Aires son las tres y veinte.
José Manuel: ¿Y no estás trabajando?
Gema: No, yo no trabajo, soy ....*estudiante.*....
José Manuel: ¿Qué edad tienes?
Gema: Diecinueve. Y tú, ¿cuántos años ....*tienes*....?
José Manuel: Hoy cumplo veinticinco.
Gema: ¿Hoy es tu cumpleaños?
José Manuel: Sí.
Gema: ¡Felicidades!
José Manuel: ¿Cómo? ¿Puedes ....*repetir*....?
Gema: ¡Feliz cumpleaños!
José Manuel: ¡Ah, ...*gracias*....! ¿Cuándo es tu cumpleaños?
Gema: El treinta de enero. También es lunes. ¿Te estás riendo?
José Manuel: Sí, estoy hablando con mis compañeros de trabajo.
Gema: ¿Dónde ....*estás*....?
José Manuel: Estoy en la oficina. Estamos celebrando mi cumpleaños.
Gema: ¡¿En vuestra oficina?!
José Manuel: Sí, pero el horario de trabajo es hasta las siete.
Gema: Ah. ¿Cuántos sois?
José Manuel: Cincuenta y dos.
Gema: ¡Cincuenta y dos!

Comprensión y práctica   A
En una videoconferencia

1. ¿Qué oyes?

1. ✓ Son las siete y veinte.
   ☐ Son las seis y veinte.

2. ☐ ¿Cuántos años tiene?
   ✓ ¿Cuántos años tienes?

3. ✓ Hoy cumplo veinticinco.
   ☐ Hoy cumplo treinta y cinco.

4. ✓ El treinta de enero.
   ☐ El treinta de febrero.

5. ✓ ¿Te estás riendo?
   ☐ ¿Se está riendo?

6. ☐ ¿Y no están trabajando?
   ✓ ¿Y no estás trabajando?

2. Di si es verdadero (V) o falso (F).

- F Gema y José Manuel tienen la misma edad.
- V José Manuel es de Sevilla.
- F El treinta de enero es sábado.
- F Gema tiene veinticinco años.
- F Gema está en paro.
- V José Manuel trabaja hasta las siete de la tarde.
- F José Manuel cumple cincuenta y dos años.
- F Hoy es el cumpleaños de Gema.
- V Entre España y Argentina hay una diferencia de cuatro horas.

3. Relaciona los dibujos con los diálogos.

1. Felicidades. ¿Cuántos años cumples? — Treinta.
2. ¿Cuántos años tienes? — Dos.
3. ¿Cómo se llama, por favor? — José Manuel García. — ¿Qué edad tiene? — Veinticinco años.
4. ¿Puedo entrar? — No, lo siento. Son las dos y veinte. El horario es hasta las dos.

4. Clasifica estas frases del diálogo.

a. - Soy española.
b. - Estoy viviendo en Buenos Aires.
c. - ¿Y no estás trabajando?
d. - No, yo no trabajo, soy estudiante.
e. - ¿Te estás riendo?
f. - Estoy hablando con mis compañeros de trabajo.
g. - Estamos celebrando mi cumpleaños.
h. - El horario es hasta las siete.

Normalmente o siempre	Ahora
a. d. h.	Estoy viviendo en Buenos Aires.
	c. e. f. g.

5. Y tú, ¿cuántos años tienes? ¿Cuándo es tu cumpleaños?

B Pronunciación y ortografía
La ge (g) y la jota (j)

1. Escucha y repite la pronunciación de las palabras siguientes:

> La letra **G** se pronuncia [g] delante de A, O, U.

1. Jugando 2. Gonzalo 3. Gusta

> La letra **G** + la vocal **U** se pronuncian [g] delante de E, I.

4. Miguel 5. Seguir 6. Guitarra

> La letra **G** se pronuncia [x] delante de E, I.

7. Argentina 8. Gente 9. Corregir

> La letra **J** siempre se pronuncia [x].

10. Javier 11. Ejemplo 12. Hijo

2. Sonido [g]. Escucha y repite.

a. Goya g. Agosto
b. Belga h. Gustar
c. Bogotá i. Portugués
d. Diálogo j. Amigo
e. Paraguay k. Guitarra
f. Agua l. Segundo

3. Sonido [x]. Escucha y repite.

a. Baja g. Joven
b. Jueves h. Trabajo
c. Religión i. Gerona
d. General j. Gibraltar
e. Japón k. Julio
f. Junio l. Jamón

4. Contraste [x] y [g]. ¿Qué oyes?

a. Hago   b. Higo
   ✓ Ajo   ✓ Hijo

c. ✓ Gusto d. Gota
    Justo   ✓ Jota

5. Contraste [x] y [r] / [r̄]. Escribe 1 ó 2 según el orden en que lo escuches.

a. 2 Juego   b. 1 Caja
   1 Ruedo   2 Cara

c. 1 Hoja   d. 2 Jamón
   2 Hora   1 Ramón

6. Escucha las frases y completa con las letras "G" o "J".

1. Me _g_usta _j_u_g_ar con el _g_ato.
2. Los _j_ueves mi hi_j_o traba_j_a en _G_erona.
3. En el mes de a_g_osto la _g_ente baila tan_g_os en este lu_g_ar.

7. Piensa en otras palabras que se escriben con "ge" o con "jota". ¿Cómo se pronuncian?

48
cuarenta y ocho

Léxico C
Números, horas y fechas

1a. Relaciona.

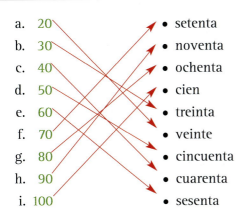

1b. Observa.

21 veintiuno	22 veintidós	23...
	Pero	
31 treinta y uno	32 treinta y dos	33...
41 cuarenta y uno	42 cuarenta y dos	43...

1c. Escucha las frases y señala el número correcto.

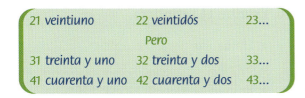

2. ¿Qué hora es? Mira el dibujo y luego escribe la hora debajo de cada reloj.

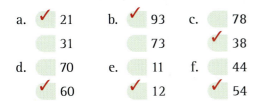

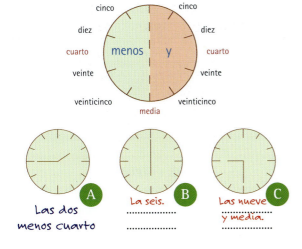

A – Las dos menos cuarto
B – La seis. ....
C – Las nueve y media. ....

D – Las tres menos cinco.
E – Las siete y veinticinco.
F – Las once menos diez.
G – Las cinco y cuarto.
H – Las siete menos cuarto.
I – Las dos y veinte.

3. Escribe los meses en este calendario.

septiembre, agosto, febrero, diciembre, enero, octubre, abril, junio, julio, marzo, noviembre, mayo

4. Pon en orden los días de la semana. Después, haz frases como en el ejemplo.

lunes, jueves, miércoles, viernes, domingo, martes, sábado

1. Lunes
2. Martes
3. Miércoles
4. Jueves
5. Viernes
6. Sábado
7. Domingo

Hoy es martes 30 de marzo.

49
cuarenta y nueve

D Gramática

Presente de verbos irregulares y *ESTAR* + gerundio

1a. Completa el cuadro.

Algunos verbos irregulares: E>I		
Repetir	Pedir	Reír
repito	pido	río
repites	pides	ríes
repite	pide	ríe
repetimos	pedimos	reímos
repetimos	pedimos	reís
repiten	piden	ríen

Otros verbos: servir, vestir, despedir, etc.

1b. Pon los verbos en presente.

1. Todos los alumnos **repiten** el ejercicio *(repetir)*.
2. Ustedes **piden** mucho *(pedir)*.
3. Esto no me **sirve** *(servir)*.
4. Me **visto** y después desayuno *(vestir)*.
5. Rosa se **ríe** de todo *(reír)*.
6. Me **pides** tú el café, ¿vale? *(pedir)*.
7. Mi hijo tiene tres años y ya se **viste** solo *(vestir)*.
8. En las videoconferencias hablamos y **reímos** mucho *(reír)*.
9. Mi profesora **repite** siempre lo mismo *(repetir)*.
10. Los camareros no **sirven** en las mesas *(servir)*.

1c. Clasifica los verbos.

vestir – poder – querer – despedir – servir – sentir – dormir – cerrar – mentir – divertir

E > IE	O > UE	E > I
querer	poder	vestir
sentir	dormir	despedir
cerrar		servir
mentir		
divertir		

2a. Observa la formación del gerundio.

Verbos –AR	Verbos –ER o –IR
+ ANDO	+ IENDO
(hablar: hablando)	(beber: bebiendo)
	(vivir: viviendo)
Algunos gerundios irregulares	
decir	diciendo
dormir	durmiendo
pedir	pidiendo
poder	pudiendo
sentir	sintiendo
ser	siendo

2b. Escribe el infinitivo.

a. Llamando — **Llamar**
b. Siendo — **Ser**
c. Respondiendo — **Responder**
d. Pidiendo — **Pedir**
e. Comprendiendo — **Comprender**
f. Pudiendo — **Poder**
g. Celebrando — **Celebrar**
h. Escribiendo — **Escribir**
i. Pronunciando — **Pronunciar**
j. Sintiendo — **Sentir**
k. Deseando — **Desear**
l. Diciendo — **Decir**

3a. Observa.

Estar	
estoy	
estás	
está	+ gerundio
estamos	
estáis	
están	

ESTAR + GERUNDIO
Se utiliza para decir lo que una persona hace en el momento de hablar. Ejemplo: Ahora estoy comiendo.

Gramática D

Presente de ESTAR + gerundio y los posesivos

3b. Completa las frases con el verbo ESTAR y el gerundio.

1. Cecilia *está navegando* (navegar) por Internet.
2. Yo *estoy haciendo* (hacer) la comida.
3. Neus *está repitiendo* (repetir) la lección.
4. Marta y Lucía *están hablando* (hablar).
5. ¿Tú *estás escuchando* (escuchar) la radio?
6. Nosotras ya *estamos desayunando* (desayunar).
7. ¿Vosotros *estáis imprimiendo* (imprimir) el documento?
8. Nosotros *estamos completando* (completar) este cuadro.

3c. Completa con el Presente o con ESTAR + gerundio.

1. Las tiendas *abren* (abrir) a las 9 y media.
2. Mira, ya *están abriendo* (abrir/ellos) la panadería. Vamos a comprar pan.
3. *Es* (ser/ella) de Quito, pero ahora *está viviendo* (vivir/ella) en Cuzco.
4. – ¿En qué *trabajas* (trabajar/tú)?
   • *Trabajo* (trabajar/yo) en un banco.
5. – ¿Qué *estáis haciendo* (hacer) ahora?
   • Juan y yo *estamos estudiando* (estudiar).
6. – ¿Dónde *está* (estar) Juan?
   • *Está trabajando* (trabajar).
7. – ¿Puedes venir un momento?
   • No puedo *estoy hablando* (hablar) por teléfono.
8. Normalmente *hablan* (hablar/ellos) en portugués. Pero ahora *están hablando*. (hablar) en español con sus alumnos.

4a. Observa.

Mi casa · Mis perros · Nuestros hijos · Nuestra casa

Una persona		Varias personas	
Una cosa	Varias cosas	Una cosa	Varias cosas
mi	mis	nuestro, a	nuestros, as
tu	tus	vuestro, a	vuestros, as
su	sus	su	sus

4b. Completa con el posesivo de la persona indicada.

(Nosotros) Es nuestro amigo.

1. (Ellos) Es *su* país.
2. (Nosotras) Es *nuestro* autobús.
3. (Ustedes) Es *su* profesora.
4. (Yo) Son *mis* naranjas.
5. (Tú) ¿Es *tu* número de teléfono?
6. (Vosotros) Es *vuestra* dirección.
7. (Usted) ¿Son *sus* compañeros?
8. (Ella) Es *su* desayuno.

4c. Completa las frases como en el ejemplo.

Daniela es mexicana. Su país es México.

1. Roberto es brasileño. *Su país es Brasil.*
2. Tú y yo somos franceses. *Nuestro país es Francia.*
3. Eres italiano. *Tu país es Italia.*
4. Mis amigas son alemanas. *Su país es Alemania.*
5. Sois japoneses. *Vuestro país es Japón.*
6. Soy español. *Mi país es España.*
7. Somos ingleses. *Nuestro país es Inglaterra.*
8. Eva y Paloma son chilenas. *Su país es Chile.*

E Expresión oral
Hablar de horas, horarios y hábitos cotidianos

1. Pregunta a todos tus compañeros cuántos años tienen y cuándo es su cumpleaños. Completa el cuadro.

Nombre	Edad	Día	Mes
Miguel	21	26	Julio

2. Observa el cuadro e indica las horas en los países.

Si aquí son las 5 y media, ¿qué hora es en...?

3. Pregunta a tu compañero su horario de trabajo o de clases.

Tú trabajas, ¿verdad?

Sí.

¿Cuál es tu horario?

De 8 y media de la mañana a una y media.

4. Elige un nombre para cada persona y tu compañero lo adivina.

Enrique - Jorge - Samuel - Elena - Natalia - Daniel - Carlos

Daniel está escuchando música.

5. ¿Qué estoy haciendo? Juego de mímica: simula una acción y los demás adivinan.

¿Qué estoy haciendo?

Estás comiendo.

Mundo hispano

Fiestas populares de España

1. Lee el texto y relaciona con las imágenes.

Los Sanfermines	Es la fiesta más conocida de España. Empieza el 7 de julio. Por la mañana, los jóvenes corren delante de los toros por las calles de Pamplona hasta la plaza.
La Feria de Abril	Es una fiesta de mucha alegría y mucha música flamenca. La ciudad de Sevilla se llena de colores.
Las procesiones de Semana Santa	Son una unión de arte y religión. Las imágenes religiosas salen a las calles. Las procesiones de Sevilla y de Valladolid son las más famosas.
Las Fallas	En la noche del 19 de marzo en las calles y plazas de Valencia se queman grandes monumentos de cartón. Así saludan a la primavera, con fuego.
El Carnaval	En febrero llega esta fiesta muy popular en varias ciudades del país, como en Santa Cruz de Tenerife y en Cádiz. Es la fiesta de los disfraces.
Nochevieja	A las doce de la noche del 31 de diciembre los españoles toman doce uvas, una por cada campanada del reloj de la Puerta del Sol de Madrid, como signo de buena suerte para el Año Nuevo.
El día de Reyes	La noche del 5 de enero los tres Reyes Magos entran en las casas para traer a los niños los regalos

2. Completa el cuadro.

Fiesta	Ciudad	Fecha	Una palabra clave
Los Sanfermines	Pamplona	7 de julio	toros
La Feria de Abril	Sevilla	mes de abril	música flamenca
Las procesiones de Semana Santa	Sevilla y Valladolid	Semana Santa	imágenes religiosas
Las Fallas	Valencia	19 de febrero	fuego
El Carnaval	Santa Cruz de Tenerife y Cádiz	mes de febrero	disfraces
Nochevieja	toda España	31 de diciembre	uvas
El día de Reyes	toda España	5 de enero	regalos

3. ¿Cuáles son las fiestas más importantes de tu país?

Síntesis
A B C D E

1. La fiesta de cumpleaños. Observa la escena.

a. ¿De quién es el cumpleaños? ¿Cuántos años cumple?   E. 31 años.

b. ¿Qué hora es?   Son las diez y cuarto.

c. Di qué está haciendo cada persona.

d. ¿Quién dice estas frases?

1. ¡Feliz cumpleaños!   D.
2. Hola, bienvenido a la fiesta.   G.
3. Muchas gracias. ¿Qué es esto?   E.
4. ¿Quieres limonada?   A.
5. Estoy en una fiesta de cumpleaños.   I.

2. El regalo es un viaje. Indica la fecha, la hora y el lugar.
El 5 de junio de 2003, a las dos y cuarto de la tarde y a Madrid (estación Puerta de Atocha).

Taller de Internet: de fiestas

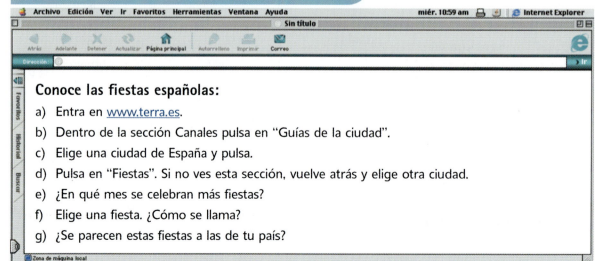

Conoce las fiestas españolas:
a) Entra en www.terra.es.
b) Dentro de la sección Canales pulsa en "Guías de la ciudad".
c) Elige una ciudad de España y pulsa.
d) Pulsa en "Fiestas". Si no ves esta sección, vuelve atrás y elige otra ciudad.
e) ¿En qué mes se celebran más fiestas?
f) Elige una fiesta. ¿Cómo se llama?
g) ¿Se parecen estas fiestas a las de tu país?

Ya conoces

A B C D E

1a. Las expresiones para hablar del tiempo:

> ¿Qué hora es? / ¿Tienes hora?   Son las...
> ¿A qué hora...?   A las...
> ¿Qué día es...?   Hoy es...

1b. Para informarte de datos personales:

> ¿Cuántos años tienes?   Tengo...
> ¿Cuándo es tu cumpleaños?   Es el...

1c. Y para felicitar: ¡Felicidades! ¡Muchas felicidades! ¡Feliz cumpleaños!

2a. Los números: veinte, veintiuno, veintidós..., treinta, treinta y uno, treinta y dos...

2b. Los meses del año: enero, febrero, marzo, abril, mayo, junio, julio, agosto, septiembre, octubre, noviembre, diciembre.

2c. Los días de la semana: lunes, martes, miércoles, jueves, viernes, sábado y domingo.

3a. Presentes irregulares (E > I):

	Pedir
Yo	pido
Tú	pides
Él, ella, usted	pide
Nosotros, as	pedimos
Vosotros, as	pedís
Ellos, ellas, ustedes	piden

3b. La formación del gerundio:

Verbos –AR	Verbos –ER o –IR
+ ANDO	+ IENDO
(hablar: hablando)	(beber: bebiendo)
	(vivir: viviendo)
Algunos gerundios irregulares	
decir	diciendo
dormir	durmiendo
pedir	pidiendo
poder	pudiendo
sentir	sintiendo
ser	siendo

3c. Para decir lo que una persona hace en el momento de hablar:

	Estar	
Yo	estoy	
Tú	estás	
Él, ella, usted	está	+ gerundio
Nosotros, as	estamos	
Vosotros, as	estáis	
Ellos, ellas, ustedes	están	

3d. Y los posesivos:

Una persona		Varias personas	
Una cosa	Varias cosas	Una cosa	Varias cosas
mi	mis	nuestro, a	nuestros, as
tu	tus	vuestro, a	vuestros, as
su	sus	su	sus

6 Bienvenida Lola

Describir personas y objetos

Objetivos

- Describir la vivienda.
- Identificar a la familia.
- Describir personas.
- Expresar gustos y aficiones.
- Pronunciar correctamente los sonidos [l] y [y].
- Ortografía de las letras *L*, *LL* y *Y*.
- Aprender el léxico de la familia, la casa y los adjetivos de descripción.
- Identificar la diferencia entre *HAY* y *ESTÁ(N)*.
- Conocer los demostrativos y su relación con los adverbios *AQUÍ*, *AHÍ* y *ALLÍ*.
- Estudiar la conjugación especial del verbo *GUSTAR*.
- Aprender el uso de los adverbios *TAMBIÉN* y *TAMPOCO*.
- Realizar un acercamiento a la población étnica de América Latina.

Desarrollo de las secciones

Esta entrada tiene dos partes. En la primera actividad el alumno tiene que leer un anuncio, extraído de un diario, en el que se busca a un estudiante joven para compartir casa. Este breve texto sirve para que el alumno tome contacto con el léxico de las partes de la casa, que tendrá que situar sobre la ilustración. Para ello puede utilizar la lámina Nº 6.

Sugerencia: El profesor puede llevar al aula diferentes recortes de un diario en los que se ofrezcan pisos en venta o en alquiler. En estos anuncios breves suelen enumerarse las partes de la casa, por lo que podrá pedir que los estudiantes confeccionen una lista de este léxico para familiarizarse con él antes de trabajar esta primera sección de la unidad.

En el segundo ejercicio, el alumno tendrá que seguir la audición para completar el texto con las palabras que faltan: partes de la casa (marcados los huecos en marrón) y léxico de la familia (marcados en azul). La lámina Nº16 es muy útil en el estudio de toda la unidad.

Sugerencia: Si es conveniente, puede hacer una actividad previa de repaso de las preposiciones y locuciones preposicionales de lugar, vistas en la unidad 3.

Sugerencia: Como el alumno tiene casi todo el texto escrito, el profesor podrá también utilizarlo como práctica de comprensión escrita, y le solicitará que clasifique el léxico en el cuadro, donde ya damos la solución:

partes de la casa	mobiliario	familia
salón	lámpara	madre
comedor	sofá	hermana
cocina	sillón	hija
cuarto de baño	cama	tía
habitación	mesa	padre
pasillo	silla	sobrino
terraza		

El profesor tiene que saber utilizar con sutileza los intercambios comunicativos que se producen fuera del aula (pasillos, cafetería del centro, encuentros fortuitos en la ciudad, etc.). En estos intercambios el profesor puede descubrir las relaciones que sus alumnos tienen entre sí: lazos familiares, de amistad, si viven solos o comparten piso, si son solteros o casados... De esta manera las actividades que se hagan en clase toman un cariz mucho más realista y motivador.

Comprensión y práctica

Si la "Entrada" se ha trabajado a fondo, ahora será mucho más fácil que el alumno asimile uno de los contenidos básicos de la unidad: la familia. Puede utilizar para ello la lámina Nº 21.

Sugerencia: El profesor puede dibujar en la pizarra el árbol genealógico de la protagonista del texto de "Entrada": Lola.

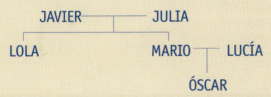

Y a partir de él establecer los lazos familiares. A continuación pedirá a los estudiantes que lo amplíen con los datos que ofrece el ejercicio 3a.
Este árbol genealógico le servirá también para realizar el ejercicio 4: hacer el árbol de su propia familia.

Esta sección tiene que aprovecharse también para analizar otros contenidos lingüísticos que se introducían en el texto de entrada, algunos de ellos nuevos para el alumno, pero otros le servirán de repaso:

• La presentación de una tercera persona: releer el comienzo del texto y escenificarlo de memoria.

• La situación en el espacio: repasar las expresiones *al lado de, encima de, a la izquierda, a la derecha, arriba, al final de...*

• La descripción de personas: la actividad 3c introduce este contenido, que luego será ampliado en la sección "Léxico".

6

Sugerencia: El profesor ofrecerá a los alumnos el siguiente cuadro, con el que practicar un poco más a fondo las descripciones de las personas:

Es...	alto, a / bajo, a delgado, a / gordo, a rubio, a / moreno, a joven / viejo, a guapo, a / feo, a simpático, a / antipático, a inteligente / tonto, a divertido, a / aburrido , a alegre / triste
Tiene...	pelo corto / largo / rubio / moreno / rizado / liso bigote, barba
Lleva...	sombrero, gafas

Pronunciación y ortografía

En este apartado se trabajan los sonidos [l] y [y] y, al mismo tiempo, se enseña la ortografía de las letras *L*, *LL* y *Y*. Es importante que el profesor explique que el sonido [y] se puede representar mediante las letras *LL* y *Y*.

Ficha de información: El yeísmo

En algunas partes de los países de habla hispana, existe el sonido [ʎ] (escrito con LL), pero la mayor parte de los hablantes de español pronuncian igual el sonido [ʎ] y el sonido [y]. Los dos se pronuncian como [y]. Es el fenómeno del yeísmo. Se pronuncian igual:

calló / cayó   *halla / haya*

Ficha de información: Pronunciación de la Y

La letra *Y* se pronuncia [i] si va sola o a final de palabra.
El rey y la reina

Pero aparece a final de palabra si el sonido [i] es átono. Porque si es tónico se escribe Í con tilde.
rey / reí   *ley / leí*

Léxico

Esta sección servirá para consolidar el léxico de la casa y los adjetivos de descripción, cuyo estudio se inició en el texto de entrada.

Los dos primeros ejercicios hacen referencia a las partes de la casa y al mobiliario.

Sugerencia: Para practicar el léxico de la casa y la situación en el espacio, el profesor propondrá un juego de adivinanza. Un alumno piensa en algún mueble de la casa y sus compañeros tienen que adivinar qué es a partir de preguntas:

¿Está en la cocina? No.   ¿Está en la habitación? Sí.   ¿Está al lado de la cama? No.

Los dos ejercicios siguientes están relacionados con los adjetivos de descripción.

El profesor tiene que hacerles notar la diferencia entre los adjetivos de descripción física (actividad 2a) y los adjetivos de carácter (actividad 2b).

Sugerencia: El profesor puede pedir a los alumnos que traigan a la clase una foto de su familia: de vacaciones, celebrando un cumpleaños, etc. En parejas o en grupos de tres, cada alumno explicará quién es cada miembro, cómo se llama, a qué se dedica y sobre todo, cómo son de carácter.
Otra posibilidad es que los alumnos hagan preguntas al compañero que enseña la foto:
¿Quién es esta chica rubia? Es mi hermana Laura.
¿Y este señor alto? Este es mi tío.

Sugerencia: Para practicar la expresión escrita, el profesor pedirá que redacten una carta a un amigo que va a ir a casa del alumno a pasar una temporada y este quiere que sepa cómo es su familia antes de conocerla.

Una fuente de motivación constante en la clase es el propiciar que el alumno hable de sí mismo, de su realidad y de su entorno, pero sin ser una imposición. Por ello es una buena idea el proponer que los alumnos traigan fotos de su familia y hablen de ella. Se trata de acercar la realidad del alumno a la práctica de la clase.

Gramática

Esta sección comienza con un cuadro gramatical que explica el contraste entre *HAY / ESTÁ(N)*, elementos imprescindibles para poder describir lugares.

Ficha de información: HAY / ESTÁ(N)

El profesor analizará con los alumnos los cuadros del ejercicio 1a, haciendo notar las siguientes cuestiones:

Con *HAY*, a los nombres nunca les pueden acompañar los artículos determinados:
  * *En mi casa no hay la terraza.*

Con *HAY*, a los nombres nunca les pueden acompañar los posesivos.
  * *¿Hay mi gato aquí?*

Con *ESTÁ(N)*, a los nombres sí pueden acompañarles los artículos determinados y los posesivos.
  En la cocina está el / mi gato.

A continuación se trabajan los demostrativos, siempre en relación con los adverbios de lugar *AQUÍ, AHÍ* y *ALLÍ*. Es probable que en la lengua del estudiante sólo existan dos elementos de relación espacial, por lo que el profesor insistirá en esta cuestión.

Ficha de información — Los demostrativos y la relación temporal

Además de relación espacial con respecto al hablante, los demostrativos también sirven para establecer una relación temporal.

ESTE, A, OS, AS: indica mayor proximidad temporal.
Este año estudio inglés.

ESE, A, OS, AS: indica menor proximidad.
Estaba leyendo y en ese momento llamaron a la puerta.

AQUEL, AQUELLA, OS, AS: indica lejanía, incluso imprecisión.
Aquel verano conocí a mi mujer.

La segunda parte de la sección está dedicada al verbo *GUSTAR* y su especial conjugación. El profesor tiene que destacar el hecho de que no se conjuga como los demás verbos, pues no se relaciona directamente con los pronombres sujeto, sino con los de complemento. Es el mismo caso que el verbo *ENCANTAR*, que el profesor puede aprovechar para explicarlo. Puede usar la lámina Nº 18.

Ficha de información: Expresar gustos

¿Te gusta mi casa?	+	me encanta
¿Te gusta el cine?		me gusta mucho
¿Te gusta pasear?		me gusta
¿Te gusta estudiar?		me gusta poco
		no me gusta
	−	no me gusta nada

Sugerencia: Para que el estudiante entienda mejor el significado de TAMBIÉN / TAMPOCO, el profesor puede dibujar unas sencillas caras en la pizarra con las que se vea claro el contraste de gustos.

CONTRASTAR GUSTOS

Mismos gustos		Gustos diferentes	
☺	☺	☺	☹
Me gusta(n)	A mí también	Me gusta(n)	A mí no
☹	☹	☹	☺
No me gusta(n)	A mí tampoco	No me gusta(n)	A mí sí

Sugerencia: A partir del ejercicio 5a, y usando como herramientas los cuadros propuestos (expresar gustos y contrastar gustos), el profesor propondrá actividades de conversación para que los alumnos expresen sus preferencias y aficiones.

Como ya se ha dicho en más de una ocasión, el alumno no tiene que tener la impresión de estar en clase, sino de asistir a un sitio donde por medio de un idioma puede expresar lo que siente, intervenir en un debate permanente en el que al mismo tiempo que progresa, realiza actos de comunicación real. La gramática incluso no será estudiada como un ejercicio escolar, sino como una necesidad vital para poder intervenir mejor en la interacción comunicativa.

Expresión oral

En esta sección hay actividades muy diversas y lúdicas que el alumno encontrará muy atractivas: juego de adivinar o el de describirse a sí mismo.

A su vez, también se proporcionan las herramientas necesarias para que los estudiantes se sientan más cómodos realizando las actividades.

Sugerencia: La actividad 1b se puede variar tomando como modelos a los mismos compañeros de la clase.

Sugerencia: Para practicar la descripción de una persona en combinación con el léxico de la familia, se puede realizar la siguiente actividad: Un amigo tuyo va a la estación a buscar a tu familia, pero no la conoce. Descríbesela.

Sugerencia: Una vez realizada la actividad 2b, el profesor puede proponer otro juego relacionado con ella.
En grupos de cuatro. Cada uno pone sobre la mesa su dibujo. Un alumno describe una de las casas y el primero que la adivine gana y toma el turno de la descripción.

Como se puede ver a partir de todas estas sugerencias, todo puede transformarse en juego: la gramática, la escritura, la lectura, la palabra, la comprensión oral o escrita, etc.

Mundo hispano

Mundo hispano ofrece una buena oportunidad para repasar, en primer lugar, los números, pues se indican los habitantes de los países de América Latina.

Sugerencia: El profesor puede pedir que miren el mapa y comparen la extensión del país con el número de habitantes. Esto puede dar pie a un debate sobre los motivos por los que a lo mejor un país muy extenso no tiene demasiados habitantes, y a la inversa.

A continuación, el alumno tiene que leer el texto sobre los grupos étnicos de América Latina y realizar un ejercicio de *V o F*.

Sugerencia: Otra manera de comprobar si el alumno ha entendido el texto es pedirle que relacione los diferentes grupos étnicos con las fotografías.

Síntesis

Es fundamental que el profesor sepa aprovechar al máximo el potencial que le ofrece la ilustración de este apartado. Como en anteriores ocasiones, puede servirle de evaluación para comprobar si los alumnos han alcanzado los objetivos previstos: describe a un personaje, describe a la familia del tercer piso...

6 Bienvenida, Lola

1. Lee este anuncio y escribe el nombre de las partes de la casa.

2. Escucha y completa los nombres de las partes de la casa y los miembros de la familia.

> Buscamos estudiante joven para compartir casa de dos pisos con jardín, tres habitaciones con terraza, dos cuartos de baño, cocina y salón, garaje. Zona tranquila, a 2 Km del centro de Madrid. Raquel. Teléfono: 914306219. raquel@ya.es

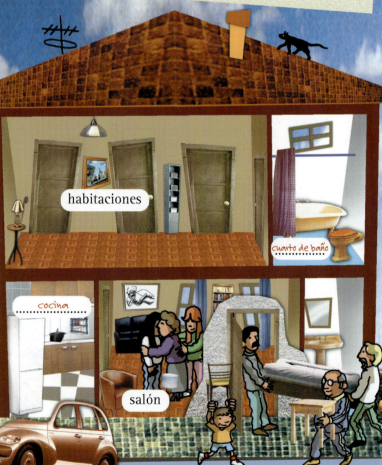

LOLA: Hola, Raquel. Mira, esta es mi madre. Mamá, esta es Raquel, la compañera de la casa.
RAQUEL: Hola.
JULIA: Encantada, Raquel. ¿Dónde pongo esta lámpara?
RAQUEL: De momento, allí, al lado del sofá o encima del sillón.
LOLA: ¿Te gusta la casa, mamá? Aquí abajo están el _salón_ y el comedor. A la izquierda está la _cocina_ y a la derecha hay un cuarto de _baño_ pequeño.
JULIA: El _salón_ me gusta, es muy bonito. ¿Y las habitaciones?
LOLA: Están arriba.
MARIO: ¡Aquí está la cama de mi _hermana_ Lola!
JAVIER: ¡Y aquí está la mesa de mi _hija_ Lola!
ÓSCAR: ¡Y aquí está la silla de mi tía Lola!
LOLA: ¡Papá, Mario, Óscar, por favor! Siempre están jugando.
RAQUEL: Son muy simpáticos.
LOLA: El alto es Mario, mi _hermano_ Javier es mi _padre_ y el pequeño es mi sobrino, el _hijo_ de Mario.
RAQUEL: ¡Hola a todos!
TODOS: ¡Hola!
LOLA: ¿Subimos a las _habitaciones_, mamá? Mira, ahí al final del pasillo está el _cuarto_ de baño. Y esta es mi _habitación_.
JULIA: Me gusta, es grande. ¡Y hay una _terraza_!
RAQUEL: Sí, es alegre, pero pequeña.

Comprensión y práctica A
La vivienda y las personas

1. ¿Qué oyes?

1. ✓ ¿Dónde pongo esta lámpara?
   ☐ ¿Dónde pones la lámpara?
2. ✓ El salón me gusta.
   ☐ El salón no me gusta.
3. ✓ Aquí está la cama.
   ☐ Allí está la cama.
4. ✓ Este es mi sobrino.
   ☐ Ese es mi sobrino.
5. ✓ Esta es mi habitación.
   ☐ Está mi habitación.

2. Di si es verdadero (V) o falso (F).

1. V Raquel y Lola son compañeras de casa.
2. F Las habitaciones están abajo.
3. F A la madre de Lola no le gusta el salón.
4. V En el salón hay un sofá.
5. V Mario es alto.
6. V El sobrino de Lola se llama Óscar.
7. V En la casa hay dos cuartos de baño.

3a. Lee el texto sobre la familia de Lola.

Esta es la foto de mi familia. Somos ocho. Yo soy la chica delgada y estoy entre mi padre y mi madre, se llaman Javier y Julia. Mi padre es el de gafas. Es muy simpático. A la derecha de mi padre están mis abuelos, Dolores y Pascual, son los padres de mi madre. Son ya mayores, pero muy alegres. El chico alto, guapo y de bigote es mi hermano Mario. Lucía, la mujer rubia, es su esposa, mi cuñada. Es una mujer muy inteligente. Es profesora en la universidad. Ellos tienen un hijo de siete años: es mi sobrino Óscar. Es muy divertido.

3b. Completa las frases.

hermano/a – tío/a – cuñado/a – nieto/a – abuelo/a – madre – hijo/a – esposo/a

1. Julia es la ...esposa... de Javier.
2. Julia y Javier son los ...abuelos... de Óscar.
3. Lucía es la ...madre... de Óscar.
4. Lola y Mario son ...hermanos... .
5. Lola es la ...tía... de Óscar.
6. Lola y Mario son los ...nietos... de Dolores y Pascual.
7. Lucía y Lola son ...cuñadas... .
8. Julia es ...hija... de Dolores y Pascual.

3c. ¿Cómo son? Relaciona.

a. Mario es...
b. Óscar es...
c. Javier, Mario y Óscar son...
d. Javier tiene...
e. Lucía es...

1. rubia y muy inteligente.
2. gafas.
3. simpáticos.
4. muy divertido.
5. alto y tiene bigote.

4. Haz el árbol de tu familia y explícalo.

B. Pronunciación y ortografía
La ele (l), elle (ll) y la i griega (y)

1. Escucha y repite la pronunciación de las palabras siguientes.

> La letra **L** se pronuncia [l]

1. Lámpara   2. Hablamos   3. Árbol

> La letra **Y** se pronuncia [i] si va sola o al final de palabra

4. Y   5. Soy   6. Rey

> La letra **LL** y la **Y** (al principio de palabra o en el medio) se pronuncian [y]

7. Llamar   8. Llorar   9. Paella
10. Yo   11. Ayer   12. Uruguayo

2. Sonido [l]. Escucha y repite.

a. Novela   d. Lengua
b. Libro   e. Fundamental
c. Abril   f. Feliz

3. Sonido [y]. Escucha y repite.

a. Lluvia   d. Apellido   g. Desayuno
b. Llorar   e. Calle   h. Taller
c. Yegua   f. Playa   i. Yogur

4. Sonido [i]. Escucha y repite.

a. Y   c. Voy   e. Hay
b. Rey   d. Estoy   f. Paraguay

5. Contraste [l] y [y]. ¿Qué oyes?

a. ✓ Loro   b. ☐ Alá
   ☐ Lloro   ✓ Allá

c. ☐ Polo   d. ✓ Vale
   ✓ Pollo   ☐ Valle

6. Contraste [l] y [r]. Escribe 1 ó 2 según el orden en que lo escuchas.

a. 2 Hola   b. 1 Pala
   1 Hora   2 Para

c. 2 Hablamos   d. 2 Abril
   1 Abramos   1 Abrir

7. Piensa en otras palabras y díctaselas a tu compañero.

Léxico C

La casa y adjetivos de descripción

1a. Lee y después escribe en el plano de la casa las partes de este piso.

Me gusta mi nuevo piso. Está en el sexto, pero el edificio tiene ascensor. La habitación pequeña está enfrente de la entrada. Sigues por el pasillo y a la derecha está la habitación grande y después un cuarto de baño. Al final está la cocina. Al final del pasillo, a la izquierda, están el salón y el comedor. Hay otra habitación más y otro cuarto de baño.

a. Habitación pequeña
b. Entrada
c. Pasillo
d. Cuarto de baño
e. Habitación grande
f. Salón
g. Comedor
h. Cocina

2a. Observa las imágenes y relaciona los contrarios.

delgado, a — viejo, a
alto, a — moreno, a
joven — gordo, a
rubio, a — feo, a
guapo, a — bajo, a

1b. Relaciona estas palabras con las fotos.

mesa, sillón, estantería, lámpara, silla, sofá, cama, planta, armario

1. Mesa

2. Armario

3. Planta

4. Cama

5. Estantería

6. Lámpara

7. Silla
8. Sofá
9. Sillón

2b. Relaciona.

simpático, a — aburrido
inteligente — antipático, a
divertido, a — tonto, a

2c. Describe a una persona de la clase. Tus compañeros adivinan quién es.

D Gramática
HAY/ ESTÁ(N). Los demostrativos. AQUÍ, AHÍ, ALLÍ

1a. Observa:

> HAY + un(o), una, unos, unas (+ sustantivo)
> *Hay una (mesa).*
> HAY + un(o), dos, tres... (+ sustantivo)
> *Hay dos cuartos de baño.*
> HAY + sustantivo
> *En mi habitación no hay terraza.*

> ESTÁ(N) + el, la, los, las + sustantivo
> *A la derecha está la cocina.*
> ESTÁ(N) + preposición
> *La mesa está a la derecha de la cama.*

1b. Completa con HAY o ESTÁ(N).

1. En esta calle *hay* dos restaurantes.
2. Cerca de aquí *está* la Puerta del Sol.
3. Al final del pasillo *está* la terraza.
4. En mi casa no *hay* animales.
5. ¿*Hay* una farmacia por aquí, por favor?
6. Mis sobrinos *están* en su habitación.
7. ¿Dónde *está* el cuarto de baño, por favor?
8. ¿*Hay* un estanco cerca, por favor?
9. Las lámparas *están* encima de la cama.
10. *Hay* una habitación.

2a. Observa.

Adverbios		Masculino	Femenino	Neutro
aquí	- lejos	este, estos	esta, estas	esto
ahí		ese, esos	esa, esas	eso
allí	+ lejos	aquel, aquellos	aquella, aquellas	aquello

2b. Señala la respuesta correcta.

1. Mi casa es ...... de allí.
   - esta
   - aquello
   - ✓ aquella

2. ¿Conoces a ...... persona de ahí?
   - ese
   - ✓ esa
   - esta

3. ...... restaurante está aquí cerca.
   - Eso
   - ✓ Este
   - Aquel

4. ...... de allí no son mis hijos.
   - Aquellas
   - Estos
   - ✓ Aquellos

2c. Completa los diálogos con AQUÍ, AHÍ, ALLÍ.

1. • Mira, esa es mi hermana Lourdes.
   ○ ¿Cuál, aquella morena?
   • No, no. Esa de *ahí*.

2. • Aquella mujer de *allí* es mi madre.
   ○ ¿La rubia?
   • Sí, sí.

3. • ¿Comemos en aquel restaurante?
   ○ ¿En cuál, es ese de *ahí*?
   • No, hombre. En aquel de *allí*.

4. • ¿Qué es eso?
   ○ ¿El qué, esto?
   • No, no. Eso de *ahí*.

Gramática D

El verbo GUSTAR. Cuantificadores. TAMBIÉN, TAMPOCO

3a. Observa.

(No)	me te le	GUSTA	la casa. este sofá. tu hermano.
	nos os les	GUSTAN	las casas. estos sofás. tus hermanos.

3b. Completa con GUSTA o GUSTAN.

1. A Lola le *gusta* su habitación.
2. A mí no me *gusta* el café.
3. A mis padres les *gusta* la terraza.
4. ¿Os *gustan* aquellas chicas?
5. No nos *gusta* el restaurante.
6. ¿A ti te *gustan* esas lámparas?

3c. Relaciona.

1. A mí → a. Me
2. A Juan y a Pedro → b. Te
3. A usted → c. Le
4. A nosotras → d. Nos
5. A ti → e. Os
6. A ella → f. Les
7. A vosotros → g. Le

3d. Escribe el pronombre personal correcto: ME, TE, LE, NOS, OS, LES.

1. A nosotros *nos* gusta la playa.
2. ¿A ti *te* gusta mi sombrero?
3. A ella *le* gustan los chicos altos.
4. ¿A ustedes *les* gusta el cine?
5. A mis amigos *les* gustan las rubias.
6. A Luis no *le* gustan los aviones.

4a. Ordena los cuantificadores de más a menos.

- 2 Un poco
- 1 Nada
- 4 Mucho
- 3 Bastante

4b. Responde las preguntas.

1. ¿Te gusta el tango? ....
2. ¿Te gustan los deportes? ....
3. ¿Os gusta esta ciudad? ....
4. ¿Os gusta el cine? ....
5. ¿Os gustan las fiestas? ....
6. ¿Te gusta el café? ....

5a. Observa.

TAMBIÉN, TAMPOCO

- A mí me gusta este sofá.
- A mí también.
- A mí no.

- No me gusta esta lámpara.
- A mí tampoco.
- A mí sí.

5b. ¿Y a ti?

1. Me gusta la comida italiana. ....
2. No me gusta el fútbol. ....
3. Me gusta el rock. ....
4. No me gusta el cine romántico. ....
5. No me gusta el chocolate. ....
6. Me gusta el café. ....

E Expresión oral
Describir la casa y a las personas

1a. Relaciona.

- Es rubio.
- Es moreno.
- Tiene barba.
- Tiene bigote.
- Lleva gafas.
- Lleva sombrero.

1c. Descríbete a ti mismo. Después mezclamos las descripciones. Elige una y léela. ¿Quién es?

> **¿Cómo te ves?**
> Soy un hombre joven, alto y guapo. Soy inteligente, pero un poco aburrido.

2a. Dibuja tu casa y descríbelos.

TIENE	un salón, dos habitaciones, un mesa...
ES	grande, pequeño, alegre...
HAY	una cocina, dos sillas, una terraza...
El/la/los/las + sustantivo	ESTÁ(N) en, cerca de, al lado de...

1b. Piensa en una persona y tu compañero te hace preguntas para adivinarlo.

1 Dalí   2 Isabel Allende   3 Rigoberta Menchú

4 Vargas Llosa   5 Penélope Cruz   6 Jeniffer López

7 Antonio Banderas   8 Ricky Martin   9 Shakira

10 Enrique Iglesias   11 Pablo Picasso   12 García Márquez

Es + adjetivo	Es alto/a...
Tiene + sustantivo	Tiene el pelo largo, corto...
	Tiene bigote, barba...
Lleva + sustantivo	Lleva gafas, sombrero...

2b. Describe tu habitación y tu compañero la dibuja al mismo tiempo.

En España	En América
piso, apartamento	departamento
habitación, cuarto	pieza
ascensor	elevador

Tu habitación

La habitación de tu compañero

- ¿Es hombre o mujer?
- Mujer.
- ¿Es rubia?
- No, es morena.

Mundo hispano

La población étnica de América Latina

1. Lee el texto.

La población de América Latina crece muy deprisa, por eso la mayoría de sus habitantes son muy jóvenes: más del 30% tiene menos de 15 años. Estos son los habitantes por países:

País	Habitantes	País	Habitantes
Argentina	36.578.000	Nicaragua	4.983.000
Bolivia	8.143.000	Panamá	2.816.000
Chile	15.018.000	Paraguay	5.353.000
Colombia	41.566.000	Perú	25.662.000
Costa Rica	3.933.000	Puerto Rico	3.850.000
Cuba	11.159.000	Rep. Dominicana	8.364.000
Ecuador	12.411.000	Uruguay	3.313.000
El Salvador	6.159.000	Venezuela	23.704.000
Guatemala	11.090.000		
Honduras	6.316.000	**Total**	**327.789.000**
México	97.367.000		

Con la llegada de los españoles a América empezó la mezcla de etnias. Estos son los grupos étnicos más importantes de América Latina:

Indios: son de origen asiático. En Guatemala, Ecuador, Perú, Bolivia y México son muy numerosos.

Blancos: de origen europeo. Son mayoría en Argentina, Uruguay, Chile y Costa Rica.

Mestizos: mezcla de indio y blanco. Es el grupo más numeroso en Nicaragua, Honduras, El Salvador, Venezuela y Paraguay.

Negros: los europeos los llevaron de África a América como esclavos. Viven sobre todo en Cuba, Puerto Rico, República Dominicana y Colombia.

Mulatos: mezcla de negro y blanco.

2. Localiza los países en el mapa de este libro e indica dónde están.

3. ¿Qué país tiene más habitantes? México.

4. Di si es verdadero (V) o falso (F).

- V La mayoría de los habitantes de América Latina son jóvenes.
- F Los padres de un mulato son de origen indio y negro.
- V En Guatemala viven muchos indios.
- F Los negros llegaron a América desde Asia.
- V En Cuba hay muchos mulatos y negros.
- F La mayoría de los chilenos son mestizos.
- V Los padres de una mestiza son de origen indio y blanco.

Síntesis
A B C D E

1. Observa la imagen.

a. Describe un piso. ¿Qué hay?

b. Elige a una persona, di cómo es y qué está haciendo.

c. Buscas piso y encuentras estas dos ofertas. Compáralos. ¿Cuál te gusta más? ¿Por qué?

INMOBILIARIA VENTA
PISOS

ATOCHA, piso 4 dormitorios, salón, cocina, 2 baños, 2 terrazas, amueblado, muy soleado, ascensor, junto al metro. Comunidad incluida.
Precio: 990 euros.
Telf.: 806 51 55 06.

AUSTRIAS, piso 100 m^2, 2 dormitorios, salón, cocina, 2 baños completos, exterior, muy luminoso, aire acondicionado, calefacción individual, ascensor, nueva construcción lujo, 4 balcones. Precio: 1.440 euros.
mariao@yahoo.es Telf.: 770 72 44 34.

Taller de Internet

Practica el vocabulario de la familia:
a) Entra en http://cvc.cervantes.es.
b) En el menú principal pulsa en "Aula de lengua" y después en "Otros materiales didácticos".
c) Escoge "La familia" y pulsa en "Parentesco".
d) Mira el árbol de esta familia. Para ver la relación que tiene con las demás, pulsa en una persona.
e) Ahora vuelve atrás y pulsa en "¿Quién es...?" y contesta a las preguntas.
f) Vuelve atrás y pulsa en "Adivinanzas" y responde a las preguntas.

Ya conoces
A B C D E

1a. Las expresiones para ubicar objetos:

> ¿Dónde está... ?   Está en...
> ¿Hay un / a... ?   Hay un / a...
> ¿Dónde pongo... ?

1b. Y para expresar gustos:

> (No) me gusta mucho / bastante
> un poco / nada

2a. Los miembros de la familia: el hermano, el tío, el cuñado, el nieto, el abuelo, la madre, el padre, el hijo, la esposa, el marido, etc.

2b. Las partes de la casa: la habitación, la entrada, el pasillo, el cuarto de baño, el salón, el comedor, la cocina, la terraza, etc.

2c. Los muebles: la mesa, el sillón, la estantería, la lámpara, el escritorio, la silla, el sofá, la cama, el armario, etc.

2d. Los adjetivos de descripción física: delgado, viejo, alto, moreno, joven, gordo, rubio, feo, guapo, bajo, etc.

2e. Los adjetivos de descripción del carácter: simpático, triste, antipático, divertido, tonto, inteligente, aburrido, etc.

3a. El contraste *HAY* y *ESTÁ(N)*:

> HAY + un(o), una, unos, unas (+ sustantivo)
> *Hay una (mesa).*
> HAY + un(o), dos, tres... (+ sustantivo)
> *Hay dos cuartos de baño.*
> HAY + sustantivo
> *En mi habitación no hay terraza.*

> ESTÁ(N) + el, la, los, las + sustantivo
> *A la derecha está la cocina.*
> ESTÁ(N) + preposición
> *La mesa está a la derecha de la cama.*

3b. El verbo *GUSTAR*:

(No)	me	GUSTA	la casa.
	te		este sofá.
	le		tu hermano.
	nos		las casas.
	os	GUSTAN	estos sofás.
	les		tus hermanos.

3c. Los adverbios de lugar y los demostrativos:

Adverbios		Masculino	Femenino	Neutro
aquí	− lejos	este, estos	esta, estas	esto
ahí		ese, esos	esa, esas	eso
allí	+ lejos	aquel, aquellos	aquella, aquellas	aquello

7 ¡Qué mala suerte!

Narrar un hecho del pasado

Objetivos

- Hablar de actividades del pasado.
- Contar la vida de alguien.
- Manejarse en la consulta de un médico.
- Repasar el acento tónico y empezar el estudio de la tilde.
- Memorizar los números hasta el 10.000.
- Identificar los diferentes momentos en la vida de una persona.
- Aprender el léxico de las partes del cuerpo.
- Empezar el estudio del Pretérito Indefinido.
- Estudiar la conjugación especial del verbo *DOLER*.
- Saber emplear las frases exclamativas.
- Conocer la biografía de los premios Nobel de Literatura en español.

La explicación de los objetivos y de la metodología a emplear, junto con un avance de las actividades que se van a realizar a lo largo de la unidad es una inmejorable manera de ofrecer seguridad al alumno.
El profesor tiene que convencerlo de que su metodología corresponde realmente a sus necesidades lingüísticas y comunicativas, y que con ella es capaz de progresar.

Desarrollo de las secciones

Encontramos en esta unidad un documento de entrada algo diferente a todos los anteriores. No se trata de un diálogo, sino de un monólogo, en el que un humorista explica su vida por televisión.

Como es habitual, antes de escuchar la audición, el estudiante tiene que familiarizarse con las ilustraciones, donde observará que la vida de este humorista está llena de accidentes, de ahí el título de la unidad ("¡Qué mala suerte!"), frase exclamativa que el alumno ya ha estudiado. Puede utilizar para ello la lámina Nº 7.

 Sugerencia: El profesor preguntará a los alumnos qué sucede en cada imagen y por qué ocurren esos accidentes.
También puede aprovechar para hablar de la televisión actual y de los programas en los que la gente cuenta su vida sin ningún prejuicio.

El ejercicio de entrada consiste en señalar qué imágenes se corresponden realmente con la audición.

 Sugerencia: Una vez seleccionadas las imágenes y descartadas las que no son verdaderas, el profesor puede volver a pasar la audición y pedir a los alumnos que las organicen cronológicamente.

Comprensión y práctica

En el documento de entrada hay algunas expresiones de especial dificultad, por lo que, tras el ejercicio 1 se propone una actividad para facilitar la comprensión: relacionar las frases con los dibujos.

El profesor hará hincapié en las siguientes cuestiones de gramática y léxico:
– El verbos *SACAR* asociado al carné de conducir.
– Los verbos pronominales *CAERSE* y *SENTARSE*.
– La expresión "siniestro total".

En esta sección también se repasan los números y los años, ya que el contenido funcional más importante es "saber contar la vida de alguien", por lo que los dos últimos ejercicios proporcionan al alumno las herramientas necesarias para que sea capaz de explicar brevemente su vida.

> Una manera de crear un clima de seguridad en torno al alumno, es darle la posibilidad de ejercer en clase sus talentos que no tienen necesaria relación con el estudio del idioma y asociarlos a éste. Este documento de entrada, en el que se ofrecen herramientas para que el estudiante explique su vida y sus habilidades, es una buena ocasión para ello.

Pronunciación y ortografía

Esta sección conlleva un primer acercamiento a la acentuación. El alumno tiene que aprender las reglas básicas para aprender a poner tildes, por eso conviene que memorice los cuadros que aparecen en el ejercicio 1.

Recuerde que uno de los aspectos más importantes para aprender a acentuar es saber separar en sílabas y reconocer cuál es la tónica. Por eso, los ejercicios 2a y 2b suponen un repaso a la cuestión del acento de intensidad.

Ficha de información: La sílaba

La sílaba es el sonido o grupo de sonidos que se pronuncian en un solo golpe de voz. En español hay por lo menos una vocal en cada sílaba y ella sola puede constituir sílaba.

1 sílaba: *sol*
2 sílabas: *mu–jer*
3 sílabas: *mú–si–ca*
4 sílabas: *A–mé–ri–ca*
5 sílabas: *u–ni–ver–si–dad*

Sugerencia: El profesor puede pedir al alumno que antes de clasificar las palabras del ejercicio 2a las separe en sílabas:
a. Suer–te   c. Per–so–na   e. Re–ga–ló   g. Plá–ta–no   i. Hos–pi–tal   k. Ni–ños
b. A–quí   d. Com–pra–ron f. Sá–ba–do   h. Me–di–ci–na j. De–trás   l. Te–lé–fo–no

Puede hacer lo mismo con el ejercicio 3:
a. Mar–tí–nez c. Au–to–bús e. Pa–quis–ta–ní g. Me–cá–ni–co i. Sép–ti–mo k. Lám–pa–ra
b. Lu–nes   d. A–bril   f. Fá–cil   h. Ac–tor   j. Fe–liz   l. So–fá

El profesor deberá recordar al alumno que en el ejercicio 5 (dictado) debe cortar correctamente la palabra si no le cabe entera al final del renglón. Seleccione el texto que le parezca más apropiado para sus estudiantes.

7

Ficha de información: La tilde en los monosílabos

Como regla general, los monosílabos no llevan tilde: *bien, pie, va*.
Pero algunas palabras monosílabas llevan tilde para distinguirse de otras que se escriben igual. Estas palabras ya las conoce el alumno, así que conviene que las recuerde y memorice su escritura:

él (pronombre personal)	sé (verbo saber)
el (artículo determinado)	se (pronombre personal)
más (adverbio de cantidad)	té (infusión)
mas (=pero)	te (pronombre personal)
tú (pronombre personal)	mí (pronombre personal)
tu (posesivo)	mi (posesivo)

Léxico

En esta sección se termina el estudio de los números (puede usar la lámina Nº 9), pero también se insiste en las palabras claves para elaborar una biografía y se aprenden las principales partes del cuerpo humano (lámina Nº 17).

Uno de los ejercicios más importantes es el 2b, donde se pide al alumno que redacte por escrito la biografía de una persona.

Sugerencia: Como ejercicios de consolidación, el profesor puede realizar estas dos actividades relacionadas con las biografías y las etapas en la vida de una persona.

Ejercicio 1. Relaciona el verbo con el nombre correspondiente.

VERBOS	NOMBRES
nacer	divorcio
estudiar	muerte
licenciarse	jubilación
trabajar	nacimiento
divorciarse	licenciatura
jubilarse	estudio
morirse	trabajo

Ejercicio 2. Lee la entrevista y completa el cuadro.

PREGUNTA. Buenas noches, hoy tenemos con nosotros al escritor español Ernesto Zamora. Bienvenido, señor Zamora.
RESPUESTA. Gracias.
P. Los oyentes conocen bien su obra. ¿Pero y su vida? ¿Puede contarnos algo de su niñez?
R. Sí, claro. Mis recuerdos de infancia son de una casa muy alegre. Mi familia es una familia numerosa. Somos diez hermanos.
P. ¡Diez hermanos! Entonces en su adolescencia estuvo bien acompañado.
R. Yo soy el pequeño, así que en realidad tuve muchos padres y madres.
P. ¿Y en su juventud?
R. Hice de todo: estudié, viajé, tuve muchos amigos, y también me casé joven.
P. A los 22 años, ¿no?
R. Eso es. Entré en seguida en la llamada edad madura.
P. ¿Vivió deprisa entonces?
R. Quise hacer muchas cosas. Pero ahora en mi vejez, o en la tercera edad como dicen ahora, veo la vida con más tranquilidad.

ETAPAS DE LA VIDA	
1. Nacimiento	4.
2.	5.
3.	6. Muerte

Sugerencia: El ejercicio 3 se puede completar pidiéndole al alumno que clasifique las partes del cuerpo en el siguiente cuadro:

Cabeza	Tronco	Extremidades

Gramática

En la sección de Gramática comienza el estudio del Pretérito Indefinido, tanto de los verbos regulares como de los irregulares más utilizados.

Es importante que el profesor haga notar que el Pretérito Indefinido de los verbos *IR* y *SER* coinciden en las formas. Pero hay algunos datos que pueden ayudar a distinguirlos en el contexto. Por ejemplo, el verbo *IR* siempre va con un marcador de dirección: *Elena fue a Cuba de vacaciones*. Puede utilizar la lámina Nº 14.

Ficha de información: Pretérito Indefinido

El Pretérito Indefinido también se puede llamar *Pretérito Perfecto Simple*. Se usa para expresar una acción pasada y acabada.
Ayer vi una película.
- La acción puede ser repetida: *El verano pasado vi varias veces esa película.*
- La acción puede ser durativa: *Viví en Venezuela dos meses.*
El Pretérito Indefinido se usa para contar la vida de alguien o enumerar hechos: *Nací en México, estudié en Argentina y trabajé en España*.
Hay marcadores temporales que obligan a usar el Pretérito Indefinido, en su contraste con el Pretérito Perfecto: *ayer, anoche, la semana pasada, en julio, en 1965, hace un año...*

Sugerencia: Juego. Cada alumno conjuga el Pretérito Indefinido de estos verbos en la persona indicada. Si se equivoca en uno, vuelve atrás y los repite todos. Gana el que los conjugue bien en el menor tiempo.

1 estar (yo)   2 beber (nosotros)   3 hacer (usted)   4 estudiar (tú)
5 vivir (ella)   6 caerse (ellos)   7 tener (vosotras)   8 caerse (yo)
9 trabajar (yo)   10 ser (tú)   11 hablar (usted)   12 desayunar (tú)
13 morir (nosotras)   14 conocer (ellos)   15 ir (ellos)   16 tener (ustedes)

La segunda parte de la sección está dedicada al verbo *DOLER*, que tiene una especial conjugación, igual que el verbo *GUSTAR*. El ejercicio 3b consiste en formular frases adecuadas para cada dibujo, por lo que con él se practica también el léxico de las partes del cuerpo.

7

Ficha de información — El verbo DOLER

Los verbos como *DOLER* y *GUSTAR* se usan en dos personas:
– 3ª del singular: cuando el sujeto gramatical es un infinitivo o un sustantivo en singular.
Me duele el brazo.   *Nos gusta viajar.*

– 3ª del plural: si el sujeto gramatical es un sustantivo en plural.
Me duelen los brazos.   *Le gustan las patatas.*

A veces se repite el sustantivo al que se refiere el pronombre (*me, te, le, nos, os, les*).
O en lugar del sustantivo se repite un pronombre con la preposición *A*:
A mi mujer le duele la cabeza.   *A ella le duele la cabeza.*

Los últimos ejercicios se dedican a trabajar las diferentes estructuras de las frases exclamativas encabezadas por la partícula *QUÉ*.

Expresión oral

En la sección "Expresión oral" se ofrecen actividades muy variadas que se combinan con prácticas de expresión escrita.

El ejercicio 1a lleva un cuadro muy completo de los marcadores temporales que obligan a llevar el Pretérito Indefinido, y que ya se mencionaron en el estudio de la gramática. El profesor seguirá de cerca la práctica oral para comprobar que los alumnos hacen uso variado de todos ellos.

Sugerencia: Un ejercicio previo, un poco más dirigido podría ser que en parejas se preguntaran las cosas que hicieron ayer.

- Levantarse pronto.
- Comer con tu familia.
- Escuchar música.
- Dormir mucho.
- Ir al teatro.
- Escribir un *e–mail*.
- Ir a trabajar.
- Hacer deporte.
- Conocer a alguien.
- Estar con amigos.
- Estudiar.
- Cenar en un restaurante.

Ejemplo: ¿Te levantaste pronto ayer? No. Ayer dormí mucho.
           ¿Fuiste a trabajar? No, ¿y tú?

El ejercicio 3 es un ejercicio de comprensión escrita que sirve de introducción a la práctica oral del ejercicio 4.

Sugerencia: Con el fin de explotar más a fondo el texto del ejercicio 3, el profesor podría formular las siguientes preguntas:
- ¿Cuántos años tiene el paciente? / – ¿Cuándo es su cumpleaños? /
- ¿A qué se dedica? / – ¿Qué le pasó a los 10 años?

Ficha de información: Historia clínica

En español se utiliza indistintamente la expresión *Historia clínica* o *Historial clínico*.

Con la práctica de la expresión oral llega el momento de dramatizar en clase. La dramatización es una manera original de hacer una práctica de clase. Esta dramatización tiene su punto culminante cuando se consigue hacer actuar a los participantes conservando el rigor en la discusión. El profesor no es entonces más que un distribuidor de la toma de palabra, un técnico del vocabulario, a lo sumo un animador que centra la discusión para evitar el desliz hacia otros temas.

Mundo hispano

En esta sección, se parte de las biografías para presentar al alumno una parte fundamental de la cultura de un país: su literatura. No es más que una breve inmersión, porque la literatura de los países de habla hispana es tremendamente rica, por eso hemos querido destacar solamente los escritores y las escritoras que ganaron el Premio Nobel.

Sugerencia: Para combinar el aprendizaje de los contenidos con la práctica gramatical, el profesor puede proponer el siguiente ejercicio complementario.

Completa las preguntas y di de quién hablamos.
Ejemplo: ¿Dónde ....? En Colombia. ....
                ¿Dónde nació? En Colombia. Gabriel García Márquez.

1. ¿Cuál .... su verdadero nombre? Neftalí Ricardo Reyes. ....
2. ¿Cuándo .... su obra más famosa? En 1946. ....
3. ¿Dónde ....? En Madrid. ....
4. ¿Qué ....? Derecho. ....
5. ¿En qué año ....? En 1958. ....

Síntesis

El apartado "Síntesis" deja vía libre al profesor para que lo explote según constate las necesidades de sus alumnos. Por eso puede optar por pedirles que describan la imagen utilizando todos los contenidos aprendidos en la unidad o formular las preguntas que él considere necesarias, como por ejemplo: ¿En la camilla hay un hombre que siempre tiene accidentes? Cuenta su vida. ¿Por qué está la policía? Votad entre todos quién cuenta la historia más original.

Las diferentes evaluaciones demostrarán los progresos realizados en relación con los objetivos fijados. Difícil es comprender para el alumno que cuanto más avanza en el año, menos sabe.

7 ¡Qué mala suerte!

1. Escucha y señala los dibujos relacionados con la vida de esta persona.

Comprensión y práctica A
La biografía

1. ¿Qué oyes?

1. ✓ Por favor, sin risas.
   ☐ Por favor, sonrisas.

2. ☐ Nació el 20 de julio.
   ✓ Nací el 20 de julio.

3. ✓ También fue la primera vez.
   ☐ También fui la primera vez.

4. ✓ Me compré una moto.
   ☐ Me compró una moto.

5. ☐ Le duele la cabeza.
   ✓ Me duele la cabeza.

2. Relaciona las frases con los dibujos.

1. Me saqué el carné de conducir.
2. El hombre pisó la Luna.
3. Me caí de la cuna.
4. Conduce mi mujer y yo me siento detrás.
5. Me rompí un brazo y una pierna.
6. Siniestro total.

A — 6
B — 1
C — 5
D — 2
E — 4
F — 3

3. Marca los años en el orden en que los escuches.

- 3 — 1969: mil novecientos sesenta y nueve.
- 1 — 1991: mil novecientos noventa y uno.
- 2 — 1997: mil novecientos noventa y siete.

4. Relaciona las columnas. Después escribe la biografía de Reinaldo.

a. En 1969 → 2. tuve un accidente grave.
b. En 1991 → 1. me licencié.
c. A los 16 años → 3. trabajé en un hospital.
d. Primero → 6. nací.
e. En el año 1997 → 5. me casé.
f. Después del pueblo → 4. trabajé de médico en un pueblo.

Biografía:
....
....
....

5. Cuenta tu vida en pocas palabras.

> nací – de pequeño viví – estudié – trabajé – me casé...

....
....
....
....
....

B Pronunciación y ortografía
La sílaba tónica y la tilde

1. Escucha y repite.

> Normalmente, las palabras terminadas en consonante (excepto **N** y **S**) llevan el acento tónico en la última sílaba.

   1. Hos-pi-**tal**   2. Mu-**jer**   3. Fe-**liz**

> Y, de no ser así, llevan un acento escrito (o tilde) en la sílaba donde está el acento tónico.

   4. Re-ga-**ló**   5. Sa-**lón**   6. De-**trás**

> Normalmente, las palabras terminadas en vocal, **N** y **S** llevan el acento tónico en la penúltima sílaba.

   7. E-**jem**-plo   8. Com-**pra**-ron   9. **No**-ches

> Y, de no ser así, llevan un acento escrito (o tilde) en la sílaba donde está el acento tónico.

   10. **Ár**-bol   11. Ca-**rác**-ter   12. **Lá**-piz

> Todas las palabras que llevan el acento tónico en la antepenúltima sílaba llevan tilde en esa sílaba.

   13. **Mé**-di-co 14. **Mú**-si-ca 15. A-**mé**-ri-ca

2a. Subraya la sílaba tónica y clasifica las palabras en este cuadro.

a. S<u>uer</u>te   g. Pl<u>á</u>tano
b. Aqu<u>í</u>   h. Medi<u>ci</u>na
c. Per<u>so</u>na   i. Hos<u>pi</u>tal
d. Com<u>pra</u>ron   j. De<u>trás</u>
e. Rega<u>ló</u>   k. Ni<u>ños</u>
f. <u>Sá</u>bado   l. Te<u>lé</u>fono

•●	●•
Aquí / Detrás	Suerte / Niños

••●	•●•	●••
Regaló Hospital	Persona Compraron	Sábado Plátano

••●•	•●••
Medicina	Teléfono

2b. Escucha y comprueba.

3. Escucha y pon la tilde si es necesario.

a. Martínez   g. Mecánico
b. Lunes   h. Actor
c. Autobús   i. Séptimo
d. Abril   j. Feliz
e. Paquistaní   k. Lámpara
f. Fácil   l. Sofá

4. ¿Qué oyes?

a. ☐ Hablo   e. ✓ Regalo
   ✓ Habló   ☐ Regaló

b. ✓ Carne   f. ☐ Quito
   ☐ Carné   ✓ Quitó

c. ☐ Paso   g. ✓ Esta
   ✓ Pasó   ☐ Está

d. ☐ Duro   h. ☐ Ahorro
   ✓ Duró   ✓ Ahorró

5. Dictado.

> De esta manera acabó el encuentro. El Cid volvió a regalar cincuenta caballos a su señor don Alfonso y se despidió de él. Muchos caballeros del rey se unieron a los del Cid para ir a Valencia a ver las bodas de sus hijas, doña Elvira y doña Sol, pues el Cid los invitó a todos.
>
> *El Cantar de Mio Cid.*
> *Lecturas Clásicas Graduadas. Edelsa.*

Léxico C

Números, momentos de la vida y el cuerpo humano

1a. Observa.

101 ciento uno	110 ciento diez	111 ciento once
150 ciento cincuenta	151 ciento cincuenta y uno	
200 doscientos	300 trescientos	400 cuatrocientos
500 quinientos	600 seiscientos	700 setecientos
800 ochocientos	900 novecientos	1.000 mil
2.000 dos mil	5.000 cinco mil	10.000 diez mil

1b. Escribe en letras.

515 — Quinientos quince
984 — Novecientos ochenta y cuatro
1.022 — Mil veintidós
2.476 — Dos mil cuatrocientos setenta y seis
5.003 — Cinco mil tres
9.257 — Nueve mil doscientos cincuenta y siete

2a. Relaciona las ilustraciones con las expresiones. Hay tres momentos de su vida sin ilustración. ¿Cuáles son?

La vida de Doña Carlota

1. (Divorciarse.)
2. Crecer.
3. Empezar a trabajar.
4. (Morirse.)
5. Tener hijos.
6. Casarse.
7. Jubilarse.
8. (Volver a casarse.)
9. Nacer.
10. Licenciarse.
11. Enamorarse.
12. Estudiar en la universidad.

A — 6   B — 3   C — 12

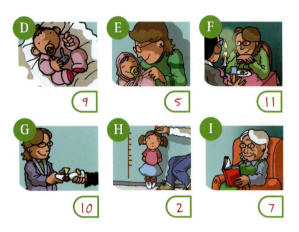

D — 9   E — 5   F — 11
G — 10   H — 2   I — 7

2b. Con las palabras y expresiones del ejercicio anterior inventa la vida de doña Carlota.

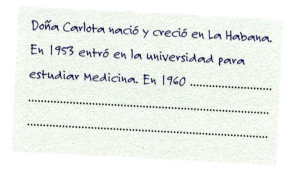

Doña Carlota nació y creció en La Habana. En 1953 entró en la universidad para estudiar Medicina. En 1960 ....

3. ¿Qué le duele? Escribe las partes del cuerpo.

> el estómago - la muela - el brazo - el pie - la mano - la pierna - la cabeza - el oído - el ojo - la garganta

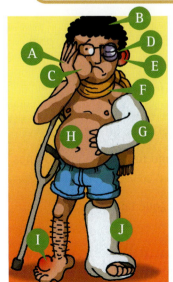

a. la mano
b. la cabeza
c. la muela
d. el ojo
e. el oído
f. la garganta
g. el brazo
h. el estómago
i. el pie
j. la pierna

D Gramática
Pretérito Indefinido

1a. Observa.

Terminaciones del Pretérito Indefinido regular	
Verbos en –AR	Verbos en –ER y en –IR
–é	–í
–aste	–iste
–ó	–ió
–amos	–imos
–asteis	–isteis
–aron	–ieron

1b. Completa el cuadro.

Hablar	Beber	Vivir
hablé	bebí	viví
hablaste	bebiste	viviste
habló	bebió	vivió
hablamos	bebimos	vivimos
hablasteis	bebisteis	vivisteis
hablaron	bebieron	vivieron

1c. Completa las frases con el Pretérito Indefinido.

1. Mis padres ...vivieron... toda la vida en Barcelona (vivir).
2. Yo ...nací... el 26 de febrero de 1964 (nacer).
3. Mi hija ...comenzó... Medicina, pero después ...estudió... Derecho (comenzar) (estudiar).
4. Usted ...trabajó... de médico en un pueblo, ¿no? (trabajar).
5. El año pasado tú ...cumpliste... 50 años (cumplir).
6. Hola Juan, ¿qué tal? ¿Te ...casaste... (casar)?
7. Mi madre ...se curó... en dos días (curarse).

2a. Pretéritos Indefinidos irregulares. Completa el cuadro.

Ser/ir	Estar	Tener	Hacer
fui	estuve	tuve	hice
fuiste	estuviste	tuviste	hiciste
fue	estuvo	tuvo	hizo
fuimos	estuvimos	tuvimos	hicimos
fuisteis	estuvisteis	tuvisteis	hicisteis
fueron	estuvieron	tuvieron	hicieron

2b. ¿Qué hicieron ayer? Observa los dibujos y completa el cuadro.

Por la mañana	Por la tarde	Por la noche
se levantaron	comieron	cenaron
desayunaron	fueron al supermercado	se acostaron

2c. Escribe el Indefinido de estos verbos en la persona indicada.

a. Estar (yo) — Estuve
b. Beber (nosotros) — Bebimos
c. Hacer (usted) — Hizo
d. Estudiar (tú) — Estudiaste
e. Vivir (ella) — Vivió
f. Caerse (ellos) — Se cayeron
g. Tener (vosotras) — Tuvisteis
h. Levantarse (yo) — Me levanté
i. Trabajar (yo) — Trabajé
j. Ser (tú) — Fuiste
k. Hablar (usted) — Habló
l. Desayunar (tú) — Desayunaste

Gramática D
El verbo DOLER y las frases exclamativas

3a. Observa.

DOLER		
Me		la cabeza
Te	DUELE	la pierna
Le		el estómago
Nos		las muelas
Os	DUELEN	los oídos
Les		los pies

3b. Escribe frases con *DUELE* o *DUELEN* debajo de cada dibujo.

 1. Le duele la cabeza.
 2. Le duele el estómago.
 3. Le duele la espalda.
 4. Le duelen los oídos.
 5. Le duele el brazo.
 6. Le duelen las muelas.
 7. Le duelen los ojos.
 8. Le duelen los pies.
 9. Le duelen las manos.
 10. Le duele la pierna.

3c. Completa con *DUELE* o *DUELEN*.

1. A Reinaldo le ......duele...... la cabeza.
2. Me ......duelen...... los pies. ¿Nos sentamos?
3. Voy a la farmacia, que a mi madre le ......duele...... mucho la espalda.
4. ¿Te ......duele...... algo? Tienes mala cara.
5. Jesús y María comieron algo malo y les ......duele...... el estómago.
6. ¿A ti no te ......duelen...... los oídos con esta música tan alta? Bájala un poco, hombre.
7. Le ......duelen...... las piernas de no andar.
8. Está en el dentista porque le ......duelen...... las muelas.

4a. Observa.

FRASES EXCLAMATIVAS	
¡Qué (+ adjetivo) + sustantivo!	¡Qué (mala) suerte!
¡Qué + adjetivo (+ verbo)!	¡Qué bonito (es)!
¡Qué + sustantivo (+ verbo)!	¡Qué calor (tengo)!
¡Qué + adverbio (+ verbo)!	¡Qué bien (trabaja)!

4b. Escribe una frase exclamativa para cada situación.

a. ¡Qué dolor!   e. ¡Qué guapa es!
b. ¡Qué pena!   f. ¡Qué mal escribe!
c. ¡Qué gran sorpresa!   g. ¡Qué buena suerte!
d. ¡Qué bonitos son!   h. ¡Qué frío hace!

1. No entiendo la letra de mi hijo. ...f...
2. Heredó mucho dinero de su abuelo. ...g...
3. Se rompió la pierna esquiando. ...a...
4. Tiene los ojos azules. ...d...
5. La temperatura es de 5º C bajo cero. ...h...
6. Su tío murió el año pasado. ...b...
7. Todos los hombres miran a Sofía. ...e...
8. Ayer me encontré con un viejo amigo. ...c...

E Expresión oral
Narrar la vida y hablar con el médico

1a. Pregunta a tu compañero cosas de su vida y escribe los datos.

- ¿Cuándo naciste?
- Nací en 1970.
- ¿Cuándo terminaste los estudios?
- Hace dos años.
- ¿Y cuándo te casaste?
- A los 27 años.

adverbios	el / la + sustantivo	hace + sustantivo	en + año o sustantivo
ayer	el lunes	hace una hora	
anoche	el sábado	hace un rato	en 1990
anteayer	el otro día	hace tiempo	en abril
anteanoche	el mes/año pasado	hace días	en julio
		hace meses	
	el día 10	hace años	
de + adjetivo o sustantivo	a los X años	cuando + Indefinido	al + infinitivo
de pequeño	a los 3 años	cuando nací	al nacer
de niño	a los 9 años	cuando fue	al cumplir 30 años
de joven		cuando salí	

1b. Ahora escribe su vida.

Primero	Entonces
Luego / después	Por último
Pero	Al final

2. Formamos dos grupos. Con tu grupo escribe diez preguntas sobre hechos históricos. ¿Saben tus compañeros las respuestas?

- ¿En qué año fue la Revolución Francesa?
  ◦ En 1789.
- ¿Cuándo ganó Argentina su segunda Copa del Mundo?
  ◦ En 1986.

3. Observa la historia clínica y responde a las preguntas.

+ Insalud
Apellidos: Martínez Sanz
Nombre: Agustín
Nº de historia clínica: 5678

HISTORIA CLÍNICA

Doctor: Aranguren................ Fecha: ....

Datos personales
Edad: 30 Fecha de nacimiento: 04.06.73 Lugar: Córdoba
Estado civil: ☑soltero/a ☐casado/a
☐divorciado/a ☐viudo/a
Estudios: Licenciado. Profesión: Abogado.

Antecedentes personales
Alergias a los 10 años, operación de rodilla en 1989.

Motivo de consulta
Dolor de cabeza y garganta, fiebre alta, tos y malestar general.

Exploración
Garganta irritada, fiebre.

Diagnóstico
Gripe.

Tratamiento
Aspirinas, antibiótico, vitamina.

1. ¿Cómo se llama el paciente?
   Agustín Martínez Sanz.
2. ¿Cómo se llama el médico?
   Doctor Aranguren.
3. ¿Tuvo alguna operación?
   Sí, una operación de rodilla en 1989.
4. ¿Qué le pasa? ¿Qué le duele?
   Le duele la cabeza y la garganta.
5. ¿Tiene fiebre?
   Sí, tiene fiebre alta.
6. ¿Qué enfermedad tiene?
   La gripe.

4. Haz un diálogo con tu compañero. Uno es un médico y el otro un paciente.

- ¿Qué le pasa?
- No puedo dormir por las noches.
- ¿Le duele algo?

Mundo hispano

Los Premios Nobel de Literatura en español

1. Lee los textos y completa el cuadro.

Vicente Aleixandre
Nació en Sevilla, España, en 1898.
Estudió Derecho y Comercio.
Fue un poeta de la Generación del 27.
Publicó su obra *La destrucción o el amor*.
Recibió el Premio Nobel de Literatura en 1977.

Miguel Ángel Asturias
Nació en la ciudad de Guatemala en 1889.
Estudió Derecho y fue diputado y embajador. Publicó su novela *El señor Presidente* en 1946. Murió en Madrid en 1974.
Recibió el Premio Nobel de Literatura en 1967.

Jacinto Benavente
Nació en Madrid, España, en 1866.
Fue un dramaturgo.
Publicó *La malquerida* y *Los intereses creados*.
Recibió el Premio Nobel de Literatura en 1922.

Camilo José Cela
Nació en el pueblo de Iria Flavia, España, en 1916. Tuvo varios empleos.
Publicó la famosa novela *La colmena* en 1949.
Recibió el Premio Nobel de Literatura en 1989.

José Echegaray
Nació en Madrid, España, en 1832.
Fue ingeniero de caminos, financiero y economista, político y dramaturgo.
Publicó *Mancha que limpiar*.
Recibió el Premio Nobel de Literatura en 1904.

Gabriel García Márquez
Nació en Aracataca, Colombia. Al terminar el Bachillerato, escribió en periódicos.
Publicó la famosa obra *Cien años de soledad*.
Recibió el Premio Nobel de Literatura en 1982, principalmente por sus novelas.

Juan Ramón Jiménez
Nació en Moguer, España, en 1881.
Vivió en Cuba, EE.UU y Puerto Rico.
Publicó *Platero y yo*, obra en prosa, pero él fue poeta.
Recibió el Premio Nobel de Literatura en 1956.

Gabriela Mistral
Su nombre verdadero fue Lucila Godoy.
Nació en 1889, en Vicuña, Chile.
Fue una incansable viajera.
Escribió *Desolación* y *Ternura*.
Recibió el Premio Nobel de Literatura en 1945.

Pablo Neruda
Nació en 1904 en Parral, Chile.
Escribió *Veinte poemas de amor y una canción desesperada*.
Recibió el Premio Nobel de Literatura en 1971.

Octavio Paz
Nació en Mixcoac, México, en 1914.
Formó parte del cuerpo diplomático de México. Escribió poemas y ensayos sobre la poesía.
Escribió *El laberinto de la soledad* y *Blanco*.
Recibió el Premio Nobel de Literatura en 1990.

Nombre	Año del premio	Nacionalidad	Una obra	Género literario
José Echegaray	1904	español	Mancha que limpiar	Teatro
Jacinto Benavente	1922	español	Los intereses creados / La malquerida	Teatro
Gabriela Mistral	1945	chilena	Desolación / Ternura	Poesía
Juan Ramón Jiménez	1956	español	Platero y yo	Poesía
Miguel Ángel Asturias	1967	guatemalteco	El señor Presidente	Novela
Pablo Neruda	1971	chileno	Veinte poemas de amor y una canción desesperada	Poesía
Vicente Aleixandre	1977	español	La destrucción o el amor	Poesía
Gabriel García Márquez	1982	colombiano	Cien años de soledad	Novela
Camilo José Cela	1989	español	La colmena	Novela
Octavio Paz	1990	mexicano	El laberinto de la soledad / Blanco	Poesía. Ensayo

Síntesis
A B C D E

1. Observa la imagen. Piensa en uno de los personajes e imagina por qué está aquí.

2. Formamos grupos de 4. Tira el dado, mueve la ficha y completa la frase de la casilla.

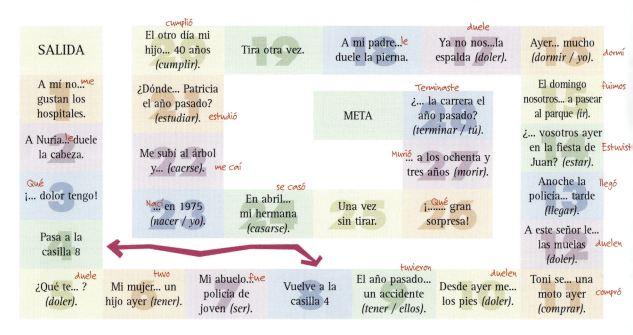

Taller de Internet

Busca una biografía:

a) Entra en http://buscabiografias.com.
b) Elige un personaje famoso y pulsa o escribe uno en el buscador y pulsa.
c) Lee el texto y resume su vida en pocas líneas.

Ya conoces
A B C D E

1. Las expresiones para decir cuándo ocurrió un suceso pasado:

adverbios	el / la + sustantivo	hace + sustantivo	en + año o sustantivo	de + adjetivo o sustantivo	a los X años	cuando + Indefinido	al + infinitivo
ayer	el lunes	hace una hora	en 1990	de pequeño	a los 3 años	cuando nací	al nacer
anoche	el otro día	hace un rato	en abril	de niño	a los 9 años	cuando fue	al cumplir 30 años
anteayer	el mes pasado	hace tiempo	en julio	de joven		cuando salí	
anteanoche							

2a. **Los verbos para indicar momentos en la vida de una persona:** nacer, estudiar, licenciarse, trabajar, casarse, divorciarse, jubilarse, morirse, etc.

2b. **Las partes del cuerpo:** el estómago, las muelas, el brazo, los pies, las manos, la pierna, la cabeza, los oídos, los ojos, etc.

3a. El Pretérito Indefinido regular:

–AR	–ER / –IR	
Hablar	Beber	Vivir
hablé	bebí	viví
hablaste	bebiste	viviste
habló	bebió	vivió
hablamos	bebimos	vivimos
hablasteis	bebisteis	vivisteis
hablaron	bebieron	vivieron

3b. El Pretérito Indefinido irregular:

Ser/ir	Estar	Tener	Hacer
fui	estuve	tuve	hice
fuiste	estuviste	tuviste	hiciste
fue	estuvo	tuvo	hizo
fuimos	estuvimos	tuvimos	hicimos
fuisteis	estuvisteis	tuvisteis	hicisteis
fueron	estuvieron	tuvieron	hicieron

3c. Las frases exclamativas:

¡Qué (+ adjetivo) + sustantivo!	¡Qué (mala) suerte!
¡Qué + adjetivo (+ verbo)!	¡Qué bonito (es)!
¡Qué + sustantivo (+ verbo)!	¡Qué calor (tengo)!
¡Qué + adverbio (+ verbo)!	¡Qué bien (trabaja)!

3d. El verbo *DOLER*:

Me		
Te	DUELE	+ sustantivo singular
Le		
Nos		+ sustantivo plural
Os	DUELEN	
Les		

8 Vamos a salir

Proponer actividades

Objetivos

- Hablar del futuro.
- Hablar del estado del tiempo.
- Hacer planes y proponer actividades.
- Expresar obligación personal.
- Reconocer los diptongos y continuar con el estudio de la tilde.
- Memorizar el nombre de las estaciones del año.
- Conocer el léxico básico del tiempo meteorológico.
- Aprender el léxico de las actividades turísticas: transporte, alojamiento...
- Fijar las estructuras *IR A* + infinitivo y *TENER QUE* + infinitivo.
- Adverbios de cantidad.
- Aprender el uso de los adverbios *MUY* y *MUCHO*.
- Empezar el estudio del Imperativo.
- Conocer el Camino de Santiago.

Esta progresión y esta clarificación de los objetivos existirá a lo largo del aprendizaje, año tras año. La falta de motivación que se manifiesta a veces en clase proviene a menudo del hecho de que el alumno no se da cuenta de los progresos realizados porque no ve adónde va ni adónde le llevan.
Es evidente que tales objetivos deben ser diferentes según las clases, los grupos y el nivel de cada uno de ellos. Exigir objetivos indiferenciados o demasiado elevados produce automáticamente falta de motivación. Más vale restringir los objetivos en función del nivel de los alumnos y elevarlos paulatinamente.

Desarrollo de las secciones

La unidad empieza con el sugerente título de "Vamos a salir", que hace referencia a los planes de futuro inmediato en los que la forma verbal *vamos* incluye a dos o más personas. Esto implica, pues, la necesidad de llegar a un acuerdo, de hacer planes y de proponer actividades.

En la primera parte del diálogo de entrada, una pareja hace planes para salir el fin de semana, por eso en el diálogo encontramos los exponentes más importantes para esta función comunicativa: ¿Y si...?, ¿Por qué no...? ¿Qué tal si...?, ¡Buena idea!, Mejor vamos a... Algunos de ellos están destacados en el cuadro y los alumnos tienen que saber colocarlos en el lugar adecuado del diálogo (ejercicio 1).

En la segunda parte de la audición, los protagonistas quieren saber el tiempo que va a hacer durante el fin de semana, por lo que deciden poner la radio. Los estudiantes escucharán tres pronósticos del tiempo para diferentes días y tendrán que relacionarlos con los mapas meteorológicos del ejercicio 2. Puede utilizar la lámina Nº 8.

8

Sugerencia: Antes de la audición del pronóstico del tiempo, pida a los alumnos que miren los mapas y digan las palabras que se les ocurra: sol, nubes, norte, sur, llover, temperatura, frío, calor... Pida voluntarios para hacer de hombre o mujer del tiempo.

Comprensión y práctica

Los adverbios de cantidad son los protagonistas de los primeros ejercicios de "Comprensión".

A continuación, la actividad 4 pretende ser un ejercicio de discriminación para que los alumnos asimilen que la estructura *IR A + infinitivo* expresa futuro.

Sugerencia: El profesor puede seguir practicando la estructura **IR A + infinitivo** llevando a clase algunos dibujos o fotografías de las que se deduzca fácilmente qué va a pasar inmediatamente. Por ejemplo:
- Un día nublado (*va a llover*).
- Una mujer embarazada (*va a tener un niño*).
- Unas personas delante de una agencia de viajes (*van a viajar*).
- Un nadador a punto de tirase al agua (*va a saltar, va a nadar...*).

Si no dispone de dibujos o fotografías, también puede hacer preguntas a los alumnos: *¿Qué vas a hacer luego? Voy a ir a casa. ¿Qué vas a cenar? Voy a cenar sopa y pasta*, etc.

Las últimas actividades de esta sección sirven para practicar el uso de la estructura *TENER QUE + infinitivo*, que expresa obligación personal.

Sugerencia: El profesor también puede insistir en el uso de la estructura **TENER QUE + infinitivo** con dibujos o fotografías que previamente puede haber preparado para llevar al aula. Por ejemplo:
- Un cabina de aduana que ponga PASAPORTE (*tengo que enseñar el pasaporte*).
- Unas señales de tráfico (*tengo que parar, tengo que girar a la derecha...*).
- Un paisaje de lluvia (*tengo que llevar el paraguas*).
- Un día de mucho calor (*tengo que ir a la piscina o a la playa, tengo que comprar un abanico, tengo que poner aire acondicionado...*).

El profesor, además de convincente en sus propuestas, tiene que ser entusiasta, no hay que olvidar que siempre se trabaja mejor cuando uno está de buen humor. El buen humor es inmediatamente percibido por los alumnos y tomado como una incitación al trabajo.

CXXIX

8

Dado que en el diálogo de entrada se ha introducido el Imperativo (*Busca en Internet, Pon la radio...*) es conveniente que el profesor haga alguna referencia a este modo verbal antes de trabajarlo en profundidad en "Gramática".

Sugerencia: El profesor puede proponer un ejercicio del uso del Imperativo, pues el estudio de sus formas se hará más adelante.
Relaciona:
   a. Siga todo recto.
   b. Entra ahora.
   c. Ponte el cinturón.
   d. Venga deprisa.
   e. Ten cuidado.

– Dar órdenes.
– Dar instrucciones.
– Avisar de un peligro.

Dar órdenes: b y d. Dar instrucciones: a y c. Avisar de un peligro: e.

Pronunciación y ortografía

La sección "Pronunciación y ortografía" es la segunda del libro dedicada a la acentuación. En este caso centrada en los diptongos y los hiatos. Se deberá hacer hincapié en la diferencia de estos dos fenómenos lingüísticos antes de hacer los ejercicios.

Ficha de información: Los diptongos

Las palabras con diptongos se acentúan gráficamente siguiendo las reglas generales de acentuación:
   – En los formados por vocal abierta + cerrada (o viceversa), la tilde se pone en la abierta:
      miér-co-les   *tam-bién*
   – En los formados por dos vocales cerradas, la tilde se pone en la segunda:
      cons-truí

El diptongo se rompe en dos sílabas distintas cuando el acento tónico cae en la vocal débil, y se pone tilde sobre esa vocal:
   frí-o   *Ra-úl*

El ejercicio 5 hace referencia a un cuadro de información visto en la unidad 6 (la letra Y). Como ya se indicó, el sonido [i] a final de palabra se escribe Y si es átono y se escribe Í si es tónico. Esta circunstancia supone cambio de significado en muchas palabras: *ley / leí, rey / reí...*

Sugerencia: La actividad 4 se puede complementar con la siguiente:
Completa con IO o ÍO: *envío, anuncio, Antonio, cambio, estudio, confío, mío, sonrío, estadio, auxilio, barrio, frío*.

Léxico

El estudio de la función "hacer planes y proponer actividades" nos lleva irremediablemente no sólo al léxico de los alojamientos y el tipo de transporte, sino también al del tiempo meteorológico. Decidir qué actividad vacacional vamos a realizar está sujeta, en primer lugar, a la estación del año y, en segundo lugar, al tiempo que va a hacer.

Los ejercicios 1a, 1b y 1c hacen referencia a la climatología, mientras que el 2a y el 2b se centran en las actividades a realizar.

Sugerencia: Como complemento a los ejercicios del tiempo meteorológico, el profesor puede añadir los siguientes:

1. Clasifica estas frases de manera lógica.
   - ☐ a. Llueve mucho.
   - ☐ b. El suelo está mojado.
   - ☐ c. Hace un tiempo hermoso.
   - ☐ d. La calle está inundada.
   - ☒ e. Sale el sol. (1)
   - ☐ f. Llegan las nubes.

2. ¿Cuál es la palabra contraria?
   - a. Frío
   - b. Mojado
   - c. Valle
   - d. Nublado
   - e. Verano
   - f. Día

   1. Montaña
   2. Invierno
   3. Noche
   4. Seco
   5. Soleado
   6. Calor

Gramática

El contenido gramatical de esta última unidad es bastante amplio: empieza con las perífrasis *IR A + infinitivo* y *TENER QUE + infinitivo*.

Ficha de información — IR A + infinitivo

Si el profesor lo cree conveniente, puede explicar los dos matices de significado que tiene la perífrasis *IR A + infinitivo*.
1. Expresa planes futuros, pero no implica que vayan a ocurrir con total seguridad.
Voy a ir al cine esta tarde.
2. Expresa acciones que van a suceder con total seguridad: causa-efecto.
Hay nubes negras, va a llover.

Sugerencia: Para comprobar si el alumno capta la diferencia de matices en el uso de la perífrasis *IR A + infinitivo*, se le puede proponer que clasifique estas frases:

Expresan planes futuros:

- Me gusta la danza, voy a ser bailarina.
- Hoy hace un buen día, ¿por qué no vamos a ir de excursión?
- Mientras esperamos, vamos a tomar un café.
- Quiero ser famoso, voy a escribir un libro.

Expresan acciones que va a suceder seguro:

- No hay nubes, va a hacer un buen día.
- María está embarazada, va a tener un niño.

8

Los ejercicios 2a y 2b se centran en una cuestión especial de los adverbios de cantidad: la diferencia entre *MUY* y *MUCHO*. A pesar de tener el mismo significado, su uso depende de las palabras que los acompañen.

La segunda parte gramatical trata sobre el modo Imperativo, tanto de los verbos regulares como irregulares. Puede utilizar la lámina Nº 15.

Ficha de información: Imperativo

El Imperativo tiene sólo dos formas propias.
1. La 2ª persona del singular corresponde a la segunda persona del Presente de Indicativo quitando la -s de la terminación. Aunque esto no ocurre en ciertos verbos irregulares.
(Tú) cantas > canta tú
2. La 2ª persona del plural se forma cambiando la -r final del infinitivo por -d.
Cantar > cantad
Las formas para usted y ustedes son las del Presente de Subjuntivo del verbo correspondiente.

Sugerencia: Como ejercicio de consolidación, el profesor puede proponer el siguiente documento real extraído de las instrucciones de uso de un aparato eléctrico. Cambia los imperativos a 2ª persona del singular (TÚ).

> **ASPIRADOR.** Instrucciones de uso.
> Monte los tubos y accesorios. Regule la fuerza de aspiración. Verifique el indicador de polvo. Saque el cordón y enchufe el aspirador a la corriente eléctrica. Limpie de vez en cuando el filtro.

Expresión oral

En la última sección "Expresión oral" del libro, se proponen muchas actividades basadas en realizar planes de futuro, tanto a corto como a largo plazo.

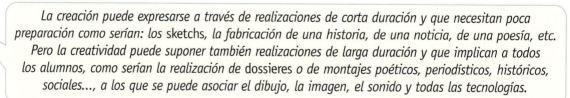

La creación puede expresarse a través de realizaciones de corta duración y que necesitan poca preparación como serían: los sketchs, la fabricación de una historia, de una noticia, de una poesía, etc. Pero la creatividad puede suponer también realizaciones de larga duración y que implican a todos los alumnos, como serían la realización de dossieres o de montajes poéticos, periodísticos, históricos, sociales..., a los que se puede asociar el dibujo, la imagen, el sonido y todas las tecnologías.

Sugerencia: Otras actividades de expresión oral:
1. Por parejas. Pregunta a tu compañero el tiempo que hace hoy.

2. Eres adivino. Dile a tu compañero cómo será su futuro.
Ejemplo: *"El mes que viene vas a hacer un gran viaje a un país lejano. Vas a conocer a alguien y va a cambiar tu vida. Dentro de unos años vas a ganar mucho dinero, pero vas a tener un grave problema..."*

3. ¿Y tú qué vas a hacer para cambiar tu vida?

Mundo hispano

En España y por toda América Latina existen cientos de rutas turísticas con un gran atractivo para amantes de la aventura y de la cultura. En la sección "Mundo hispano" destacamos una que, por su antigüedad y su fama, merece ser considerada entre las más importantes del mundo: el Camino de Santiago.

Sugerencia: el Camino de Santiago supone un recorrido para el que no todo el mundo está preparado ni física ni psicológicamente, por eso existen una serie de recomendaciones que conviene saber. Proponga a los alumnos que sean ellos mismos los que descubran estas y otras recomendaciones. Con esta actividad hará que practiquen también el Imperativo.

> **RECOMENDACIONES PARA LOS PEREGRINOS**
> Antes de empezar el camino, lea estas recomendaciones:
> - En carretera, camine siempre por la izquierda.
> - Cuide la limpieza de los caminos y los lugares de descanso.
> - Sea respetuoso y amable con la población.
> - Haga el camino sin prisa: es más importante disfrutar de los paisajes.

A continuación también puede pedirles que transformen las frases con Imperativo en frases con la perífrasis **TENER QUE** + infinitivo:
Ejemplo: *Los peregrinos tienen que caminar siempre por la izquierda.*

Síntesis

En la sección Síntesis, como en todas las unidades anteriores, se busca en primer lugar realizar un repaso general a los contenidos aprendidos a lo largo de la unidad, pero también la posibilidad de que tanto el profesor como los alumnos la utilicen como evaluación o autoevaluación de los progresos alcanzados.

El error, el fracaso tiene siempre un aspecto positivo. El profesor subrayará de qué manera los errores cometidos son una buena señal en el proceso del aprendizaje y evitará el miedo de cometerlos. Solamente puede equivocarse quien habla y quien actúa.

Taller de Internet

La página que se propone en esta actividad del "Taller de Internet" es muy general de países, pero si el estudiante está interesado en concretar el tiempo que hace en las diferentes comunidades autónomas de España, puede cambiar la página por la siguiente:
http://tiempo.actualidad.eresmas.com/pais.html

8 Vamos a salir

1. Escucha y completa el diálogo con las frases del cuadro.

- ¿Pero no va a hacer frío?
- ¿Y si vamos a una casa rural?
- Pon la radio, anda.
- Tenemos que ver el tiempo.
- ¿Qué tal si...
- Es que...

GERARDO: ¿Todavía estás trabajando? Si son ya más de las nueve.
LETICIA: Sí. *Es que* tengo que terminar esto hoy.
GERARDO: Trabajas demasiado. ¿Por qué no salimos este fin de semana?
LETICIA: Bueno. ¿Dónde podemos ir?
GERARDO: No sé. ¿*Qué tal si* vamos al campo o a algún sitio para descansar?
LETICIA: *¿Y si vamos a una casa rural?*
GERARDO: ¡Buena idea!
LETICIA: Busca en Internet alguna dirección.
GERARDO: Muy bien, ahora mismo. Mira esta, es bonita, ¿no?
LETICIA: Sí, sí, *pero va a hacer frío*.
GERARDO: ¡Ah! No sé. *Tenemos que ver el tiempo.* Y si hace malo vamos mejor a una ciudad.
LETICIA: Sí, claro. Pero tenemos que decidir dónde vamos para hacer las reservas. *Pon la radio, anda.* .
GERARDO: Voy.

2. Escucha el programa de radio y di a qué mapa corresponden las previsiones del tiempo.

...el tiempo va a ser... **3**

...tenemos que abrir los paraguas... **2**

...buen tiempo... **1**

Comprensión y práctica A
Planes y el tiempo

1. ¿Qué oyes?

1. ✓ Trabajas demasiado.
   ☐ Trabaja demasiado.

2. ✓ Pon la radio.
   ☐ Pone la radio.

3. ✓ Va a entrar.
   ☐ Van a entrar.

4. ☐ Por el este.
   ✓ Por el oeste.

5. ✓ Va a llover mucho.
   ☐ Va a haber mucho.

6. ☐ Podemos ver el tiempo.
   ✓ Tenemos que ver el tiempo.

2. Relaciona las frases con los dibujos.

1. Llueve mucho.
2. Llueve poco.
3. Llueve bastante.
4. Llueve demasiado.
5. Hace mucho calor.
6. Trabaja demasiado.
7. Trabaja mucho.
8. Trabaja poco.
9. Estoy muy bien.
10. Estoy muy mal.

3. Ordena los adverbios de cantidad por orden creciente.

- [3] Muy / mucho
- [1] Poco
- [4] Demasiado
- [2] Bastante

4. Relaciona.

[M] Mañana   [H] Hoy   [A] Ayer

1. [A] Llovió y estuvo nublado todo el día.
2. [H] Está lloviendo un poco, pero hace calor.
3. [M] Va a llover por la tarde.
4. [H] Estás trabajando demasiado. Tienes que descansar.
5. [M] Vas a trabajar mucho.
6. [A] Trabajó mucho todo el día, el pobre.

5a. Relaciona.

1. Quedarse en casa.
2. Salir a pasear.
3. Llevar el paraguas.
4. Ir a la piscina.

A — 4   B — 1   C — 2   D — 3

5b. Escribe las frases como en el ejemplo.

Si hace frío, tienes que quedarte en casa.

6. Y hoy, ¿qué tiempo va a hacer?

B Pronunciación y ortografía
El diptongo y los acentos

1. Escucha y repite.

> Las vocales **A, E, O** son fuertes, y las vocales **I, U** son débiles.

> Cuando una vocal fuerte y una débil forman sílaba se llama **diptongo**.

1. Bue-no
2. Si-tio
3. Tiem-po
4. Ca-na-rias

> Hay diptongos con tilde sobre la vocal fuerte.

5. A-ma-ne-ció
6. Tam-bién
7. Miér-co-les
8. A-diós

> Se rompe el diptongo en dos sílabas si la vocal débil tiene el acento. Se escribe entonces la tilde sobre ella.

9. Frí-o
10. To-da-ví-a
11. Dí-a
12. Ra-úl

> Dos vocales débiles juntas siempre forman diptongo. Si llevan tilde, se pone sobre la segunda vocal.

13. Fui
14. Muy
15. Ciu-dad
16. Cons-truí

2. Separa estas palabras en sílabas.

a. Ba-lea-res
b. Llue-ve
c. Le-ti-cia
d. Ma-rí-a
e. De-ma-sia-do
f. Bue-na
g. So-lea-do
h. Ciu-da-da-no
i. Fui-mos
j. Pa-ís
k. Se-rio
l. Gu-tié-rrez

3. Escucha y pon la tilde si es necesario.

a. Estáis
b. Viento
c. Viajar
d. Envío
e. Diario
f. Tenéis
g. Viernes
h. Noviembre
i. Después
j. Tía
k. Demasiado
l. Asturias

4. Escucha y completa con IA o con ÍA

a. Famil **ia**
b. Histor **ia**
c. Env **ía**
d. Anunc **ia**
e. Tranv **ía**
f. Fer **ia**
g. Rub **ia**
h. Vac **ía**
i. Lluv **ia**
j. Cafeter **ía**
k. Fotograf **ía**
l. Ind **ia**

5. ¿Qué oyes?

a. ✓ Hay / Ahí
b. ✓ Reí / Rey
c. Ley / ✓ Leí
d. Hoy / ✓ Oí

Léxico C

Las estaciones del año, el tiempo y actividades

1a. Relaciona las imágenes con las palabras y con las estaciones del año.

sol – nubes – lluvia – niebla – nieve – tormenta – viento – altas temperaturas – bajas temperaturas

A. nubes B. sol C. nieve D. lluvia E. tormenta
F. viento G. niebla H. altas temperaturas I. bajas temperaturas

1b. Relaciona las estaciones del año con las fotos.

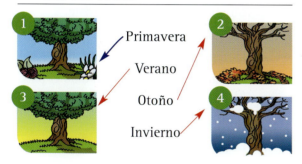

1. Primavera 2. Otoño 3. Verano 4. Invierno

1c. Lee y completa el diálogo con las palabras que faltan.

nublado – tormenta – mal – bueno – tarde – llover – meteorológico – Y si

ALMUDENA: ¿**Y si** vamos a hacer 30 kilómetros?
PATRICIA: No sé. Hace **mal** tiempo.
ALMUDENA: Está **nublado**, pero no va a **llover**.
PATRICIA: Ayer el servicio **meteorológico** habló de **tormenta**.
ALMUDENA: Sí, pero por la **tarde**. Ahora el tiempo es **bueno**. ¿Salimos?
PATRICIA: Vale. Pero tenemos que volver pronto.

2a. Tres parejas van a salir. Lee la información y completa el cuadro.

Juego de lógica

- Paco va a ir a una ciudad europea en avión, pero no con Lourdes.
- Fernando y Esther van a ir en autobús y se van a alojar en un camping.
- Lourdes va a ir a la montaña en Semana Santa y se va a alojar en una casa rural.
- Rosana va a salir en Navidad para ver museos.
- Enrique va a salir para hacer excursiones y practicar deporte.

¿Quiénes?	¿Qué van a hacer?	¿Cuándo?	¿Cómo?	¿Dónde se alojan?
Paco y Rosana	Ver museos	En Navidad.	En avión.	En un hotel.
Fernando y Esther	Van a la playa a descansar.	En verano.	En autobús.	En un camping.
Enrique y Lourdes	Hacer excursiones	En Semana Santa.	En bicicleta.	En una casa rural.

2b. Propón una excursión para el fin de semana: medio de transporte, alojamiento, actividad.

Vamos a ir a... y nos vamos a alojar en...

Vamos a visitar...

D Gramática

IR A + infinitivo, TENER QUE + infinitivo. MUY, MUCHO

1a. Observa.

Para hablar del futuro
Mañana voy a salir de viaje.

IR A + infinitivo		
voy		entrar
vas		salir
va	a	estudiar
vamos		cenar
vais		...
van		

1b. Forma frases.

Yo / estudiar / Medicina. *Voy a estudiar Medicina.*

1. Nosotros / cenar / en un restaurante.
   Vamos a cenar en un restaurante.
2. ¿Cuándo / tú / volver / a casa?
   ¿Cuándo vas a volver a casa?
3. ¿Vosotros / ir / al cine?
   ¿Vais a ir al cine?
4. Mañana / nosotros / no / trabajar.
   Mañana no vamos a trabajar.
5. Esta noche / ella / no / salir.
   Esta noche no va a salir.
6. Mañana / yo / ir / al cine.
   Mañana voy a ir al cine.

1c. Completa las frases con las expresiones.

se va a tomar unas semanas de descanso – vamos a volver – van a invitar – voy a cerrar – se van a caer – voy a llamar

1. Está lloviendo, *voy a cerrar* las ventanas.
2. En mayo *vamos a volver* a nuestro país.
3. Se puso enfermo por trabajar demasiado y *se va a tomar unas vacaciones de descanso*.
4. Los niños están muy cerca de la piscina, *se van a caer*.

5. Virginia y Adela *van a invitar* a todas sus amigas a la fiesta.
6. Ya son las seis de la tarde, *voy a llamar* a un taxi para volver a casa.

2a. Observa.

MUY	MUCHO
muy + adjetivo / adverbio	verbo + mucho
La terraza es muy alegre. Estoy muy bien.	Trabajas mucho.

2b. Completa con MUY o MUCHO.

1. Te quiero *mucho*.
2. Mi abuela está *muy* triste.
3. Me gusta *mucho* esa película.
4. La temperatura es *muy* alta.
5. Anoche llovió *mucho* en todo el país.
6. Todos mis amigos salen *mucho* por las noches.
7. Llegó *muy* tarde a la cita.

3a. Observa.

Para expresar obligación o necesidad
El semáforo está rojo, tengo que parar.
Vamos a salir, tenemos que comprar.

TENER QUE + infinitivo		
tengo		
tienes		ir
tiene	que	parar
tenemos		beber
tenéis		comprar
tienen		...

3b. Completa las frases con TENER QUE.

1. Si vamos de viaje, *tenemos que* ver el tiempo.
2. Mis hijos *tienen que* estudiar el fin de semana.

Gramática D
El Imperativo

4a. Observa.

IMPERATIVO			
Hablar	Beber	Vivir	
habla	bebe	vive	Tú
hable	beba	viva	Usted
hablad	bebed	vivid	Vosotros, as
hablen	beban	vivan	Ustedes

4b. Completa los cuadras con las formas del Imperativo.

Entrar	Leer	Abrir
entra	lee	abre
entre	lea	abra
entrad	leed	abrid
entren	lean	abran

5a. Completa el cuadro.

Hacer	Poner	Decir
haz	pon	di
haga	ponga	diga
haced	poned	decid
hagan	pongan	digan

Tener	Salir	Ir	Venir
ten	sal	ve	ven
tenga	salga	vaya	venga
tened	salid	id	venid
tengan	salgan	vayan	vengan

5b. Completa las frases con las formas del Imperativo.

Señora Gómez, escriba su nombre aquí, por favor.

1. Mónica, **abre** la ventana, por favor *(abrir/tú)*.
2. Antes de empezar, **leed** las frases *(leer/vosotros)*.
3. Sonia y Laura, **venid** por favor *(venir)*.
4. Señor, **entre** por esta puerta *(entrar)*.
5. **Haced** los deberes *(hacer/vosotros)*.
6. **Respondan** a todas las preguntas *(responder/ustedes)*.
7. **Ayuda** a tu madre en la cocina *(ayudar/tú)*.
8. Aquí no puedes estar, **sal** ahora mismo *(salir)*.
9. **Vaya** a aquella mesa y **pregunte** a aquel señor *(ir - preguntar/usted)*.
10. **Poned** las cajas en el suelo, por favor *(poner/vosotros)*.

5c. Escribe las instrucciones en Imperativo debajo de cada dibujo.

- Usar el cinturón de seguridad.
- Ir todo recto.
- Parar.
- Tener cuidado, zona escolar.
- Reducir la velocidad.

1. Tenga cuidado
2. Pare

3. Use el cinturón
4. Reduzca la velocidad
5. Vaya todo recto

6. Completa el texto con las palabras que faltan.

tengo que - tenemos que – recuerda – voy a – termina

Mercedes, no te puedo esperar, **tengo que** ir a una reunión importante. **Termina** tú sola el trabajo, por favor, porque **voy a** volver tarde. **Recuerda**, mañana es nuestro gran día y **tenemos que** presentar el proyecto. Andrés

E Expresión oral
Hablar de planes y proponer actividades

1a. Haz una lista de qué cosas quieres hacer en el futuro.

Hacer planes	voy a + infinitivo
Expresar intenciones	pienso + infinitivo
Deseos	quiero + infinitivo

Yo quiero ir a vivir al extranjero y voy a buscar un trabajo...

1b. Ahora habla con tu compañero. A ver si tenéis proyectos parecidos.

Expresiones de tiempo futuro
Hoy - mañana - pasado mañana
La semana / el mes / el año que viene (próximo/a)
Dentro de una hora / semana / mes / año

Tú no estás casado, ¿no?
No.
¿Y piensas casarte?
Sí, un día. Dentro de mucho tiempo.

1c. Explica a la clase qué va a hacer tu compañero.

El lunes por la mañana tiene que felicitar a Elena. El martes por la mañana tiene que ir al médico con su madre. El miércoles por la mañana tiene que comprar el sofá y por la noche tiene que cenar con el señor López. El jueves por la tarde tiene que ir al colegio para hablar con el profesor de Iván. El viernes por la mañana tiene que ir al examen de conducir. El sábado por la noche tiene que ir a / organizar la fiesta de Hugo. El domingo por la tarde tiene que llevar a Iván y a Elena al cine.

2a. Da instrucciones a estas personas para cambiar su vida.

 A  B

2b. Mira la agenda y di lo que tiene que hacer esta persona durante la semana.

	Mañana	Tarde	Noche
Lunes	Felicitar a Elena		
Martes	Médico con mamá		
Miércoles	Comprar el sofá		Cena Sr. López
Jueves		Profesor de Iván	
Viernes	Examen conducir		
Sábado			Fiesta. Hugo
Domingo		Iván y Elena. Cine	

2c. Y tú, ¿qué tienes que hacer esta semana?

3. Vamos a organizar una actividad de fin de curso. Elige una, piensa qué se puede hacer y proponlo en la clase.

Proponer	Responder
	Muy bien.
¿Por qué no... ?	¡Estupendo!
¿Y si... ?	¡Qué buena /gran idea!
¿Qué tal si... ?	Mejor vamos a...
	No, no puedo. Es que...

Mundo hispano

1. Lee el texto.

El Camino de Santiago

En España hay un museo de más de ochocientos kilómetros por el norte de la Península Ibérica. Es el Camino de Santiago. A principios del siglo IX se descubrió aquí el sepulcro del Apóstol Santiago y desde entonces es lugar de peregrinación para millones de europeos.

Hoy es un atractivo turístico más de Galicia y del norte de España. En el año 2000 fueron a Santiago más de cincuenta mil personas de cien países diferentes. Pero en 2001 se superó esta cifra en un 15-20%.

Se llama peregrino a quien recorre al menos 100 kilómetros andando, a caballo o en bicicleta por el Camino de Santiago. El objetivo es llegar a la Catedral de Compostela y ver al Apóstol Santiago. Pero una vez allí, además, se puede disfrutar de uno de los centros más importantes de arte románico, gótico, renacentista y barroco del mundo. A lo largo de todo el camino los viajeros encuentran buenos alojamientos y restaurantes donde comer las especialidades de la cocina regional de las ciudades por las que se pasa. A la belleza de los monumentos se une la de los paisajes.

2. Responde a las preguntas.

1. ¿Qué es un peregrino?
   Es la persona que recorre al menos 100 kilómetros por el Camino de Santiago.
2. ¿Cuántos kilómetros tiene el Camino de Santiago?
   Tiene más de ochocientos kilómetros.
3. ¿Cuándo se descubrió el sepulcro del Apóstol Santiago?
   Se descubrió a principios del siglo IX.
4. ¿Cuántos peregrinos hicieron el camino en el año 2000? ¿Y en el 2001?
   En el 2000 hicieron el camino más de 50.000 mil personas. / En el 2001 un 15-20% más que en el año anterior.

3. En tu opinión, ¿qué es lo más interesante del Camino de Santiago?

4. Piensa en una ruta turística de tu país; explica cómo es y propón a la clase hacerla.

Síntesis

A B C D E

1. Observa la imagen.

a. Describe el tiempo que hace.

b. Elige uno de los personajes, descríbelo e imagina qué planes tiene, qué va a hacer.

c. ¿Qué recomendaciones le das a tu personaje? Escríbelas.

d. Escribe un correo electrónico a un amigo o amiga y proponle una salida a esta casa rural.

Casa La llave

Casa Rural (4 habitaciones)
Hontoria - 33593 - Llanes - (Asturias)
985 44 44 22 - 985 40 79 62 (Fax)

Casa de piedra del siglo XIX.
Vistas de gran belleza.
Está cerca de los Picos de Europa y rodeada de hermosas playas.

Taller de Internet

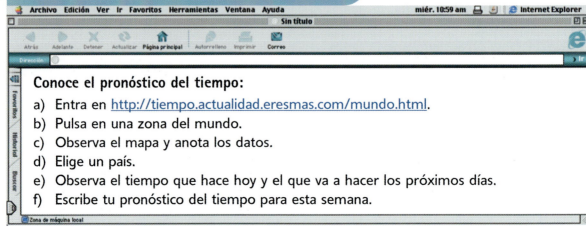

Conoce el pronóstico del tiempo:
a) Entra en http://tiempo.actualidad.eresmas.com/mundo.html.
b) Pulsa en una zona del mundo.
c) Observa el mapa y anota los datos.
d) Elige un país.
e) Observa el tiempo que hace hoy y el que va a hacer los próximos días.
f) Escribe tu pronóstico del tiempo para esta semana.

Ya conoces
A B C D E

1a. Las expresiones para hablar del tiempo:

> Hace sol - Hace calor - Hace frío - Hay nubes - Hay viento - Está soleado - Está nublado - Nieva - Llueve

1b. Las expresiones temporales de futuro:

> mañana - pasado mañana - la semana / el mes / el año que viene (próximo/a)
> dentro de una hora / semana / mes / año

1c. Y para proponer actividades:

Proponer	Responder	
¿Por qué no...? ¿Y si...? ¿Qué tal si...?	Muy bien.	¡Estupendo!
	¡Qué buena /gran idea!	Mejor vamos a...
	No, no puedo. Es que...	

2a. Las palabras para hablar del tiempo y el clima: el sol, las nubes, la lluvia, la niebla, la nieve, la tormenta, el viento, las altas temperaturas, las bajas temperaturas, etc.

2b. Las estaciones del año: la primavera, el verano, el otoño, el invierno.

2c. Las palabras para hablar de excursiones y viajes: el hotel, el camping, la casa rural, el avión, el tren, el coche, visitar museos, hacer excursiones, etc.

3a. Para hablar de futuro, de planes y proyectos:

> IR A + infinitivo

3b. El contraste entre *MUY* y *MUCHO*:

> MUY + adjetivo   MUCHO + verbo
>   adverbio

3c. Para expresar la necesidad o la obligación:

> TENER QUE + infinitivo

3d. El imperativo regular:

Hablar	Beber	Vivir
habla	bebe	vive
hable	beba	viva
hablad	bebed	vivid
hablen	beban	vivan

3e. Y el de algunos verbos irregulares:

Hacer	Poner	Decir
haz	pon	di
haga	ponga	diga
haced	poned	decid
hagan	pongan	digan

Tener	Salir	Ir	Venir
ten	sal	ve	ven
tenga	salga	vaya	venga
tened	salid	id	venid
tengan	salgan	vayan	vengan

9 Dos habitaciones, por favor

Reservar en un hotel

Objetivos

- Expresar gustos, preferencias y deseos.
- Describir personas.
- Expresar estados físicos y de ánimo.
- Saber reservar una habitación de hotel.
- Observar y practicar la unión de vocales entre palabras.
- Repasar y ampliar el léxico relativo a datos personales y adjetivos de carácter.
- Aprender el léxico propio de hoteles y servicios.
- Estudiar algunos usos de *SER* y *ESTAR*.
- Perfeccionar la utilización de los verbos *GUSTAR*, *ENCANTAR* y *PREFERIR*.
- Estudiar los adverbios de afirmación y negación, así como los posesivos tónicos.
- Organizar un viaje.
- Descubrir pintores, cuadros y museos de España.

Desarrollo de las secciones

Todos los títulos de las unidades hacen referencia clara a actos de habla directamente relacionados con el objetivo principal de cada unidad. "Dos habitaciones, por favor" es una expresión extraída del diálogo de entrada, que sirve como primer paso para proponer al alumno herramientas necesarias con el fin de que aprenda a reservar una habitación de hotel.

Otros objetivos de esta primera unidad son, en primer lugar, repasar y confirmar lo que los estudiantes ya han aprendido con *ECO A1* y, en segundo lugar, ampliar los conocimientos de la descripción de personas, la expresión de gustos, preferencias y deseos personales.

La unidad arranca con un diálogo grabado. El alumno escucha la audición siguiendo el texto en el libro y luego trata de contestar a las preguntas.

En un primer paso, se solicita al alumno que asocie las imágenes correctas con los contenidos del diálogo, para lo cual puede ser útil la lámina nº 25. En un segundo momento, el alumno intentará hacer hipótesis sobre determinados elementos básicos del diálogo, como el número de personajes que intervienen por las diferentes voces que escucha o la relación que existe entre ellos por el tipo de lenguaje utilizado (formal o informal). El objetivo es que poco a poco el alumno descubra el sentido global del diálogo. El profesor no dudará en poner la audición cuantas veces sea necesario.

Ficha de información   Museos de España

Museo del Prado: Uno de los más prestigiosos del mundo, recoge magníficas obras de Velázquez y Goya. También obras de autores extranjeros, sobre todo italianos y flamencos. MADRID. Pº. del Prado, s/n. Metro: Atocha y Banco de España. Tel.: (+34) 91 330 28 00. http://museoprado.es

Museo Guggenheim: Es una obra de arte arquitectónica única y el símbolo de Bilbao para el resto del mundo. El museo se creó en 1997 para reunir lo más representativo del arte de nuestro tiempo, por eso hay pinturas y esculturas de las corrientes artísticas más importantes de los últimos 40 años: Pop Art, Minimalismo, Arte Povera, Arte Conceptual, Expresionismo Abstracto... BILBAO. Avenida Abandoibarra, 2. Metro: Parada de Moyúa. Tel.: (+34) 94 435 90 80. http://guggenheim-bilbao.es

Comprensión y práctica

En *ECO A2* la sección de "Comprensión y práctica" se considera primordial, por eso se le otorga más espacio y, por consiguiente, se le dedica más tiempo. Se pasa simultáneamente de un acercamiento globalizador aproximativo a un acercamiento desmenuzado para llegar a una comprensión completa del diálogo de entrada. Las diferentes actividades propuestas tienden además a desarrollar un *savoir-faire* progresivo transferible a otras situaciones a partir de las situaciones concretas presentadas en el libro.

En *ECO A2* se hace hincapié de nuevo en la pronunciación, dejando de lado la de los sonidos y su relación con las letras, que ya han practicado en *ECO A1*, para insistir sobre el otro aspecto de la pronunciación que enseña a formar el oído a nuevos sonidos, a la unión de vocales entre palabras, al enlace de consonantes y vocales entre palabras, al ritmo y a la entonación.

En esta unidad se presenta primero un ejercicio de discriminación de frases que tienen como objetivo mejorar la audición y formar el oído. Luego el alumno puede observar la regla del funcionamiento de la unión de palabras y practicar con otro ejercicio.

Ficha de información — La unión de vocales entre palabras

Al hablar, la vocal final de una palabra se une a la primera de la siguiente formando una sola sílaba. A esto se le llama sinalefa.
- Dos vocales diferentes: ¿Tie<u>ne h</u>abitaciones?   Es t<u>u a</u>buela.   Perd<u>í u</u>na hora.
  Nota: La *h* no impide la sinalefa.

- Dos vocales iguales:
a) Se pronuncian como una sola vocal en el lenguaje rápido y conversacional.
          M<u>e e</u>ncanta.   Es un tax<u>i i</u>nglés.
Nota de ortografía: La conjunción *y* pasa a *e* delante de palabras que empiezan por *i* o *hi* + consonante.
          Madre e hija.
b) Se pronuncian como dos vocales si una de ellas es tónica o si la unión de vocales causa ambigüedad.
          Para alguien: pa-ra-al-guien.   La normalidad / La anormalidad

Sugerencia: En el libro **Tiempo para pronunciar** (de Edelsa) se dedica un tema completo (tema 3) a practicar la unión de vocales entre palabras. Recuerde que el libro incluye un CD-Audio para que el alumno pueda trabajar de forma autónoma.

Los ejercicios que siguen tiene como objetivo explicar el nuevo léxico y profundizar en la comprensión detallada del diálogo.

Para reutilizar lo que ha aprendido, se le propone al alumno al final de la sección una actividad de expresión oral. A partir de una serie de imágenes y documentos, el alumno tiene que describir el hotel que busca para hacer un determinado viaje.

En *ECO A2* se ha introducido el apartado titulado "A la escucha", con el que termina la sección de "Comprensión y práctica". Se trata esencialmente de mensajes auténticos sacados de la vida cotidiana y que tienen relación con el tema tratado en la unidad. Son mensajes que un extranjero escucha al llegar al país y que forman parte de su entorno. Se ha prestado una atención especial a la comunicación telefónica (contestadores, mensajes de móviles...), avisos por megafonía o anuncios de radio. Una serie de ejercicios le permiten desmenuzar el contenido del mensaje y llegar a una comprensión de la grabación.

En esta unidad se le ofrece la grabación del contestador de un gran hotel. El alumno tiene que identificar la información que oye y contestar a las preguntas.

Sugerencia: El libro **Tiempo para comprender** (de Edelsa) es un magnífico material complementario para ampliar las actividades de esta sección. Los autores consideramos que el proceso de comprensión auditiva es imprescindible para toda interacción. No se puede interactuar si no se ha comprendido. Para entender, hay que escuchar e interpretar un mensaje. El tema 3 (Servicios) está directamente relacionado con el apartado "A la escucha" de esta unidad.

Léxico

En este apartado se le dan al alumno las herramientas necesarias para que aprenda a utilizar las palabras fundamentales relacionadas con el hotel y sus diferentes servicios, así como a identificar los diferentes símbolos que encuentra en una guía turística o en la documentación de un hotel y asociarlos con las palabras apropiadas.

El profesor podrá darle más información y presentar las diferentes categorías de hoteles que existen en España en particular Los Paradores de Turismo.

Sugerencia: En el **Cuaderno de Refuerzo** el alumno encontrará ejercicios complementarios para ampliar estos conocimientos.

En un segunda etapa se le proponen al alumno el estudio de los adjetivos de carácter mediante ejercicios de lectura, escucha de una audición, contraste y escritura.

Gramática

En la primera parte de esta sección se presentan algunos usos de *ser* y *estar*, especialmente los asociados a un adjetivo. Mediante ejemplos, el alumno puede observar que *ser* se utiliza para describir el aspecto físico de las personas e indicar la posesión, mientras que *estar* expresa el resultado de estados físicos o anímicos de una persona así como la localización en el espacio.

La batería de ejercicios que siguen tiende a permitir al alumno practicar y a ejercitarse en la elección de uno de los dos verbos según el contexto.

En la segunda parte se completa el estudio de los posesivos, ya iniciada en *ECO A1*, con la introducción de los tónicos y una serie de ejercicios para practicar.

Por último, estudia el funcionamiento de los adverbios de negación y de afirmación mediante la observación y la aplicación.

Ficha de información — También / Tampoco. Sí / No

Para expresar acuerdo o coincidencia con lo que ha dicho otra persona:
  También: responde a frases afirmativas. *Yo quiero ir a la playa. Yo también.*
  Tampoco: responde a frases negativas. *No me gusta este museo. A mí tampoco.*

Para expresar desacuerdo con lo que ha dicho otra persona:
  Sí: responde a frases negativas.   -No me gusta este cuadro.   • A mí sí.
  No: responde a frases afirmativas.   -Prefiero ir al cine.   • Yo no.

Expresión oral

Gracias al cuadro de actos funcionales, el alumno dispone de herramientas muy necesarias para realizar una conversación en clase sobre sus gustos y sus preferencias. A partir de imágenes utilizará su imaginación para crear pequeños diálogos sobre temas tan cotidianos como dónde pasar las vacaciones o qué hacer en el tiempo libre.

Ahora que ya saben expresar sus gustos y deseos, se plantea a los estudiantes unos ejercicios que funcionan como un pequeño juego de rol: decidir en grupo dónde ir de viaje y hacer una reserva en una agencia turística.

Mundo hispano

El objetivo es partir del diálogo de entrada de esta unidad para adentrar al alumno en el mundo del arte hispano. Se ofrece una pequeña información sobre dos museos y dos autores representativos de España: Goya y Velázquez.

Además, las actividades sirven como repaso a algunas de las funciones desarrolladas a lo largo de las secciones anteriores: describir personas y expresar gustos y preferencias.

Sugerencia: El profesor puede dejar para este momento la ficha de información sobre los museos de España. Y a partir de ella, pedir a los estudiantes que busquen información sobre museos y artistas de sus países. Después, cada uno puede expresar cuáles son sus preferencias en torno al arte.

Síntesis

Este apartado, como ya se hizo en *ECO A1*, sirve para que los alumnos revisen y confirmen lo que han aprendido durante las sesiones dedicadas a esta unidad, aunque al mismo tiempo se les deja la posibilidad de que inventen otras situaciones en las que pongan en práctica los actos de habla aprendidos.

En un primer paso, se realiza una comprensión lectora sobre un anuncio real que invita a realizar un viaje al Caribe. El profesor deberá explotar toda la información ofrecida en el documento y se asegurará de que lo han comprendido completamente. A continuación, invitará a los alumnos a manejar las muestras de lengua libremente para realizar sus propias interacciones en diferentes situaciones: cliente, recepcionista de hotel, guía turístico, etc.

Taller de Internet

Interesante actividad para visitar virtualmente las salas y los cuadros del museo más importante de España y uno de los más famosos del mundo: el Museo del Prado.

9 Dos habitaciones, por favor

1. Escucha, lee los diálogos y di qué imágenes corresponden con las preguntas.

a. ¿Dónde están? b. ¿De qué museo hablan?

Museo del Prado (Madrid)

Museo Guggenheim (Bilbao)

1.
MÓNICA: ¿Vamos este fin de semana a una playa del norte? Ahora hace buen tiempo.
SONIA: Yo prefiero una ciudad, la verdad.
MÓNICA: Pues nos alojamos en Bilbao. Tenemos playa y ciudad. Allí está el museo Guggenheim. Me encanta el arte moderno.
SONIA: ¡Uf! A mí no me gusta nada el arte moderno, Mónica.
MÓNICA: Bueno, pero hay otros museos. Vamos a buscar un hotel en la guía.
SONIA: ¿A ver? Mira este, tiene tres estrellas y garaje.
MÓNICA: Me gusta más este: está en el centro y también tiene garaje.
SONIA: Perfecto. ¿Y vamos en mi coche o en el tuyo? El mío es más grande. Y así pueden venir Diego y Vicente.
MÓNICA: No sé. Diego es simpático, pero Vicente es muy aburrido, ¿no?
SONIA: Bueno, pero es guapo. A mí me gusta mucho.
MÓNICA: Vale, vale, pues reserva dos habitaciones.

2.
RECEPCIONISTA: Hotel Regina, ¿dígame?
SONIA: Buenas tardes, ¿tienen habitaciones libres para el fin de semana?
RECEPCIONISTA: ¿Cuántas? ¿Una doble?
SONIA: No, dos.
RECEPCIONISTA: Vamos a ver. Sí, no hay problema. Viernes y sábado, ¿no?
SONIA: Eso es. Perdone, ¿las habitaciones tienen aire acondicionado?
RECEPCIONISTA: Sí, claro, aire acondicionado, televisión, teléfono, minibar...
SONIA: Ah, perfecto.
RECEPCIONISTA: ¿A nombre de quién, por favor?
SONIA: De Sonia Carrasco.
RECEPCIONISTA: Pues, hasta el viernes, entonces.
SONIA: Adiós, buenas tardes.

c. ¿Adónde llaman?

2. Marca la respuesta correcta.

a. ¿Cuántos personajes intervienen? ○ Tres mujeres. ○ Dos mujeres. ✗ Dos mujeres y un hombre.
b. ¿Dónde van? ○ A Benidorm. ○ A Buenos Aires. ✗ A Bilbao.
c. ¿Quién llama por teléfono? ✗ Sonia. ○ Mónica. ○ Un recepcionista de hotel.

86 ochenta y seis

Comprensión y práctica A
Haciendo una reserva

1a. ¿Qué oyes?

1. [x] Ahora hace buen tiempo.
   [ ] Ya no hace buen tiempo.

2. [ ] Mira este, tiene seis estrellas.
   [x] Mira este, tiene tres estrellas.

3. [ ] Y si pueden venir Diego y Vicente.
   [x] Y así pueden venir Diego y Vicente.

4. [x] Diego es simpático.
   [ ] ¿Diego es simpático?

5. [x] ¿Tienen habitaciones libres?
   [ ] ¿No tienen habitaciones libres?

6. [ ] ¿Cuántas dobles?
   [x] ¿Cuántas? ¿Una doble?

1b. Di si es verdadero (V) o falso (F).

1. [V] Sonia y Mónica van a salir el próximo fin de semana.
2. [F] A Sonia le gusta la playa y a Mónica la ciudad.
3. [V] Bilbao está cerca del mar.
4. [V] El Guggenheim es un museo de arte moderno.
5. [F] Se van a alojar en un hotel del centro de Bilbao, pero sin garaje.
6. [F] Van a ir en el coche de Mónica.
7. [F] Sonia reserva una habitación doble.
8. [V] No hay problema en el hotel.
9. [F] Las habitaciones no tienen aire acondicionado.
10. [V] Sonia se apellida Carrasco.

1c. Escucha otra vez y mira esta guía de hoteles. ¿En qué hotel se van a alojar?

HOTEL ☆☆
Gran Vía, 12. Madrid.
Tel.: 91 212 58 57.
Aire acondicionado - Teléfono
Televisión - Minibar - Acceso
minusválidos - Restaurante.

HOTEL ☆☆
Av. del Mediterráneo, 6. Bilbao.
Tel.: 94 587 45 89.
Garaje - Teléfono - Televisión
Minibar.

[x] HOTEL ☆☆☆
Calle Mayor, 26. Bilbao.
Tel.: 94 354 78 85.
Garaje - Teléfono - Televisión
Minibar - Aire acondicionado.

HOTEL ☆☆☆
Plaza Santa Lucía, 54. Bilbao.
Tel.: 94 365 89 78.
Televisión - Aire acondicionado
Garaje - Restaurante.

HOTEL ☆☆☆
Paseo de Santiago, 8. Benidorm.
Tel.: 96 258 74 85.
Sala de Conferencias - Teléfono
Restaurante - Televisión.

HOTEL ☆☆☆
Av. de Mayo 1235. Buenos Aires.
Tel.: (54 11) 49 52 81 60.
Restaurante - Teléfono - Minibar
Televisión.

2a. Observa.

Al hablar, las palabras se unen cuando hay dos vocales juntas.

Está en el centro.
¿Tiene habitaciones libres?

Dos vocales iguales entre palabras se pronuncian como una sola.

Me encanta.

Si una de las vocales es tónica, el sonido es más largo.

Vicente es muy aburrido.

2b. Escucha y marca las vocales que se unen.

1. Ahora hace buen tiempo.
2. Yo prefiero una ciudad.
3. Allí está el museo Guggenheim.
4. Diego es simpático.
5. Aire acondicionado.
6. Hasta el viernes, entonces.

Comprensión y práctica

3. Relaciona los diálogos con las imágenes.

1. • ¿Cuántas habitaciones?
   ○ Una doble, por favor.

2. • ¿Tiene garaje?
   ○ Sí, pero está completo.

3. • ¿Es un buen hotel?
   ○ Sí, es de cuatro estrellas.

4. • ¿Hay aire acondicionado?
   ○ Sí, en todas las habitaciones.

6 Muy bien. ¿A nombre de quién?
1 ¿Tienen habitaciones libres?
4 Sí, para este fin de semana no hay problema.
9 Sí, por favor.
7 Sonia Carrasco.

5a. Mira las imágenes y piensa qué viaje quieres hacer. Después escribe las características del hotel que buscas.

Viaje de negocios   *Viaje de descanso*   *Viaje para visitar una ciudad*

- Quieres ir a...
- Buscas un hotel céntrico o cerca del aeropuerto, tranquilo o...
- Quieres un hotel lujoso, barato...
- Quieres una habitación con...

4. Pon en orden el siguiente diálogo.

2 ¿Para qué día?
10 Muy bien, pues hasta el viernes.
5 Necesito dos habitaciones dobles.
3 Para el fin de semana.
8 ¿Les reservo una plaza de garaje?

5b. Elige un hotel de la página 87 e imagina con tu compañero un diálogo entre el recepcionista y un cliente.

A la escucha

Llamas al hotel Regina y oyes este mensaje. Escúchalo y contesta a las preguntas.

a. ¿Qué oyes?
1. Gracias por... ☒ esperar. ☐ llamar. ☐ reclamar.
2. Para hacer una... ☐ conserva. ☐ hierba. ☒ reserva.
3. Para cualquier otra... ☒ información. ☐ invitación. ☐ importación.

b. ¿Qué tienes que hacer para reservar una habitación? ☒ Pulsar 1. ☐ Pulsar 2. ☐ Pulsar 3.

c. Relaciona.
1. Departamento... a. línea.
2. Espere... b. nacional e internacional.
3. Atendemos... c. su llamada.

Léxico B

En un hotel. Descripción de personas

1a. Eres recepcionista y tu compañero es un cliente. Rellena su ficha personal.

Hotel Regina ★★★ FICHA DE CLIENTE

- Nombre: .... Apellidos: ....
- Sexo: .... Fecha de nacimiento: ....
- Dirección: .... Ciudad: ....
- Código postal: .... País: ....
- Teléfono: .... Estado civil: ....
- e-mail: .... Pasaporte: ....

1b. Servicios de hotel. Relaciona los símbolos con las palabras.

1. calefacción
2. secador de pelo
3. restaurante
4. aire acondicionado
5. tienda
6. caja fuerte
7. garaje
8. minibar
9. bar
10. televisión

2a. Lee estos anuncios. ¿Quién los ha escrito?

1. Soy una chica de 26 años, alta y rubia, tengo el pelo largo y los ojos azules. Me gusta mucho el cine y viajar. Soy simpática, inteligente, pero un poco despistada. Busco chico de mi edad educado, divertido y muy trabajador. Ref.: 745/10R

2. Soy una chica de 29 años, delgada, morena y con el pelo corto. Soy alegre, amable y generosa, pero también un poco desordenada. Me encanta leer, pasear y visitar museos. Busco chico de entre 25 y 32 años con mis mismas aficiones. Ref.: 750/11A

Sonia

Mónica

2b. Completa el cuadro.

Descripción física	Descripción del carácter
alta	simpática
pelo largo	inteligente generosa
rubia	despistada desordenada
ojos azules	educado
delgada	divertido
morena	trabajador
pelo corto	alegre
	amable

2c. Marca los adjetivos negativos.

- ☐ simpático/a
- ☒ despistado/a
- ☐ educado/a
- ☐ inteligente
- ☐ divertido/a
- ☒ desordenado/a
- ☐ generoso/a
- ☐ trabajador/-a
- ☐ alegre
- ☐ amable

2d. Escucha y marca cómo es Javier.

- ☒ Es delgado.
- ☐ Es alto.
- ☐ Tiene el pelo largo.
- ☒ Tiene el pelo rizado.
- ☒ Lleva gafas.
- ☐ Lleva bigote.
- ☒ Es moreno.
- ☐ Tiene ojos verdes.
- ☐ Lleva barba.
- ☐ Es calvo.

2e. ¿Javier está respondiendo a Mónica o a Sonia?

A Mónica

3. Describe a un compañero.

Describir a una persona	
Es + adjetivo	alto/a, rubio/a, simpático/a...
Tiene + sustantivo	los ojos azules... el pelo largo...
Lleva / Tiene + sustantivo	bigote, barba, gafas, sombrero...

C Gramática
Usos de SER y ESTAR. Verbos GUSTAR y ENCANTAR

1a. Observa.

Usos de SER
- Descripción del físico y del carácter de las personas.
  Es delgada y con el pelo largo.
  Es divertido y generoso.
- Posesión.
  ¿Es tu ordenador? No, es de Sonia.

Usos de ESTAR
- Estados físicos o anímicos de una persona.
  Estoy muy contento.
- Localización en el espacio.
  En Bilbao está el museo Guggenheim.

1b. Completa las frases con SER o ESTAR.

1. No tengo ganas de hablar, **estoy** triste.
2. • ¿Cómo **es** Laura?
   ○ **Es** pelirroja y lleva gafas.
3. • ¿De quién **es** este perro?
   ○ **Es** de mi hermana.
4. • ¿Cómo **están** tus padres?
   ○ Un poco cansados.
5. • ¿Dónde **está** la ciudad de Coyoacán?
   ○ En México.
6. • ¿Cómo **es** tu padre?
   ○ **Es** alto y con el pelo blanco.
7. • ¿**Son** tuyos estos libros?
   ○ No, **son** de Ana.
8. Paula ya tiene trabajo y **está** muy contenta.
9. Los mejores hoteles **están** en la playa.
10. A mi marido no le gusta salir, **es** muy aburrido.
11. Mi marido no quiere salir, **está** cansado.
12. Mis hijos **son** muy trabajadores.

2a. Observa y completa el cuadro.

GUSTA + sustantivos singulares/infinitivos
GUSTAN + sustantivos plurales

a	**mí**		**me**	gusta	**el cine**
	ti		**te**	encanta	**viajar**
	él, ella, usted	(no)	le		
	nosotros, as		**nos**	gustan	**los museos**
	vosotros, as		**os**	encantan	**los animales**
	ellos, ellas, ustedes		**les**		

2b. Inventa dos frases para cada dibujo, como en el ejemplo.

- (No) me gusta hacer picnic.
- Me encanta comer en el campo.

- **(No) me gusta chatear.**
- **Me encanta la informática.**

- **(No) me gusta hacer excursiones.**
- **Me encanta el campo / la montaña.**

Gramática C
Adverbios. Posesivos

3. Observa y reacciona.

Acuerdo	Desacuerdo
TAMBIÉN / TAMPOCO	SÍ / NO
• Voy a ir a Bilbao. ◦ Yo también. • No me gusta viajar. ◦ A mí tampoco.	• A mí no me gusta salir. ◦ A mí sí. • Prefiero una ciudad. ◦ Yo no.

1. No me gusta la playa.
   A mí sí / a mí tampoco.

2. Prefiero la ciudad a la playa. *Yo también / Yo no*

3. Me encanta el arte clásico. *A mí también / A mí no*

4. Me gusta pasear por la montaña. *A mí también / A mí no*

5. Prefiero las ciudades grandes. *Yo también / Yo no*

6. No me gusta mucho leer. *A mí tampoco / A mí sí*

7. Me gusta la música latina. *A mí también / A mí no*

4a. Observa.

Delante del sustantivo					
	Un poseedor			Varios poseedores	
Masc. Sing.	mi	tu	su	nuestro	vuestro	su
Plur.	mis	tus	sus	nuestros	vuestros	sus
Fem. Sing.	mi	tu	su	nuestra	vuestra	su
Plur.	mis	tus	sus	nuestras	vuestras	sus

Detrás del sustantivo o sin sustantivo					
Un poseedor			Varios poseedores		
mío	tuyo	suyo	nuestro	vuestro	suyo
míos	tuyos	suyos	nuestros	vuestros	suyos
mía	tuya	suya	nuestra	vuestra	suya
mías	tuyas	suyas	nuestras	vuestras	suyas

---

1. Posesivo + sustantivo: *mi, tu...*
   Vamos en **mi** coche.
2. Sustantivo + posesivo: *mío, tuyo...*
   Esta es Sonia, una amiga **mía**.
3. Verbo + posesivo: *mío, tuyo...*
   ¿Este coche es **tuyo**?
4. Artículo determinado + posesivo: *el mío, el tuyo...*
   Este no es mi coche. **El mío** es azul.

4b. Transforma estas frases.

1. Vamos en mi coche. *Vamos en el mío.*
2. ¿Son mis llaves? *¿Son las mías?*
3. ¿Puedo ver tus gafas? *¿Puedo ver las tuyas?*
4. Es nuestro hotel. *Es el nuestro.*
5. Se lleva vuestro coche. *Se lleva el vuestro.*

4c. Construye frases según el modelo.

1. Ellos / el garaje. *El garaje es suyo.*
2. Yo / el código postal. *El código postal es mío.*
3. Ustedes / las reservas. *Las reservas son suyas.*
4. Nosotros / el secador de pelo. *... es nuestro.*
5. Ellas / las habitaciones. *Las habitaciones son suyas.*

4d. Señala la respuesta correcta.

a. Me gustan ☐ las vuestras habitaciones.
   ☒ vuestras
   ☐ vuestra

b. Este coche es mío.
   ¿Dónde está ☐ tuyo ?
   ☒ el vuestro
   ☐ vuestro

c. ☒ Tus
   ☐ Los tuyos   padres no están en casa.
   ☐ Tuyos

d. Mi teléfono no funciona.
   ¿Y ☐ tuyo ?
   ☐ tus
   ☒ los vuestros

D Expresión oral
Hablar de gustos. Hacer una reserva

1a. Observa.

Preguntar y expresar gustos	
¿(No) te gusta...?	(No) me gusta...
¿Qué tal el / la...?	Me encanta...
Preguntar y expresar preferencias	
¿Prefieres...?	Prefiero...
¿Qué / Cuál prefieres?	Me gusta más...
¿Qué te gusta más?	
Preguntar y expresar deseos	
¿(No) quieres...?	(No) quiero...
¿(No) tienes ganas de...?	(No) tengo ganas de...
Preguntar y expresar interés	
¿(No) te interesa...?	(No) me interesa (mucho)...
	(No) es muy interesante...

1b. Crea minidiálogos como en el ejemplo.

Tengo ganas de ir a la montaña. Me encanta hacer deporte.

Yo no. Prefiero ir a la playa. Tengo ganas de descansar y...

A B

C D

2a. Una agencia de viajes propone estas dos actividades para el fin de semana. Elige una y di por qué la prefieres.

HOTEL EL BALNEARIO
Confortable hotel cerca del río Miño. Fin de semana antiestrés: masaje, baño de algas, baño de vapor, chorro a presión.

Club Alta Montaña
Piragüismo, escalada, vuelo sin motor... Elige tu deporte y vive la aventura de tu vida.

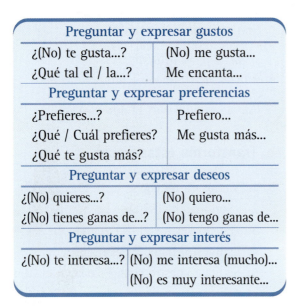

A mí me gusta más...
Pues yo prefiero...
Es que yo soy tranquila / activa...

2b. Unos jóvenes reservan uno de estos dos viajes. Escucha y rellena la ficha.

FICHA DE INSCRIPCIÓN
Nº de personas: 3
Viaje elegido: Club Alta Montaña
Actividades: Escalada y piragüismo
Época del año: Verano

2c. Ahora tú trabajas en una agencia de viajes. Habla con tu compañero y rellena su ficha de viaje.

FICHA DE INSCRIPCIÓN
Nº de personas: ....
Viaje elegido: ....
Actividades: ....
Época del año: ....

Mundo hispano

Cuadros y museos

1. Observa estos autorretratos.

*Francisco de Goya
(España, 1746 - 1828)
Autorretrato con 69 años.
Real Academia de Bellas
Artes de San Fernando
(Madrid)*

*Diego Velázquez
(España, 1599-1660)
Autorretrato
Museo de Bellas Artes
(Valencia)*

a. Elige uno de los personajes y describe su físico.

Es un hombre de unos .... años. Es .... y tiene ....

b. Según su aspecto, imagina su carácter.

2. Lee los siguientes textos.

REAL ACADEMIA DE BELLAS ARTES DE SAN FERNANDO

Es uno de los museos de Madrid (España) de mayor encanto e interés, en opinión de sus visitantes. Posee una de las más antiguas y mejores colecciones de pintura española de los siglos XVI al XIX. Hay también una buena representación de las escuelas flamenca, alemana, francesa e italiana, esculturas y porcelana. Destacan las salas de pintura clásica, la sala dedicada a Picasso, la sala de Artes Decorativas, la sala de dibujos y grabados y la sala de escultura de José Ginés. Además organiza exposiciones temporales y tiene una amplia Biblioteca para especialistas.

Museo de Bellas Artes de Valencia

El Museo de Bellas Artes de Valencia (España), es el símbolo cultural más importante de la Comunidad Valenciana en cuanto a pintura histórica. Está formado, sobre todo, por una gran pinacoteca y una amplia colección de dibujos y grabados, además de esculturas, piezas arqueológicas, fragmentos arquitectónicos, fotografías y artes decorativas.

a. ¿Qué diferencias hay entre los dos museos?

Uno está en Madrid, hay pintura histórica y moderna y tiene una Biblioteca. El otro está en Valencia y sólo expone pintura histórica, no moderna.

b. ¿Cuál te parece más interesante para conocer? ¿Por qué?

Síntesis
A B C D E

1. Observa y lee.

REPÚBLICA DOMINICANA
Todo el sol del Caribe

HOTEL EN PLAYA BÁVARO ★★★★
AVIÓN + ALOJAMIENTO (9 noches)

desde **999 €**

Salidas desde Madrid el 5, 12, 19 y 26 de septiembre

HABITACIONES: 504 habitaciones dobles. Todas con aire acondicionado, baño completo con secador de pelo, TV por cable, minibar, caja de seguridad y terraza.
PISCINAS: 2 piscinas, *jacuzzi* y 1 piscina para niños.
BARES Y RESTAURANTES: 3 restaurantes a la carta: italiano, chino y grill. 4 bares. El Sport Club abierto 24 horas.

a. Contesta a las preguntas.

¿Qué incluye el precio del viaje? *Avión y alojamiento durante 9 noches.*
¿Esta oferta es para cualquier época del año? *Sólo para salidas en septiembre.*
¿Cómo son las habitaciones? *Son dobles y tienen aire acondicionado, baño con secador de pelo, TV por cable, minibar, caja de seguridad y terraza.*
¿Qué otros servicios tiene el hotel? *Hay piscinas, restaurantes y bares.*

b. Un cliente habla con el recepcionista: le pregunta los servicios del hotel y después reserva una habitación. Escribe el diálogo.

Taller de Internet

Visita al Museo del Prado
a) Entra en http://museoprado.mcu.es. Pulsa en "Historia". Y luego en "Las colecciones".
b) Completa la lista de las colecciones. Después entra en cada una y mira la obra representativa. Completa la ficha de las ocho.

Pintura española
Autor: *Velázquez*
Siglo: *XVII*
Obra: *Velázquez*

Pintura alemana
Autor: *Durero*
Siglo: *XVI*
Obra: *Durero*

Pintura *italiana*
Autor: *Tiziano*
Siglo: *XVI*
Obra: *Venus recreándose en la música*

Pintura *Francesa*
Autor: *Poussin*
Siglo: *XVII*
Obra: *El Parnaso*

Pintura *Flamenca*
Autor: *Rubens*
Siglo: *XVII*
Obra: *Las tres gracias*

Artes Decorativas
Autor:
Siglo: *XVI*
Obra: *Copa con sirena de oro*

Escultura
Autor: *Anónimo*
Siglo: *I a. C.*
Obra: *Grupo de San Ildefonso*

Dibujar y estampar
Autor: *Goya*
Siglo: *XVIII - XIX*
Obra: *Por descubrir movimiento de la Tierra*

c) ¿Qué obra te gusta más? ¿Por qué?

Ya conoces
A B C D E

1a. Las expresiones para hacer una reserva de habitación:

El recepcionista	El cliente
¿A nombre de quién?	¿Tienen habitaciones libres?
¿Necesita plaza de garaje?	Para dos personas.
¿Para cuántas noches?	¿Tiene aire acondicionado, garaje...?

1b. Para preguntar y expresar gustos y preferencias:

Preguntar y expresar gustos		Preguntar y expresar preferencias	
Preguntar	Responder	Preguntar	Responder
¿(No) te gusta...?		¿Prefieres...?	
¿No te encanta...?	(No) me gusta...	¿Qué / Cuál prefieres?	Prefiero...
¿Qué tal el / la...?	Me encanta...	¿Qué te gusta más?	Me gusta más...

2a. Los servicios de hotel: la calefacción, el secador de pelo, el restaurante, el aire acondicionado, la tienda, la caja fuerte, el garaje, el minibar, el bar, la televisión, etc.

2b. Los adjetivos de carácter: simpático, educado, divertido, generoso, alegre, despistado, inteligente, desordenado, trabajador, amable, etc.

2c. El vocabulario de descripción física: delgado, el pelo largo / corto / rizado, las gafas, el bigote, calvo, la barba, los ojos verdes, etc.

3a. Los usos de *SER* y *ESTAR*:

Usos de SER
- Descripción del físico y del carácter de las personas.
  Es delgada y con el pelo largo.
  Es divertido y generoso.
- Posesión.
  ¿Es tu ordenador? No, es de Sonia.

Usos de ESTAR
- Estados físicos o anímicos de una persona.
  Estoy muy contento.
- Localización en el espacio.
  En Bilbao está el museo Guggenheim.

3b. Los verbos *GUSTAR* y *ENCANTAR*:

	me	gusta	el / la + sustantivo sing. / verbo en Infinitivo
No	te	encanta	
	le		
	nos		
	os	gustan	los / las + sustantivo plural
	les	encantan	

3c. Los adverbios de acuerdo o desacuerdo:

Acuerdo	TAMBIÉN / TAMPOCO
Desacuerdo	SÍ / NO

3d. Y los posesivos: mi / mío / mía...; su / suyo; nuestro..; vuestro...; su / suyo...

10 Mesa para dos

Pedir en un restaurante

Objetivos

- Aprender a reservar una mesa en un restaurante.
- Aprender a pedir comidas y bebidas y a pedir la cuenta.
- Saber concertar citas.
- Practicar la unión y la separación de palabras.
- Estudiar el léxico de comidas, bebidas y objetos.
- Estudiar los usos de *SER* y *ESTAR* + comidas.
- Aprender el uso de los pronombres personales.
- Estudiar los cuantificadores e indefinidos.
- Saber leer una carta y manejarse en un restaurante.
- Saber manejarse en un mercado.
- Descubrir los platos típicos de la gastronomía de España y Argentina.

Desarrollo de las secciones

La unidad "Mesa para dos" sitúa la acción en torno a un restaurante. Primero una mujer llama por telefono para reservar una mesa para dos personas (de ahí el título de la unidad). Luego vemos a una pareja ya en el comedor que selecciona los diferentes platos del menú, asesorados por el camarero, que describe y explica la composición de algunos platos. En la tercera sección del diálogo, el camarero vuelve tras la comida para preguntar si quieren tomar postre o café. Por último, los clientes piden la cuenta.

Se pide al alumno que complete los diálogos que oye y que ponga en orden las diferentes ilustraciones.

Ficha de información — Horarios de comidas en España

El profesor podrá recordar cuales son las diferentes comidas españolas así como los horarios, los diferentes platos de un menú y los hábitos de comida de los españoles. En el *Cuaderno de Refuerzo* (unidad 10), dentro de la sección "Comprensión lectora", hay un texto con esta información que el profesor puede adelantar a este momento.

Comprensión y práctica

Paso a paso, una serie de ejercicios bajo forma de preguntas verdadero / falso o elección múltiple ayudan al alumno a construir la comprensión detallada del diálogo. El profesor puede ayudar mediante pequeñas pistas y explicaciones que pongan al alumno en la buena dirección.

Siguen ejercicios sobre la unión y separación de palabras que permiten solventar la dificultad de comprensión que tienen los principiantes. Poco a poco el alumno tiene que tomar conciencia de que si no entiende no es porque el hablante pronuncia demasiado deprisa, sino porque muchas veces no distingue la separación entre palabras. Mediante el ejercicio de separar las palabras que aparecen unidas, el estudiante se dará cuenta de que no oye palabras aisladas, sino grupos fónicos que forman un conjunto indisociable.

Se le pide a continuación al alumno que relacione el nuevo léxico con ilustraciones o preguntas con las respuestas adecuadas con el fin de plasmar visualmente lo que ha oído y memorizar las palabras clave y los exponentes de la unidad.

Por último, una actividad de relacionar preguntas y respuestas servirá como paso previo para la primera aplicación oral de la unidad: realizar un diálogo con su compañero practicando una conversación entre un cliente y un camarero.

Sugerencia: Después de realizar la actividad 4 se le puede pedir al alumno que clasifique las frases según sirvan para hacer la reserva o para manejarse en el restaurante. Además también puede organizarlas.

Hacer la reserva	Manejarse en el restaurante
• ¿A qué hora?	• ¿Qué va a tomar de primero?
– A las 9 y media de la noche.	– Una sopa.
• ¿Para cuántos?	• ¿Y de segundo?
– Para dos personas.	– Merluza a la romana.
• ¿A qué nombre?	• ¿Para beber?
– Señores Calderón.	– Agua con gas.
	• ¿De postre?
	– Un helado.
	• ¿Quiere café?
	– No, gracias.
	– ¿Me trae la cuenta?
	• Aquí tiene.

En el apartado "A la escucha" se le ofrece al alumno la grabación del mensaje de una empresa de servicios, entre los que figura la reserva de un restaurante. Tras escucharlo varias veces, el alumno tiene que contestar a preguntas cerradas.

Léxico

El objetivo de esta sección es el de aprender las palabras relativas a comidas, bebidas y objetos asociados. Los ejercicios son variados y consisten en relacionar primero los objetos de una ilustración con la palabra adecuada.

A continuación, y a partir de un documento auditivo, el alumno tiene que clasificar platos y bebidas que los personajes van decidiendo. Luego, tras escuchar el diálogo por segunda vez,

tiene que localizar la cesta de la compra que han hecho los personajes. Por último, y en relación con la misma actividad, se trabaja la clasificación de los alimentos por campos semánticos.

El ejercicio 3 es una práctica de comprensión lectora, donde aparece un texto y una serie de preguntas. Pero al mismo tiempo se enlaza con una actividad de creación, pues se pide al estudiante que complete el dialogo a su manera.

Sugerencia: Se le puede proponer al alumno una actividad para practicar las definiciones. El profesor puede hacer un ejercicio de relacionar (oral o escrito).

a. Recipiente redondo que se utiliza para comer.	1. Tenedor
b. Recipiente que se usa para beber.	2. Servilleta
c. Cubierto que sirve para tomar alimentos sólidos.	3. Plato
d. Cubierto que sirve para cortar.	4. Mantel
e. Cubierto para tomar alimentos líquidos.	5. Cuchara
f. Pieza de tela o papel para limpiarse la boca.	6. Vaso
g. Pieza de tela para cubrir la mesa durante la comida.	7. Copa
h. Vaso con pie que se utiliza para beber.	8. Cuchillo

CLIX

10

Gramática

En la parte gramatical se prosigue el estudio de los usos de *ser* y *estar* empezados en la unidad precedente. El alumno tiene que observar ahora que *ser* se utiliza para describir las características esenciales de un alimento (origen, composición, valoración) y *estar* se utiliza para hablar de estados y resultados de un proceso, también con respecto a los alimentos.

Para hablar de las comidas y bebidas el alumno tiene que entender el funcionamiento de los cuantificadores y saber expresar una cantidad precisa o imprecisa con sustantivos contables y no contables. Lo mismo ocurre con los indefinidos. Unos cuadros explicativos y unos ejercicios adecuados le van a permitir dominar el problema.

La sección termina con la continuación del estudio de los pronombres personales. Con respecto a *ECO A1*, en esta unidad del nivel *A2* se añaden los pronombres complementos sin preposición. Conviene en todo momento repasar lo adquirido anteriormente, es decir, los pronombres sujetos y complementos con preposición y rehacer los cuadros completos de manera que estén siempre presentes en la mente del alumno. La utilización de los pronombres complementos acarrea el problema de la enclisis y el profesor lo explicará en el momento más apropiado, aunque en el *Cuaderno de Refuerzo* viene un cuadro sinóptico que será muy útil para el alumno.

Ficha de información | Los pronombres personales sin preposición

– Los pronombres personales sin preposición sirven para sustituir al sustantivo y así evitar su repetición.
¿Has reservado la mesa? Sí, la he reservado a las 9.

– Estos pronombres van delante del verbo, aunque con el infinitivo y el gerundio pueden ir también detrás. En esta posición, se llaman pronombres enclíticos.
La voy a reservar ahora / Voy a reservarla ahora.
La está pagando (la cuenta) / Está pagándola.

– Con el Imperativo, van siempre detrás.
Resérvala.

– Cuando se usan dos pronombres seguidos, primero va el indirecto y luego el directo.
¿Has pedido un café para mí? Sí, ya te lo he pedido.

– Cuando los pronombres **le** y **les** van delante de un directo (*lo, la, los, las*), se convierten en se.
¿Has pedido un café para Juan? Sí, ya ~~te lo~~ he pedido.
       se

Expresión oral

Al llegar a esta sección, el alumno ya tiene las herramientas adecuadas para saber manejarse en un restaurante o en una tienda. En cualquier caso, los cuadros con las estructuras funcionales que se le proporcionan en las actividades 1a y 1b serán una valiosa ayuda. También aparece un cuadro de pesos y medidas que amplían el vocabulario de esta unidad.

Sugerencia: Antes de realizar la última actividad (menú internacional), el profesor puede hacer una práctica previa de descripción de platos, sirviéndose de la receta del ejercicio 2. Puede preguntar a los alumnos: "¿Qué es pisto manchego?", "¿qué lleva?", "¿cómo se cocina?".

Mundo hispano

A pesar de que la gastronomía del mundo hispano es amplísima y muy variada, y que podríamos dedicar una sección entera a cada país (o incluso a cada región), hemos tenido que seleccionar sólo dos países por evidentes limitaciones de espacio.

A partir de dos textos y su explotación en preguntas, se pretende que el estudiante se acerque mínimamente a dos estilos de comida muy diferentes: el basado en las verduras, el pescado y el aceite de oliva (la dieta mediterránea), y el que hunde sus raíces en la carne (la cocina argentina).

Ficha de información — La gastronomía del mundo hispano

Remitimos a la ficha de información que aparecía en la unidad 2 (ECO A1), para que el profesor recuerde algunos platos típicos hispanos.

Sin embargo, proponemos un texto que trata sobre Ferràn Adrià, considerado en 2004 como el mejor cocinero del mundo. A partir de la lectura de este texto, el profesor podría preguntar a la clase si prefieren la cocina tradicional o la moderna.

El catalán Ferrán Adriá, considerado el mejor cocinero del mundo por los críticos de *The New York Times* y *Le Monde*, dice que lo único que quiere es que los que se sientan a su mesa se diviertan y se emocionen a través de la comida.

Ferrán Adriá, como cocinero, se ha centrado en la investigación y en la creatividad, por eso los platos que tienen más éxito son los más extraños, como el caviar de melón o una yema que parece de huevo pero que es mango.

Los olores también son un elemento fundamental de su investigación. Para Adriá, hay cuatro sentidos que participan en la comida: el gusto, olfato, tacto y vista. Y su combinación enriquece los platos. Una de sus nuevas creaciones es una sopa de naranja que se toma con una cuchara que también huele a naranja.

Yahoo noticias. Febrero de 2004.

Síntesis

Una combinación de actividades de comprensión lectora y práctica escrita servirá al profesor para evaluar el alcance de los objetivos por parte de los alumnos. Se parte de la lectura y comprensión de dos anuncios de restaurantes para finalizar con la elaboración en grupo de uno propio, que llevará a los estudiantes a recordar todo el léxico de la unidad.

Taller de Internet

Con esta actividad se realiza una tarea consistente en la reserva de una mesa en un restaurante por Internet. Como la actividad es real, hay que insistir a los alumnos en que a posteriori anulen dicha reserva.

10 Mesa para dos

1. Escucha los diálogos y complétalos. Después ordena las ilustraciones.

- *Haciendo una reserva*

1.
CAMARERO: Taberna Alfonso, ¿dígame?
MUJER: Buenos días. ¿Puedo hacer una *reserva* para esta noche, por favor?
CAMARERO: Sí, señora. ¿Para cuántas personas?
MUJER: Dos.
CAMARERO: Una mesa para dos, muy bien. ¿Y a qué hora?
MUJER: A las nueve y media.
CAMARERO: ¿A qué *nombre*?
MUJER: Señores Calderón.
CAMARERO: Perfecto, pues ya la tiene.
MUJER: Muchas gracias.

3.
CAMARERO: ¿Algo de *postre* o café?
ELLA: Yo nada, gracias.
ÉL: Yo sí, un helado de *chocolate*.
CAMARERO: En seguida.

4.
ELLA: ¡Ah, por favor! ¿Nos trae la *cuenta*?
CAMARERO: Sí, señora.

- *En el restaurante*

2.
CAMARERO: Buenas noches. ¿Les tomo nota ya, señores?
ÉL: Sí, mire, yo de *primero* voy a tomar las verduras a la plancha.
ELLA: Y yo... ¿Qué es "pisto manchego"?
CAMARERO: Verduras fritas con salsa de *tomate*.
ELLA: No. Entonces, una *sopa castellana*.
CAMARERO: ¿Y de segundo?
ÉL: Para mí un filete de ternera.
ELLA: Yo no sé.
CAMARERO: ¿La señora prefiere *carne* o pescado?
ELLA: Pescado.
CAMARERO: La merluza está muy buena.
ELLA: Ah, pues una *merluza a la romana*.
CAMARERO: Estupendo. ¿Y para beber? ¿Les traigo la carta de vinos?
ELLA: No, yo agua con gas por favor.
ÉL: Para mí *agua sin gas*.
CAMARERO: Muy bien, gracias.

Comprensión y práctica A
En un restaurante

1a. Di si es verdadero (V) o falso (F).

- F 1. Un hombre llama por teléfono.
- F 2. En el restaurante responde una mujer.
- F 3. El camarero y los clientes usan un lenguaje informal.
- V 4. Una pareja cena en un restaurante.

1b. ¿Qué oyes?

1. ☐ Para este coche, por favor.
   ☒ Para esta noche, por favor.
2. ☐ ¿A qué hora?
   ☒ ¿Y a qué hora?
3. ☒ Pues ya la tiene.
   ☐ Pues ya las tiene.
4. ☒ Yo de primero.
   ☐ Yo primero.
5. ☒ ¿Y de segundo?
   ☐ ¿Y el segundo?
6. ☐ ¿No trae la cuenta?
   ☒ ¿Nos trae la cuenta?

1c. Escoge la respuesta correcta.

1. ☒ La mujer reserva una mesa en un restaurante.
   ☐ La mujer reserva dos mesas en un restaurante.
2. ☐ La reserva es a las 9:30.
   ☒ La reserva es a las 21:30.
3. ☐ Ella pide de primero verduras a la plancha.
   ☒ Ella pide de primero sopa.
4. ☐ El camarero les trae la carta de vinos.
   ☒ El camarero les trae bebidas sin alcohol.

1d. ¿Qué pide cada personaje? Mira la carta del restaurante y marca lo que pide cada cliente.

CARTA

Primeros platos
- ☐ Ensalada mixta
- ☒ Sopa castellana
- ☐ Paella de carne
- ☐ Pisto manchego
- ☐ Paella de marisco
- ☐ Tortilla de patatas
- ☒ Verduras a la plancha
- ☐ Arroz a la cubana

Segundos platos
- ☒ Filete de ternera
- ☒ Merluza a la romana
- ☐ Entrecot a la plancha
- ☐ Lenguado a la plancha
- ☐ Entrecot a la pimienta
- ☐ Calamares en su tinta
- ☐ Chuletas de cordero
- ☐ Almejas a la marinera

Postres
- ☐ Flan
- ☐ Arroz con leche
- ☐ Crema catalana
- ☒ Helados
- ☐ Fruta del tiempo
- ☐ Tarta de chocolate

Bebidas
- ☒ Agua
- ☐ Cerveza
- ☐ Vino de la casa

TABERNA ALFONSO

1e. ¿Qué significa "mesa para dos"? Inventa otro título diferente para el diálogo.

Frase que se utiliza para hacer una reserva de una mesa para dos personas en un restaurante.

2. Separa las palabras que aparecen unidas.

1. ¿Puedo|hacer|una|reserva|para|esta|noche?
2. ¿Qué|es|pisto|manchego?
3. Para|mí|un|filete.
4. ¿Algo|de|postre|o|café?

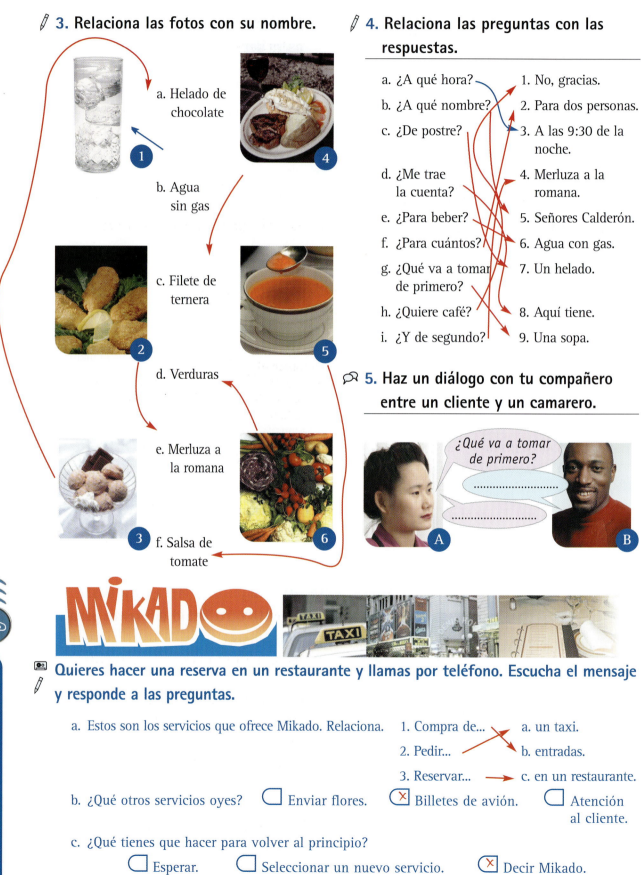

Léxico B
Comidas, bebidas y objetos

1. Escribe el nombre de cada objeto.

> plato – vaso – servilleta – tenedor – cuchillo –
> cuchara – mantel – pan – mantequilla –
> aceite – vinagre – sal – pimienta – copa

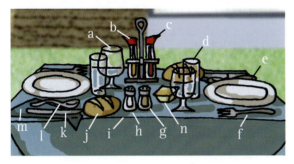

a. copa
b. aceite
c. vinagre
d. vaso
e. plato
f. tenedor
g. pimienta
h. sal
i. mantel
j. pan
k. chuchillo
l. cuchara
m. servilleta
n. mantequilla

2a. Escucha el diálogo y completa el cuadro con lo que van a cenar.

De primero	De segundo	De postre	Para beber
gazpacho	lenguado a la plancha	fruta	agua y limonada

2b. Escucha otra vez el diálogo y di qué cesta es la suya.

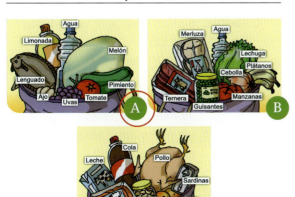

2c. Clasifica todos los alimentos anteriores.

Carne	Pescado	Verduras	Fruta	Bebidas
ternera	lenguado	ajo	melón	limonada
pollo	merluza	tomate	uvas	agua
cordero	sardinas	pimiento	plátanos	cola
		lechuga	manzanas	leche
		cebolla	melocotón	
		guisantes		
		judías		

3a. Lee el texto y responde a las preguntas.

> **Señora de Gordillo:** ¡Hola Paco!
> **Don Paco:** Buenos días, ¿qué desea?
> **Señora de Gordillo:** Ponme un kilo de...
> **Don Paco:** ¿Un kilo de qué?
> **Señora de Gordillo:** De... de esto redondo... ¿Cómo se dice...?
> **Don Paco:** ¿De esto redondo...? ¿Manzanas?
> **Señora de Gordillo:** No, esto que se usa para las ensaladas...
> **Don Paco:** ¿Lechuga?
> **Señora de Gordillo:** No, hombre, no. Esto rojo que...
> **Don Paco:** ¡Ah ya sé! Usted quiere un kilo de remolachas.
> **Señora de Gordillo:** ¡No, no, no...!
>
> Antonio de la Fuente Arjona.
> *El ladrón de palabras*

a. ¿Qué alimentos se mencionan? Manzanas, lechuga, remolacha.
b. ¿Qué crees que quiere la señora?

3b. Completa el diálogo a tu manera.

Señora de Gordillo: ....
Don Paco: Buenos días, ¿qué desea?
Señora de Gordillo: ....
Don Paco: ¿Un kilo de qué?
Señora de Gordillo: ....
Don Paco: ¿De esto redondo...? ¿Manzanas?
Señora de Gordillo: ....
Don Paco: ¿Lechuga?
Señora de Gordillo: ....

C Gramática
SER y ESTAR + comidas. Cuantificadores

1a. Observa.

SER / ESTAR + comidas
SER: describir las características.
- Origen.
Este churrasco es argentino.
- Composición.
Este plato es de verduras.
- Valoración.
El pisto es muy sano / graso / nutritivo.
ESTAR: hablar de estados o valorar las preparaciones.
- Estados.
Está muy caliente / frío.
- Resultados de un proceso.
Está salado / soso / quemado.
- Valoración de alimentos consumidos.
La merluza está muy buena.

1b. Marca el verbo correcto.

1. Siempre hago bien el café, pero hoy no *es* / *está* bueno.
2. ¡Hum! ¡Qué bueno *es* / *está* este gazpacho!
3. ¿Te gusta la limonada? *Es* / *Está* de Valencia.
4. La verdura *es* / *está* muy buena para el corazón.
5. Todavía no puedo tomar la sopa, *es* / *está* muy caliente.
6. No me gusta esta paella, *es* / *está* muy mala.
7. La pasta *es* / *está* nutritiva, pero engorda.
8. La ensalada no tiene aceite ni sal, *es* / *está* sosa.
9. El gazpacho *es* / *está* una sopa fría de verduras.

1c. Relaciona las columnas para formar frases.

a. El filete — 1. está cruda.
b. La tortilla — 2. está frío.
c. Los tacos — 3. son muy grasas.
d. Las patatas fritas — 4. son mexicanos.

2a. Observa.

Para indicar...	
una cantidad precisa (con sustantivos contables)	una cantidad imprecisa (con sustantivos no contables)
UN/UNA, DOS, TRES *Una ensalada, por favor.*	UN POCO DE *Un poco de agua, por favor.*
OTRO / A *Otra botella de agua.*	MÁS *¿Más pan?*
	MUCHO/POCO/BASTANTE: *Quiero bastante arroz.*

2b. Lee y marca las palabras correctas.

CAMARERO: Buenos días, ¿qué van a tomar?
HOMBRE: Para mí, *una* / *un poco de* tapa de jamón y *un* / *un poco* de pan.
MUJER: Yo sólo voy a tomar *otra* / *una* sopa castellana. Y para los niños *dos* / *bastante* hamburguesas.
CAMARERO: Muy bien. ¿Y para beber?
MUJER: *Cuatro* / *Más* botellas de agua.

Gramática C
Indefinidos. Pronombres personales

3a. Observa.

	Cosas	Personas
Identidad indeterminada	algo	alguien
Inexistencia	nada	nadie

- ¿Quieres **algo**?
- No, gracias, no quiero **nada**.
- ¿Viene **alguien**?
- No, no viene **nadie**.

3b. Transforma las frases en negativas.

1. Me gusta mucho este pescado.
   No me gusta nada este pescado.
2. Estoy esperando a alguien.
   No estoy esperando a nadie.
3. ¿Quiere algo más?
   ¿No quiere nada más?
4. ¿Hay alguien ahí?
   No hay nadie ahí.
5. Tengo algo de postre.
   No tengo nada de postre.
6. ¿Conoces a alguien?
   ¿No conoces a nadie?
7. Tengo algo.
   No tengo nada.
8. ¿Quieres algo de postre?
   ¿No quieres nada de postre?
9. ¿Viene alguien?
   ¿No viene nadie?
10. ¿Llama alguien a la puerta?
    ¿No llama nadie a la puerta?

4a. Observa.

Pronombres personales		
Sujeto	Complementos sin preposición	
yo	me	
tú	te	
él, ella, usted	directo	indirecto
	le, lo, la	le (se)
nosotros, as	nos	
vosotros, as	os	
ellos, ellas, ustedes	directo	indirecto
	les, los, las	les (se)

4b. Relaciona.

a. nosotros — 3. nos
b. vosotras — 4. os
c. yo — 6. me
d. tú — 2. te
e. ustedes — 1. les
f. usted — 5. le

4c. Elige la respuesta adecuada.

1. De postre ...... llevamos una tarta de chocolate.
   - [ ] lo   [x] le
   - [ ] la   [ ] las
2. ¿Entonces ...... reservo una mesa a las diez y media?
   - [ ] la   [ ] lo
   - [x] les [ ] se
3. Fueron a un restaurante cubano y .... encantó la comida.
   - [ ] le   [ ] los
   - [x] les [ ] se
4. ¿..... traigo la carta, señores?
   - [ ] le   [ ] los
   - [x] les [ ] se

5. Responde como en el ejemplo.

1. Yo no conozco este plato argentino. Y tú, *¿lo conoces?*
2. Nosotros no tenemos la carta de postres. Y ustedes, ¿*la tienen*?
3. Ellas no tienen el teléfono del restaurante. Y vosotras ¿*lo tenéis*?
4. Yo no espero al camarero. Y vosotros, ¿*lo esperáis*?
5. Ellos no van a pagar la cuenta. Y tú, ¿*la vas a pagar*?
6. Yo voy a hacer la reserva. Y tú, ¿*la vas a hacer*?

D Expresión oral
Manejarse en un restaurante y en un mercado

1a. Mira el anuncio de este restaurante. En parejas: llama y haz una reserva.

TABERNA ALFONSO
- Especialidad en carnes a la plancha.
- Postres caseros.
- Gran carta de vinos.

Abierto de 14:00 a 16:30 h y de 21:00 a 23:30 h
Sábados de 21:00 a 1:00 h
Urgell, 32.   Tel.: 934 26 06 21

Hacer una reserva	
Cliente	Camarero
¿Puedo hacer una reserva? ¿Me puede reservar una mesa?	¿Para cuántas personas? ¿A qué hora? ¿A qué nombre?

1b. Imagina que eres camarero y dos compañeros, clientes. Escribe un menú y desarrolla la situación.

Pedir la comida en un restaurante	
Camarero	Cliente
¿Qué van a tomar de primero? ¿Y de segundo? ¿Para beber? ¿Van a tomar postre o café?	Yo voy a tomar... Yo... Para mí... Yo quiero...

Pedir durante la comida en un restaurante		
¿Me / Nos	trae puede traer	un tenedor? un poco de pan? otra botella de agua? la cuenta?

2. En el mercado. Uno hace de vendedor y otro compra los productos para hacer pisto manchego según esta receta.

PISTO MANCHEGO

Ingredientes:
2 berenjenas
2 calabacines
2 cebollas
1 pimiento verde
1 pimiento rojo
1 ajo
salsa de tomate
aceite de oliva
pimienta y sal

Preparación:
Freír las verduras en aceite de oliva y después añadir la salsa de tomate.

Pesos	Medidas
100 g (cien gramos)	½ l (medio litro)
1 kg (un kilo)	¼ l (un cuarto de litro)
½ kg (medio kilo)	1 l (un litro)
¼ kg (un cuarto de kilo)	1,5 l (un litro y medio)
1,5 kg (un kilo y medio)	2 l (dos litros)
2 kg (dos kilos)	

¿Qué desea?
¿Cómo los quiere?
Sí.
Deme...
¿Están maduros?
Pues póngame...
¿(Desea) algo más?
Nada más, gracias. ¿Cuánto es?

3. Menú internacional. Anota dos platos típicos de tu país.

Tus compañeros te preguntan qué es. Responde y después entre todos elegimos un primer plato, un segundo y un postre para hacer un menú.

Mundo hispano

Gastronomía española y argentina

📖 **1. Lee los siguientes textos.**

España: la dieta mediterránea

Muchos científicos dicen que la alimentación de las regiones mediterráneas es la más sana del mundo. Con esta alimentación, llamada "dieta mediterránea", se pueden evitar, por ejemplo, algunas enfermedades del corazón.

¿Qué comen los españoles del Mediterráneo? Arroz, verduras, abundante fruta, poca carne y mucho pescado, y casi todo con ciertas especias como el ajo, el orégano y la pimienta. Pero la base esencial de la cocina mediterránea es el aceite de oliva: este se utiliza en lugar de la mantequilla, tanto en ensaladas como en cualquier plato cocinado, y es mucho mejor para la salud.

Argentina: la fiesta de la carne

Hablar de la cocina argentina es hablar de carne, por eso muchos platos típicos son de carne, como el churrasco (carne asada), el bife a caballo (carne con un huevo), el asado con cuero (carne con piel) y las empanadas criollas (pan con ternera). La carne asada es una fiesta y no se entiende un fin de semana o reunión familiar sin un buen asado. Cada persona puede llegar a tomar entre 200 y 500 gramos de carne.
Las carnes se acompañan con salsa criolla picante y salsa chimichurri, que lleva bastante vinagre, poco aceite, pimienta negra, ajo, ají molido y hierbas aromáticas.

✏️ **a. Completa el cuadro.**

	arroz	churrasco	empanada	verduras	fruta	bife a caballo	aceite de oliva	salsa chimichurri	pescado
España	✓			✓	✓		✓		✓
Argentina		✓	✓			✓		✓	

✏️ **b. Haz una lista de todas las especias que se citan en estos textos. ¿En qué país se usan más: en España o en Argentina?**

Ajo, orégano, pimienta (negra), ají molido y hierbas aromáticas. En Argentina.

💬 **c. ¿Qué producto es el más importante de cada una de estas dos cocinas?**

En España, el aceite de oliva y en Argentina, la carne.

💬 **d. ¿Y tú qué tipo de cocina prefieres: la española o la argentina?**

💬 **e. La cocina típica de tu país, ¿se parece más a la española o a la argentina? Explica las diferencias.**

Síntesis
A B C D E

1. Lee estos dos anuncios de restaurantes.

Paco Romero
Almirall Aixada, 78
08003 Barcelona
Tel.: 932 215 027
Fax: 932 214 591
e-mail: promero@softly.es
http://www.restaurantepromero.com

Lunes a sábado de 21:00 a 24:00 horas. / Domingo cerrado.

Precio: €€€€€
Especialidad en cocina marinera
Arroces y Fideuás - Paellas Marineras - Pescados y mariscos frescos - Vivero propio.
Menús especiales para grupos
Especialistas en bodas, convenciones sociales y reuniones familiares.

RÍO DE LA PLATA
Balmes, 358
08006 Barcelona
Tel.: 934 185 780
Fax: 934 181 373
e-mail: rioplata@softly.es
http://www.riodelaplatarestaurante.es
Abierto todos los días. Horario: de 12:00 a 23:00 horas.

Precio: €€
Especialidad en cocina uruguaya

Churrasco criollo - Churrasco al vacío - Tarta de puerro - Provolone a la parrilla - Postres caseros típicos de Uruguay.
Gran zona de aparcamiento. Amplia terraza-jardín.

a. Completa el cuadro.

	Especialidad en carne	Especialidad en pescado	Dan comidas	Dan cenas	Abierto todos los días	Cerrado un día de la semana	Hay garaje	Hay terraza	Es caro
Paco Romero		✓		✓		✓			✓
Río de la Plata	✓		✓	✓	✓		✓	✓	

b. ¿Cuál prefieres?

c. En grupos. Vamos a inventar un anuncio de un restaurante. Entre todos elegimos cuál es el mejor.

Taller de Internet

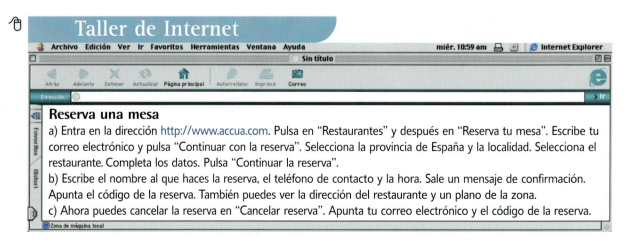

Reserva una mesa
a) Entra en la dirección http://www.accua.com. Pulsa en "Restaurantes" y después en "Reserva tu mesa". Escribe tu correo electrónico y pulsa "Continuar con la reserva". Selecciona la provincia de España y la localidad. Selecciona el restaurante. Completa los datos. Pulsa "Continuar la reserva".
b) Escribe el nombre al que haces la reserva, el teléfono de contacto y la hora. Sale un mensaje de confirmación. Apunta el código de la reserva. También puedes ver la dirección del restaurante y un plano de la zona.
c) Ahora puedes cancelar la reserva en "Cancelar reserva". Apunta tu correo electrónico y el código de la reserva.

Ya conoces
A B C D E

1a. Las expresiones para pedir en un restaurante:

Pedir la comida en un restaurante	
Camarero	Cliente
¿Qué van a tomar de primero? ¿Y de segundo? ¿Para beber? ¿Van a tomar postre o café?	Yo voy a tomar... Para mí... Yo quiero...

Pedir durante la comida en un restaurante			
¿Me / Nos	trae puede traer	un tenedor un poco de pan otra botella de agua la cuenta	por favor?

1b. Y para indicar pesos y medidas en un mercado:

Pesos	Medidas
100 g (cien gramos)	1/2 l (medio litro)
1 kg (un kilo)	1/4 l (un cuarto de litro)
1/2 kg (medio kilo)	1 l (un litro)
1/4 kg (un cuarto de kilo)	1,5 l (un litro y medio)
1,5 kg (un kilo y medio)	2 l (dos litros)
2 kg (dos kilos)	

2a. Los platos: el arroz a la cubana, la ensalada mixta, la paella, el pisto manchego, la sopa castellana, la tortilla de patatas, las almejas a la marinera, los calamares en su tinta, las chuletas de cordero, el entrecot, el filete de ternera, el lenguado a la plancha, la merluza a la romana, el arroz con leche, la crema catalana, el flan, la fruta, los helados, la tarta de chocolate, etc.

2b. Los objetos de la mesa: el aceite, la copa, la cuchara, el cuchillo, el mantel, la mantequilla, el pan, la pimienta, el plato, la sal, la servilleta, el tenedor, el vaso, el vinagre, etc.

2c. Y los alimentos: el ajo, la cebolla, el cordero, la judía, la leche, la lechuga, el lenguado, la manzana, el melocotón, el melón, la merluza, el pimiento, el plátano, el pollo, la sardina, la ternera, el tomate, la uva, etc.

3a. Los usos de *SER* y *ESTAR*:

SER / ESTAR + comidas
SER: describir las características.
– Origen. *Este churrasco es argentino.*
– Composición. *Este plato es de verduras.*
– Valoración. *El pisto es muy sano / graso / nutritivo.*
ESTAR: hablar de estados o valorar las preparaciones.
– Estados. *Está muy caliente / frío.*
– Resultados de un proceso. *Está salado / soso / quemado.*
– Valoración de alimentos consumidos. *La merluza está muy buena.*

3b. Los cuantificadores:

Cuantificadores	
con sustantivos contables	con sustantivos no contables
Un, una, unos, unas Otro, otra, otros, otras	Un poco de Más Mucho, poco, bastante

3c. Y los pronombres personales:

Pronombres personales		
Sujeto	Complementos sin preposición	
yo	me	
tú	te	
él, ella, usted	directo	indirecto
	le, lo, la	le (se)
nosotros, as	nos	
vosotros, as	os	
ellos, ellas, ustedes	directo	indirecto
	les, los, las	les (se)

11 ¿De qué talla?

Comprar en una tienda

Objetivos

- Aprender a manejarse en una tienda y a elegir una prenda de ropa.
- Saber comprar y preguntar el precio.
- Describir objetos y comparar.
- Practicar los enlaces de consonantes y vocales entre palabras
- Aprender el léxico de las prendas de vestir, los colores, los tejidos y los materiales.
- Repasar el Presente de Indicativo, tanto de verbos regulares como irregulares.
- Continuar con el estudio de los usos de *SER* y *ESTAR*.
- Aprender el uso de los comparativos.
- Conocer algunos diseñadores de moda en España y América Latina.

Desarrollo de las secciones

El título de la unidad "¿De qué talla?" hace referencia a uno de los exponentes necesarios para manejarse en una tienda de ropa. La acción del diálogo de entrada se sitúa en una tienda de este tipo, donde tres amigos (un chico y dos chicas) han entrado para comprar un regalo de caballero. Bajo el pretexto de no saber qué comprar, los protagonistas van viendo diferentes prendas de vestir y comparando colores, tejidos y precios.

La actividad 1 (previa a la audición) se propone dos objetivos: que el profesor compruebe los conocimientos que sus alumnos ya tienen sobre el léxico de la unidad, y que se familiaricen con este vocabulario para que la comprensión del documento auditivo sea más eficaz. De esta manera, la actividad 2 resultará más sencilla de realizar porque los estudiantes ya disponen de las palabras escritas.

La última actividad de esta entrada consiste en ordenar cuatro secuencias de forma cronológica a como sucede en la acción.

Comprensión y práctica

Los primeros ejercicios de esta sección pretenden asegurar que el alumno comprende de forma exacta el diálogo de entrada, a través de un ejercicio de verdadero o falso, otro con preguntas concretas de respuesta cerrada y el "¿Qué oyes?", que adelanta algunos exponentes tanto léxicos como gramaticales.

La actividad de pronunciación sigue las pautas previas necesarias para que el alumno llegue a entonar correctamente cada grupo fónico, el cual se estudiará a partir de la unidad 14. Pero para ello, tiene que empezar a asimilar que dentro de los grupos fónicos no se producen pausas, y los enlaces entre palabras son naturales, pero pueden dificultar la comprensión.
Los ejercicios 3 y 4 sirven para familiarizar al alumno con los exponentes básicos necesarios para manejarse en una tienda. Y los va a necesitar para realizar la última actividad de esta sección, que se plantea como una primera práctica oral.

En "A la escucha" se ofrece al estudiante un mensaje real que se oye por la megafonía de los grandes almacenes.

Léxico

En el primer contacto que tiene el alumno con el léxico de los colores, es importante hacerle notar algunos aspectos morfológicos que se explican en la siguiente ficha de información.

> **Ficha de información** — **La morfología de los colores**
>
> – Los colores son adjetivos y, como tales, concuerdan en género y número con los sustantivos a los que acompañan.
> *el jersey amarillo* *las camisas amarillas*
> – La terminación –*o* es para el masculino y la terminación –*a* para el femenino. Excepto *rosa*, *lila*, etc., que sirven para masculino y femenino.
> *un vestido rosa* *una corbata rosa*
> – Los colores que acaban en vocal *e* o en consonante son invariables en el género.
> *un zapato marrón* (*unos zapatos marrones*)
> *una cazadora marrón* (*unas cazadoras marrones*)

Sugerencia: Para practicar con un poco más de detenimiento el léxico de los colores, el profesor puede pedir que los relacionen con algunos adjetivos de personalidad. Por ejemplo, realizando la siguiente actividad:

¿Cuál es tu color favorito? ¿Qué puede significar un color? Relaciona colores y adjetivos.

| triste | tímido | excéntrico | |
| aburrido | alegre | tranquilo | divertido |

Sugerencia: Si lo considera oportuno, el profesor puede ampliar el léxico de las tiendas de ropa a partir de un ejercicio de relacionar.

a. Espejo
b. Sección
c. Caja
d. Mostrador
e. Probador
f. Escaparate

1. Lugar donde los clientes se prueban la ropa.
2. Espacio que sirve para exponer los artículos.
3. Lugar donde se paga.
4. Cristal donde se refleja lo que hay delante.
5. Cada una de las partes de una tienda.
6. Mesa donde se ponen los artículos comprados.

Gramática

Comienza la sección por el repaso de los Presentes de Indicativo con el paradigma de los verbos regulares (*hablar, beber, vivir*), seguido del estudio de los Presentes de Indicativo de los verbos que diptongan *e>ie* y *o>ue* y el cambio vocálico *e>i*. Además de los verbos totalmente irregulares y de difícil clasificación, es imprescindible que el alumno tome en cuenta el conjunto de las irregularidades vocálicas que afectan a la conjugación española. El alumno tiene que ejercitarse constantemente y darse cuenta de si el verbo que va a utilizar tiene una diptongación o no la tiene. En la interacción comunicativa el profesor no puede dejar pasar un verbo mal conjugado. Se recomienda que el profesor dé otra vez los datos de la ficha de información sobre los "presentes con diptongación" que aparece en la unidad 4 del nivel A1.

11

Ficha de información	Presentes con cambio vocálico e>i

Se conjugan como *PEDIR*: *competir, concebir, derretir, despedir, desvestir, embestir, expedir, gemir, impedir, investir, medir, preconcebir, reexpedir, rendir, repetir, revestir, servir, vestir...*

En esta sección se completa el estudio de *ser* y *estar* aplicándolo a la descripción de la ropa. Se pone de relieve el contraste *SER* + color y *SER DE COLOR* + color. Se centra el estudio de *estar* sobre la descripción de los resultados de un proceso y se estudian las expresiones *estar de moda* y *estar de rebajas*.
El apartado gramatical termina con el estudio de los comparativos.

Ficha de información	La comparación con sustantivos

El cuadro sinóptico de la comparación que aparece en el *Libro del alumno* hace referencia exclusivamente a los adjetivos. Sin embargo, la comparación también puede hacerse con sustantivos:

Verbo + *más*	+ sustantivo	+ *que*	*Tengo más pantalones que tú.*
Verbo + *menos*	+ sustantivo	+ *que*	*Pero tienes menos camisas que yo.*
Verbo+ *tanto, a, os, as*	+ sustantivo	+ *como*	*Tengo tantos zapatos como tú.*

Expresión oral

En esta sección, el alumno puede poner en práctica todo lo que ha aprendido en la unidad. Para facilitarle la comunicación, se le incluyen unos cuadros resumen para que tenga a su inmediata disposición las fórmulas más elementales que usan comprador y vendedor para identificar y pedir un producto, preguntar por su precio y la forma de pagar.

En el primer ejercicio, un alumno describe la ropa que lleva un compañero de la clase sin nombrarlo y los demás tiene que adivinar quién es. Luego, a partir de dos ilustraciones, comparan zapatos y buscan las diferencias entre ambos. El profesor puede ampliar esta actividad con otros objetos reales que él traiga a la clase.

Para reutilizar los comparativos y los superlativos se pone en practica la tradición española del *piropo*, expresión de elogio o de alabanza dirigida a una persona. Este ejercicio facilita, además, la creación de un buen ambiente en clase, pues a nadie le amarga un dulce.

Ficha de información	Los piropos
Decir un piropo	Responder
¡Qué guapa eres / estás!	¿De veras?
¡Qué bien te veo!	¿De verdad?
¡Qué buen aspecto tienes!	¿Tú crees?
Cada día estás más guapo/a.	Eres muy amable.
Cada día te veo mejor.	¡Qué amable eres!
No has cambiado nada.	Sí que pasan los años, como a todos.
Por ti no pasan los años.	No es para tanto.
¡Qué bien te conservas!	Me vas a sacar los colores.
¿Qué haces para conservarte tan bien?	Tú, que sólo ves en mí lo bueno.
No es por hacer cumplidos, pero...	

Puede ser este un buen momento para introducir una información cultural adicional: en los ritos culturales del español, en general, cuando nos dicen un piropo, solemos reaccionar mostrando modestia, es decir, quitándole importancia al piropo. De no actuar así, se puede interpretar como arrogancia o engreimiento.

En esta sección también se proponen ejercicios activos como comprar y vender cosas de manera más o menos simulada. Según el número de grupos que se puedan formar se podría ir más allá y pensar en un trueque de cosas y objetos sin olvidar que el objetivo es que los alumnos utilicen los actos de habla apropiados que han aprendido. La siguiente sugerencia explica en qué consistiría un auténtico "trueque".

Sugerencia: Cada alumno lleva a clase cosas u objetos de los que quiere deshacerse para trocarlos con otros. Por ejemplo, un disco, un libro, un collar, un llavero, etc.
Cada alumno enseña el objeto a la clase, lo describe con detalle (su uso, utilidad, valor, etc.). Después de haber presentado todos los objetos, cada uno indica el o los objetos por los que quisiera cambiar el suyo y se procede al trueque.
Por ejemplo, delante de todos, cada alumno hace el trueque con la persona cuyo objeto le interesa. Un mismo alumno puede pasar varias veces para objetos diferentes.

La ultima actividad propuesta es la decidir qué regalo hay que comprar para un amigo. El objetivo es que todos los alumnos intervengan en la decisión y que reutilicen todo aquello que han aprendido en la unidad.

Mundo hispano

Tres diseñadores de moda hispanos que tienen tiendas en casi todo el mundo. Probablemente, muchos alumnos conocerán estos productos, por eso consideramos que puede ser una actividad realmente interesante.

Ficha de información — Diseñadores de moda hispanos

Puede encontrar más información sobre los tres diseñadores en:

Zara: http://zara.com

Adolfo Domínguez: http://adolfo-dominguez.com

Carolina Herrera: http://www.carolinaherrera.com

Síntesis

La portada de una revista de moda sirve de pretexto para revisar tanto el léxico como los contenidos funcionales de la unidad. El profesor puede, además, ampliar las actividades trayendo a clase revistas de moda en español y fomentar el debate para comparar los estilos de los diferentes países de los alumnos.

Taller de Internet

El Corte Inglés es la cadena de grandes almacenes más importante de España, con más de 80 centros en todo el país. Por este motivo, creemos que es muy interesante que el alumno la conozca a través de esta tarea de Internet. Sin embargo, si el profesor desea profundizar más en el tema de la moda, puede proponer a los alumnos una visita a la página www.neomoda.com/index.asp

11 ¿De qué talla?

1. Relaciona los nombres de la ropa con la ilustración.

camisa zapatos corbata vestido cazadora pantalones jersey falda traje

a. traje
b. camisa
c. cazadora
d. pantalones
e. zapatos
f. jersey
g. falda
h. vestido
i. corbata

2. Escucha el diálogo y completa el texto con la prenda que dice cada personaje.

José María: Me encantan estas ......chaquetas de piel...... de piel. ¿Y a ti, Marga?

Marga: Sí, pero son carísimas, ¿no? ¿Qué tal una ......corbata......? Mira, 29 euros.

Inma: ¡Qué ......vestido...... más bonito!

Marga: Inma, por favor, estamos buscando ropa para Miguel, no para ti.

Inma: Ya, pero es que es precioso.

José María: ¿Y unos ......zapatos......?

Marga: ¿Sabes su número de pie?

José María: No.

Marga: Entonces...

3. Escucha el resto del diálogo y ordena las imágenes.

Comprensión y práctica A
En una tienda de ropa

1a. Di si es verdadero (V) o falso (F).

- V 1. Los personajes están en unos grandes almacenes.
- V 2. Quieren comprar ropa.
- F 3. El vendedor es una mujer.
- F 4. Compran una camisa azul.
- V 5. Cuesta 29 euros.

1b. ¿Qué oyes?

1. ⬜ No para ti.
   ✗ No es para ti.

2. ⬜ ¿Sabe su número de pie?
   ✗ ¿Sabes su número de pie?

3. ⬜ 19 euros.
   ✗ 29 euros.

4. ⬜ Es más cara que la corbata.
   ✗ Es tan cara como la corbata.

5. ⬜ Prefiero la azul.
   ✗ Prefiero esta azul.

1c. Responde a las siguientes preguntas.

1. ¿Qué compran los protagonistas?
   Una camisa roja
2. ¿Es de algodón o de seda?
   De algodón
3. ¿Cuánto cuesta?
   29 euros
4. ¿De qué talla es?
   Mediana
5. ¿Quién se la prueba?
   José María

2. Escucha y marca las consonantes que se enlazan.

Las palabras terminadas en consonante se enlazan con las siguientes que empiezan por vocal.

Me encantan estas.

Cuando una palabra termina por una consonante y la siguiente empieza por la misma, se pronuncian como una sola pero un poco más larga.

¿Sabes su número de pie?

1. ¿Qué tal una corbata?
2. Buscamos algo.
3. Dar una fiesta.
4. Es su cumpleaños.

3. Relaciona las preguntas con las respuestas y después con las imágenes.

a. ¿De qué talla? — 1. No, es de seda.
b. ¿Cuánto cuesta? — 2. La talla grande.
c. ¿Es de algodón? — 3. Me queda un poco pequeña.
d. ¿Te queda bien? — 4. 29 euros.
e. ¿Me la puedo probar? — 5. Sí, allí está el probador.

 A — e
 B — b
 C — c
 D
 E

Comprensión y práctica

4. Completa el diálogo.

> ¿De qué talla? – ¿Me la puedo probar? – ¿Te queda bien? –La compramos – ¿Cuánto cuesta?

MARGA: ¿Esta camisa es de algodón?
DEPENDIENTE: Sí.
MARGA: ¿Cuánto cuesta?
DEPENDIENTE: 29 euros.
INMA: Es tan cara como la corbata.
MARGA: Sí, pero la corbata es de seda. ¿Te gusta la camisa?
JOSÉ MARÍA: Prefiero esta azul.
MARGA: No sé, la roja es más bonita, ¿no?
DEPENDIENTE: ¿De qué talla?
JOSÉ MARÍA: Miguel usa la talla mediana, como yo. ¿Me la puedo probar?
DEPENDIENTE: Por supuesto. Allí está el probador.
MARGA: ¿Te queda bien?
JOSÉ MARÍA: Sí, muy bien.
MARGA: La compramos.

5. Quieres comprar. Tu compañero es un vendedor. Haz el diálogo.

CAMISAS DE ALGODÓN 100%
AZUL MARINO, ROJO Y AMARILLO
15 €
PANTALONES DE VESTIR DE LANA
GRISES, AZULES Y MARRONES
¡OFERTA, 60 € !

Blusas de señora. Seda natural
Disponibles en rojo, azul y amarillo
93,99 €
Zapatos de piel para señora y caballero
Últimos números 47 €

Vendedor	Comprador
¿Qué quiere / desea?	Quiero / Busco...
¿Cómo lo / la quiere?	Lo / La quiero...
Le gusta alguno/a?	Lo / La quiero de algodón / de seda...
¿De qué talla?	De la talla...
¿Qué tal le queda?	¿Cuánto cuesta?
	Me lo / la llevo.
	Lo / La compro.

A la escucha

Escucha este mensaje y responde a las preguntas.

a. ¿Qué oyes?

1. ☐ Busque las ofertas. ☒ Busque las abiertas. ☐ Busque las cubiertas.
2. ☐ Semana plástica. ☐ Semana fantástica. ☒ Semana gimnástica.

b. Completa el cuadro.

Traje: antes a **400 euros**, ahora a **220**; Camisas: antes a **45 euros**, ahora a **29**.

c. Completa la frase.

Todas las **marcas** a los mejores **precios**.

d. Escoge la respuesta correcta.

1. ☒ Esta oferta dura una semana. ☐ Esta oferta dura 15 días.
2. ☐ Rebajan todos los productos. ☒ Rebajan sólo la ropa.
3. ☐ Rebajan las mejores marcas. ☒ Rebajan todas las marcas.

Léxico B
Los colores, la ropa y los materiales

1a. Relaciona y describe.

ROJO/A AZUL NEGRO/A
MARRÓN GRIS
AMARILLO/A VERDE BLANCO/A

1. Lana — La cazadora es de cuero marrón.
2. Algodón — La camisa es de algodón.
3. Seda — La corbata es de seda.
4. Cuero — El jersey es de lana.

1b. Escucha y completa el cuadro.

Ropa	Complementos
(la) chaqueta	(la) corbata
(la) camisa	(el) sombrero
(la) falda	(el) cinturón
(el) traje	(el) pañuelo
(el) jersey	(el) bolso
(los) zapatos	(el) guante

Prenda de vestir	Color	Tejido
chaqueta	azul	—
jersey	negro	lana
zapatos	negro	piel
falda	roja	seda
pañuelo	rojo	seda
camisa	blanca	algodón
traje	gris	—
corbata	amarilla	seda
cinturón	marrón	piel
zapatos	marrones	piel
sombrero	verde	—

2. Describe la ropa de cada una de estas personas.

3. Observa esta figura de Miró y di qué ropa crees que lleva.

Joan Miró, *La caricia de un pájaro,* 1967

Bronce pintado, *Fundación Joan Miró (Barcelona)*

4. Escucha este diálogo y marca las plantas que van a visitar.

C Gramática
Presentes regulares e irregulares

1a. Observa y completa.

Presentes regulares		
Hablar	Beber	Vivir
hablo	bebo	vivo
hablas	bebes	vives
habla	bebe	vive
hablamos	bebemos	vivimos
habláis	bebéis	vivís
hablan	beben	viven

1b. ¿Cuál es infinitivo de estos Presentes? Subraya los regulares.

1. Me encantan estas cazadoras. ENCANTAR
2. No sé su número. SABER
3. Buscamos algo para un amigo. BUSCAR
4. ¿Cuánto cuesta? COSTAR
5. Entonces, ¿compras la camisa? COMPRAR
6. Prefiero esta azul. PREFERIR
7. Miguel usa la talla mediana. USAR
8. Te queda bien. QUEDAR

2a. Completa estos cuadros.

Presentes irregulares: E>IE		
Pensar	Entender	Preferir
pienso	entiendo	prefiero
piensas	entiendes	prefieres
piensa	entiende	prefiere
pensamos	entendemos	preferimos
pensáis	entendéis	preferís
piensan	entienden	prefieren

Presentes irregulares: O>UE		
Contar	Poder	Dormir
cuento	puedo	duermo
cuentas	puedes	duermes
cuenta	puede	duerme
contamos	podemos	dormimos
contáis	podéis	dormís
cuentan	pueden	duermen

Presentes irregulares: E>I	
Pedir	Reír
pido	río
pides	ríes
pide	ríe
pedimos	reímos
pedís	reís
piden	ríen

2b. Completa las frases con los verbos en Presente.

1. Perdone, ¿cuánto cuestan estos pantalones, por favor? *(costar)*.
2. Muchas gracias, pero prefiero la falda roja *(yo/preferir)*.
3. ¿Dónde puedo probarme el vestido? *(poder)*.
4. ¿Contamos el dinero? A lo mejor no tenemos bastante *(nosotros/contar)*.
5. Esta talla es pequeña. ¿Le pido una talla más grande? *(nosotros/pedir)*.
6. ¿A qué hora cierran los grandes almacenes? *(ustedes/cerrar)*.
7. ¿Me pruebo la falda roja? *(yo/probar)*.
8. ¿Quieres comprar la camisa o la corbata? *(tú/querer)*.
9. ¿Dónde está mi amigo? ¿Sigue dentro del probador? *(seguir)*.

2c. Clasifica los verbos anteriores.

E>IE	O>UE	E>I
PREFERIR	COSTAR	PEDIR
CERRAR	PODER	SEGUIR
QUERER	CONTAR	
	PROBAR	

Gramática C
SER y ESTAR + la ropa. Comparativos

3a. Completa el cuadro.

Presentes totalmente irregulares				
Ser	Ir	Ver	Dar	Saber
soy	voy	veo	doy	sé
eres	vas	ves	das	sabes
es	va	ve	da	sabe
somos	vamos	vemos	damos	sabemos
sois	vais	veis	dais	sabéis
son	van	ven	dan	saben

3b. Forma frases con estos elementos.

1. supermercado / Mª Luisa / ir.
   Mª Luisa va al supermercado.
2. (Nosotros) el precio / saber / no.
   No sabemos el precio.
3. ¿Usted / la dependienta / ser?
   ¿Es usted la dependienta?
4. ¿(Usted) me / el ticket de compra / dar?
   ¿Me da el ticket de compra?
5. (Nosotros) una camisa / ir a comprar.
   Vamos a comprar una camisa.

4a. Observa.

SER / ESTAR + la ropa
SER: para describir las características.
- SER + color: *Este jersey es rojo y amarillo.*
- SER DE COLOR + color: *Este jersey es de color rojo.*
- SER DE + material: *Este jersey es de lana.*
ESTAR: para describir resultados de un proceso.
ESTAR + adjetivo: *Está roto / viejo / sucio...*
ESTAR de moda: *Esta camisa ya no está de moda.*
ESTAR de rebajas: *La cazadora está de rebajas.*

4b. Completa con SER o ESTAR y la preposición DE si es necesaria.

- Perdone, ¿esta camisa **es de** algodón?
- No señora, **es** de seda.
- Es que busco una de algodón. ¿Hay?
- Sí, claro. Mire, esta **es de** algodón.
- ¡Ah, perfecto! Pero esta camisa **está** sucia, ¿no?
- No, este es su color. Pero mire, aquí tiene otros colores.
- Estupendo. ¿Y cuánto cuestan?
- Mire, esas **están de** rebajas. **Son** más baratas.
- Sí, no **son** caras, pero ya no **están** moda, ¿no?
- Es la moda del invierno pasado, todas **son de** color rojo, blanco o negro.
- Prefiero estas. No **están de** oferta, pero me gustan más.
- Muy bien.

5a. Observa.

Comparativos regulares	
MÁS... QUE	La falda es más cara que el jersey.
MENOS... QUE	La bufanda es menos elegante que la corbata.
TAN... COMO	Este zapato es tan grande como ese.
IGUAL DE... QUE (coloquial)	Este zapato es igual de grande que ese.
Comparativos irregulares	
más bueno que = MEJOR QUE	Esta camisa es mejor que aquella.
más malo que = PEOR QUE	El algodón es peor que la lana.

5b. Observa esta ilustración y forma frases como en los ejemplos.

El pantalón verde es más pequeño que el gris. La falda es más cara que el jersey.

D Expresión oral
Manejarse en una tienda de ropa. Elegir una prenda

1. Describe la ropa de una persona de la clase. Tus compañeros adivinan quién es.

Es una persona que lleva…

Identificar un producto	
Cliente	Vendedor
¿De qué color es?	Es de color + *color*
¿Es de…?	Es de + *material*
¿De qué talla es?	Es de la talla…
¿De qué número es?	Es del número…
Preguntar por el precio	
¿Cuánto cuesta / vale?	(Cuesta) + euros
¿Cuánto es?	(Son) + euros

2. Compara estos zapatos. Busca las diferencias. Utiliza los comparativos.

A

B

Los de la derecha son más…

Preguntar la forma de pagar	
Cliente	Vendedor
¿Cómo lo va a pagar?	¿Aceptan tarjetas (de crédito)?
¿En efectivo o con tarjeta?	Con tarjeta. En efectivo. ¿Puedo pagar con tarjeta / talón?

5. Decide qué regalo comprar a un compañero.

¿Cómo es tu amigo/a?
¿Qué le vas a comprar?
¿Qué color va con él/ella?

3. Los piropos. Inventa un piropo para tus compañeros.

Llevas una ropa muy elegante. Estás más guapa que nunca.

4. La clase se convierte en un mercado de segunda mano. La mitad de los alumnos vende su ropa y la otra mitad la compra.

Pedir un producto	
Vendedor	Cliente
¿Puedo ayudarle?	¿Tiene / Hay…?
¿Qué desea/quiere?	¿Me da…?
¿Algo más?	Sí, también quiero…
	No, nada más.

triste sofisticado aburrido
alegre tranquilo divertido

6. Esta noche vas de fiesta: describe de qué manera te vas a vestir.

Mundo hispano

Diseñadores de moda

1. Lee estos textos.

ZARA

Amancio Ortega abre su primera tienda Zara en A Coruña (España) en 1975, y ahora está vendiendo ropa en todo el mundo sin hacer publicidad: 1.567 tiendas en casi 50 países.
Zara vende a sus clientes la última moda a muy buenos precios, ese es su éxito.

ADOLFO DOMÍNGUEZ

Adolfo Domínguez inventa en 1979 el siguiente eslogan publicitario: *La arruga es bella*. Desde entonces su fama es internacional: 229 tiendas en todo el mundo.
En su ropa usa materiales de primera calidad con un estilo *prêt-à-porter* (para la clase media–alta) y otro estilo de la alta moda. Adolfo Domínguez también vende perfumes.

CAROLINA HERRERA NEW YORK

La diseñadora venezolana Carolina Herrera abre su primera tienda en Nueva York y ahora vende su moda en todo el mundo desde hace más de 20 años. "La moda cambia", dice Carolina Herrera, "pero algunas cosas no: la elegancia y el lujo". Estas palabras describen el estilo de su ropa. El nombre de Carolina Herrera también se conoce por sus perfumes.

a. Marca las casillas correctas.

	ZARA	AD	CH
1. Tiene tiendas en todo el mundo.	X	X	X
2. Es española.	X	X	
3. Es venezolana.			X
4. Lleva más de 20 años diseñando moda.	X	X	X
5. Hace moda de lujo.		X	X
6. La ropa no es cara.	X		
7. Hace perfumes.		X	X

b. ¿Qué imagen crees que corresponde a cada diseñador? ¿Por qué?

Colección de primavera presentada en Nueva York.
Carolina Herrera

Tienda de ropa a buen precio.
ZARA

Ropa para la clase media–alta.
Adolfo Domínguez

c. Elige lo mejor para ti de cada diseñador y escribe cómo es tu moda ideal.

Síntesis
A B C D E

1. Observa y lee.

a. ¿Qué es TIJERAS?
- ( ) Un programa de televisión.
- ( ) Un periódico.
- (x) Una revista.

b. ¿Cuál es la especialidad de TIJERAS?
- ( ) Viajes.
- (x) Moda y belleza.
- ( ) Cine.
- ( ) Decoración.

c. Las personas de la portada son los "nuevos top" españoles. ¿Qué profesión es?
- ( ) Diseñadoras.
- ( ) Peluqueras.
- ( ) Modistas.
- (x) Modelos.

d. Elige uno de los modelos y describe la ropa que lleva.

e. ¿De qué temas trata TIJERAS? Marca las respuestas correctas.
- (x) Vestidos de noche.
- (x) Moda barata.
- (x) El estilo de un artista valenciano.
- ( ) Perfumes de mujer.
- (x) Ropa para hombres y mujeres.
- ( ) Venta a domicilio.
- (x) Complementos más utilizados.
- (x) Entrevistas a modelos.

Taller de Internet

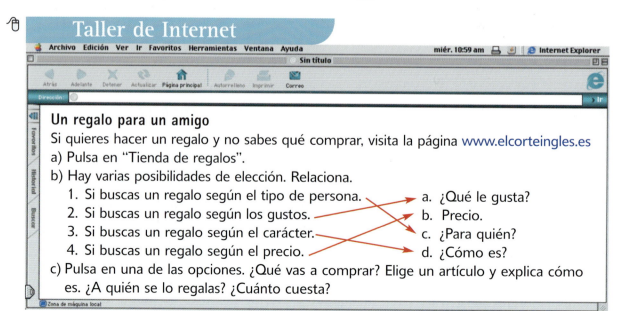

Un regalo para un amigo
Si quieres hacer un regalo y no sabes qué comprar, visita la página www.elcorteingles.es
a) Pulsa en "Tienda de regalos".
b) Hay varias posibilidades de elección. Relaciona.
   1. Si buscas un regalo según el tipo de persona. — a. ¿Qué le gusta?
   2. Si buscas un regalo según los gustos. — b. Precio.
   3. Si buscas un regalo según el carácter. — c. ¿Para quién?
   4. Si buscas un regalo según el precio. — d. ¿Cómo es?
c) Pulsa en una de las opciones. ¿Qué vas a comprar? Elige un artículo y explica cómo es. ¿A quién se lo regalas? ¿Cuánto cuesta?

Ya conoces

A B C D E

1. Las expresiones para comprar:

Pedir un producto	
Vendedor	**Cliente**
¿Puedo ayudarle?	¿Tiene / Hay...?
¿Qué desea/quiere?	¿Me da...?
¿Algo más?	Sí, también quiero...
	No, nada más.

Identificar un producto	
Cliente	**Vendedor**
¿De qué color es?	Es de color + *color*
¿Es de...?	Es de + *material*
¿De qué talla es?	Es de la talla...
¿De qué número es?	Es del número...
Preguntar por el precio	
¿Cuánto cuesta / vale?	(Cuesta) + euros
¿Cuánto es?	(Son) + euros

2a. Las prendas:
la camisa, la cazadora, la chaqueta, el cinturón, la corbata, la falda, el jersey, los pantalones, el pañuelo, el sombrero, el traje, el vestido, los zapatos, etc.

2b. Los colores:
amarillo, azul, blanco, gris, marrón, negro, rojo, verde, etc.

2c. Las secciones de unos grandes almacenes:
la cafetería, los deportes, los discos, los electrodomésticos, la farmacia, la floristería, la librería, los muebles, la panadería, la pastelería, la perfumería, la relojería, el restaurante, la ropa de hombre y mujer, el supermercado, la zapatería, etc.

3a. Los verbos regulares en Presente:

Presentes regulares		
Hablar	**Beber**	**Vivir**
hablo	bebo	vivo
hablas	bebes	vives
habla	bebe	vive
hablamos	bebemos	vivimos
habláis	bebéis	vivís
hablan	beben	viven

3b. Los irregulares:

Presentes totalmente irregulares				
Ser	**Ir**	**Ver**	**Dar**	**Saber**
soy	voy	veo	doy	sé
eres	vas	ves	das	sabes
es	va	ve	da	sabe
somos	vamos	vemos	damos	sabemos
sois	vais	veis	dais	sabéis
son	van	ven	dan	saben

3c. Los verbos de cambio vocálico:

E>IE			O>UE			E>I	
Pensar	**Entender**	**Preferir**	**Contar**	**Poder**	**Dormir**	**Pedir**	**Reír**
pienso	entiendo	prefiero	cuento	puedo	duermo	pido	río
piensas	entiendes	prefieres	cuentas	puedes	duermes	pides	ríes
piensa	entiende	prefiere	cuenta	puede	duerme	pide	ríe
pensamos	entendemos	preferimos	contamos	podemos	dormimos	pedimos	reímos
pensáis	entendéis	preferís	contáis	podéis	dormís	pedís	reís
piensan	entienden	prefieren	cuentan	pueden	duermen	piden	ríen

12 ¿Qué hacemos esta tarde?

Planear actividades

Objetivos

- Saber decidir qué hacer en el tiempo libre.
- Aprender a proponer y planear actividades.
- Expresar la opinión.
- Expresar acuerdo o desacuerdo.
- Hablar de experiencias personales.
- Entender y saber separar palabras.
- Aprender el léxico de deportes y actividades de tiempo libre.
- Repasar el Pretérito Indefinido: verbos regulares e irregulares.
- Estudiar las preposiciones que van con verbos de movimiento.
- Aprender a expresar la causa: *como, porque*.
- Expresar la opinión en una tertulia.
- Conocer algunos deportistas famosos de habla hispana.

Desarrollo de las secciones

La unidad empieza con un diálogo entre dos jóvenes, un chico y una chica, que están haciendo planes para ocupar la tarde. Cada uno a su vez propone una actividad y valoran juntos el interés de hacerla o no hacerla.

Para fijar la atención del alumno se propone primero leer una serie de anuncios que tienen relación con las actividades culturales propuestas en el diálogo. Al finalizar la audición el alumno debe relacionar lo que ha oído con las viñetas, decidiendo qué deportes dicen practicar o haber practicado cada personaje.

Esta entrada de la unidad encuentra su dificultad en que el diálogo no está transcrito en el libro, por eso el profesor pondrá énfasis en la actividad 1 en las palabras claves que permitirán al estudiante entender mejor el diálogo. También podrá hacer escuchar varias veces cada secuencia del diálogo hasta que alumno haya captado el sentido general.

Comprensión y práctica

Los ejercicios de esta sección tienen como objetivo llegar a una comprensión desmenuzada y precisa del diálogo. Comienzan por un ejercicio de discriminación para seguir agudizando el oído. Luego siguen los ejercicios de elección de respuestas con el fin de afianzar la comprensión y ejercicios de enlace y separación de palabras para confirmar que el alumno ya ha asimilado definitivamente este aspecto.

Los ejercicios que vienen después son actividades que consisten en relacionar frases con el diálogo del libro, completar frases y relacionar preguntas con respuestas con el fin de situar las frases de la audición en contextos diferentes y darles otro enfoque que permitan una comprensión nítida.

La sección de "Comprensión y práctica" termina con el apartado "A la escucha" y la audición de un mensaje de radio de la Cadena OÍR. Aunque la emisora no existe, el mensaje es auténtico. El alumno tiene que contestar a una serie de preguntas cuya respuesta se encuentra en la grabación. Le permite así darse cuenta de los progresos realizados desde el punto de vista de la comprensión auditiva. Quizás sea necesario escuchar dos veces la audición y dejar una pausa para que el alumno tenga tiempo suficiente para anotar las respuestas.

Sugerencia: Con el fin de que el estudiante se familiarice un poco más con las fórmulas básicas para expresar acuerdo o desacuerdo y opinar, se proponen dos actividades más relacionadas directamente con el diálogo de entrada.

1. Relaciona las preguntas con las respuestas.

a. ¿Qué tal si vamos a casa de tus padres?
b. Yo creo que ver la televisión no es bueno.
c. ¿Por qué no vamos a ver la última película de Almodóvar?
d. ¿Y si vamos a pasear?
e. ¿Quieres ir al teatro?

1. Vale, pero vamos al parque y volvemos.
2. Me parece que esa película no es buena.
3. De acuerdo, pero ellos no tienen tele.
4. Yo creo que es tarde. Ya no hay entradas.
5. No estoy de acuerdo. Hay programas de cultura muy interesantes.

2. Completa el cuadro con expresiones de la actividad anterior.

Proponer	Expresar acuerdo	Expresar desacuerdo	Opinar
¿Quieres...?			

Léxico

En esta sección se pretende sistematizar el aprendizaje de las palabras relacionadas con el deporte y actividades del ocio.

En primer lugar, el alumno relaciona iconos con las palabras correspondientes. A continuación se le pide que las clasifique según se relacionen con los verbos "jugar" o "hacer", pero también tiene que completar el cuadro con el nombre de otros deportes que conozca. La ayuda del profesor es aquí imprescindible para dar al alumno la palabra que necesita. Conviene que sepa decir en español su deporte favorito.

En el ejercicio 2 se propone al alumno recapitular o ampliar sus conocimientos sobre las actividades relacionadas con una tarde libre, para el cual tiene a su disposición un documento escrito extraído de una revista de ocio.

El aprendizaje sistemático del léxico tiene como objetivo que, en el momento de la expresión, el alumno sólo se preocupe por las ideas que quiere expresar sin sentirse paralizado por lagunas de léxico. El profesor insistirá en el hecho de que cuantas más palabras se aprenden más se desarrolla la capacidad de memorizar. Y, aunque todas las palabras adquiridas no estén disponibles a la hora de expresarse, permanecen no obstante en conocimiento pasivo y se activan cuando aparecen en un texto escrito o en un mensaje oral.

Para utilizar las palabras y expresiones aprendidas anteriormente, al finalizar este apartado, se propone al alumno una actividad escrita que consiste en describir lo que hizo el fin de semana pasado.

12

 Sugerencia: Para profundizar en el vocabulario relacionado con actividades de tiempo libre, el profesor buscará fotografías o dibujos donde haya personas realizando diversas acciones (leer un libro, una revista o la prensa, charlar con amigos, ir a un parque de atracciones, esperar en la cola de un cine o un teatro, hacer deporte...). Propondrá a los estudiantes que describan las imágenes o que encuentren las diferencias entre ellas.

Gramática

Es el momento de repasar el Pretérito Indefinido, ya estudiado en la unidad 7 (nivel A1), tanto de los verbos regulares como irregulares. Para ayudar al alumno a clasificar las diferentes irregularidades del Pretérito Indefinido, el profesor podrá disponer de la siguiente ficha de información.

Ficha de información — Pretérito Indefinido irregular

- Transformación *O>U* en la 3ª persona: dormir (durmió, durmieron) y morir (murió, murieron).
- Transformación *E>I* en la 3ª persona: *competir, concebir, conseguir, corregir, derretir, despedir, desteñir, desvestir, elegir, embestir, expedir, freír, gemir, impedir, investir, medir, perseguir, proseguir, reelegir, regir, reír, rendir, reñir, repetir, revestir, seguir, servir, sonreír, vestir...*
- Transformación *E>I* en la 3ª persona (y transformación *E>IE* en el Presente): *adherir, advertir, arrepentirse, consentir, convertir, desmentir, diferir, digerir, disentir, divertir, herir, hervir, inferir, invertir, mentir, pervertir, preferir, proferir, referir, resentir, sugerir, transferir...*
- Verbos terminados en *–DUCIR* forman el Indefinido en *–DUJE*: conducir (conduje, condujiste, condujo, condujimos, condujisteis, condujeron), *deducir, inducir, introducir, producir, reconducir, reducir, reproducir, seducir...*
- Otros verbos que añaden una *J* a la raíz: decir, traer y sus derivados (*predecir, atraer, contraer...*).
- Verbos de uso frecuente con raíz y terminaciones irregulares: *andar, estar, hacer, ir, poder, querer, saber, ser, tener, venir, ver...* Estos verbos no se sujetan a ninguna regla y, por lo tanto, los alumnos tienen que aprenderlos de memoria.

La segunda parte de esta sección está dedicada a las preposiciones que acompañan a los verbos de movimiento. El cuadro sinóptico viene acompañado por dibujos esquemáticos que ayudarán a entender el sentido de cada una.

Por último, se practica las diferentes maneras de expresar la causa. Otros conectores de la causa son: *YA QUE, DADO QUE, PUESTO QUE, PUES*.

Expresión oral

En la primera actividad de esta sección se ofrecen dos temas de debate relacionados directamente con los contenidos de la unidad y de rabiosa actualidad: hacer deporte y ver la televisión. Algunos de los argumentos a favor o en contra ya se pudieron observar en el diálogo de entrada. Ahora el alumno tiene que recapitular estos argumentos y hallar algunos más de su propia cosecha, para a continuación debatir con su compañero, utilizando los exponentes que tiene a su disposición en un cuadro resumen. El tercer paso será organizar un debate con el resto de la clase.

Sugerencia: Para que el alumno se familiarice con la expresión de opiniones y el consiguiente debate, el profesor podría pedirle que haga una actividad escrita previa a partir de un tema de los siguientes:

- El cine: ¿Qué opinión tienes del cine actual? ¿Es mejor el cine actual o el de hace 30 años?
- Los espectáculos: ¿A qué espectáculos vas normalmente? ¿Te parecen caros?
- La lectura: ¿Piensas que ya no se lee? ¿Qué opinas de los "Best-Sellers"?

Sugerencia: Si el profesor lo considera conveniente, puede organizar debates con otros temas surgidos de la actualidad del momento o de interés para sus alumnos. A continuación, ofrecemos algunas ideas:

- Los índices de audiencia son la única ley que rige la televisión.
- Los deportes de masa generan violencia.
- El poder de la prensa es excesivo.
- Hay demasiadas retransmisiones deportivas en televisión.

El libro **Puesta a Punto** (de Edelsa) es un material idóneo para la práctica de los debates y las argumentaciones. Con él se adquieren las herramientas fundamentales para saber expresarse, hablar con corrección, defender una idea, convencer al interlocutor... El profesor encontrará el apoyo necesario para animar sus clases de conversación y además, en el **Libro del Profesor**, dispondrá de un banco de ideas amplio y diverso.

Mundo hispano

En esta sección, el estudiante tiene la posibilidad de conocer, si no los conoce ya, algunos de los deportistas de habla hispana más famosos de todos los tiempos. La limitación de espacio en esta página nos obliga a seleccionar sólo unos pocos de los deportistas nacidos en países de habla hispana, pero nuestros criterios han sido la proyección internacional de todos ellos y abarcar una amplia variedad de deportes.

Síntesis

La revista española *Guía del ocio* es una publicación semanal sobre el entretenimiento en las grandes ciudades españolas: cines, teatro, restaurantes, música, exposiciones, museos, etc. El documento ofrecido en el apartado "Síntesis" está extraído de la revista *Guía del ocio* y es idóneo para revisar todos los contenidos funcionales de la unidad: saber decidir qué hacer en el tiempo libre, aprender a proponer y planear actividades, saber opinar y expresar acuerdo o desacuerdo.

Además, las actividades propuestas (tanto individuales como en grupo) también fomentan la creatividad al proponer al alumno que confeccione un plan de actividades a partir de la información que se le ofrece.

Taller de Internet

En la tarea de Internet se prosigue con la simulación de una tarde libre, pero en esta ocasión proponiendo al estudiante un viaje virtual por la ciudad de Buenos Aires. Al alumno se le ofrece la posibilidad de que elija un entretenimiento siguiendo sus propias preferencias.

12 ¿Qué hacemos esta tarde?

1. Lee estos textos, escucha el diálogo y marca las actividades que oyes.

Cadena OIR.com

Programación
- 8:30 Noticias.
- 9:30 Opiniómetro. Programa de actualidad y debate.
- 11:00 Entrevista con... Pedro Almodóvar.
- 13.00 Las recetas de mi abuela. Curso de cocina.
- 15:00 Noticias.

tve 1
- 15:00 Telediario.
- 15:55 El tiempo.
- 16:00 Luna negra. Telenovela.
- 17:00 La Tarde. Magazine.
- [x] 19:30 Fútbol.

Guía del Ocio — CENTRO CULTURAL DEL CÍRCULO DE LECTORES

Una exposición en Madrid muestra los poemas y dibujos de Rafael Alberti. El Centro Cultural Círculo de Lectores inaugura una exposición dedicada a los poemas y dibujos del poeta andaluz Rafael Alberti (Cádiz, 1902-1999).

EL MUNDO
- [x] LA PELÍCULA MÁS ESPERADA DEL CINE ESPAÑOL

La última película de Almodóvar llega a las salas. Pedro Almodóvar estrena su película más esperada, *La mala educación*.

Teatro — Cinco horas con Mario
VUELVE A LA ESCENA LA OBRA DE MIGUEL DELIBES

2. ¿De qué deportes habla cada personaje?

A — La chica: footing

B — El chico: montañero

C — La chica: tenis

D — La chica: gimnasia

Comprensión y práctica A
Haciendo planes

1a. ¿Qué oyes?

1. ☒ Ver la tele.
   ☐ Ver a Tere.
2. ☐ Ayer vieron fútbol.
   ☒ Ayer dieron fútbol.
3. ☐ Entonces haces como yo.
   ☒ Entonces haz como yo.
4. ☐ Estuve en los Alpes.
   ☒ Estuve en los Andes.
5. ☐ Y también juega al tenis.
   ☒ Y también jugué al tenis.

1b. Marca las casillas correctas.

	ELLA	ÉL
1. Quiere quedarse en casa.		☒
2. Quiere ver la tele.		☒
3. Hace gimnasia.	☒	
4. Hace *footing* por el parque.	☒	
5. No hace deporte.		☒
6. Piensa que dan mucho fútbol por la tele.	☒	
7. Cree que la película es mala.		☒
8. Propone ir al cine.		☒
9. Propone ir a pasear.		☒

1c. Marca la respuesta correcta.

	TAMBIÉN	NO
1. Quiere quedarse en casa. ¿Y ella?		☒
2. Quiere ver fútbol. ¿Y ella?		☒
3. Quiere ir al cine. ¿Y él?		☒
4. Hace deporte. ¿Y él?		☒
5. Quiere dar un paseo. ¿Y ella?	☒	
6. Quiere visitar a los padres de ella. ¿Y ella?	☒	

2. Separa las palabras que aparecen unidas.

1. ¿Noquieresiralcine?
2. Elpartidoesalassiete.
3. Vamosavisitaratuspadres.
4. EstuveenlosAndes.

3. Numéralos según el orden en que lo escuches.

a. 2 Ir al cine.
   1 Id al cine.

b. 2 Dar un paseo.
   1 Dad un paseo.

c. 1 Visitar a tus padres.
   2 Visitad a tus padres.

d. 1 Ver a mis padres.
   2 Ved a mis padres.

4. ¿Qué frases explican experiencias pasadas?

1. ☐ Voy a un gimnasio.
2. ☒ Fui montañero.
3. ☒ Estuve en los Andes.
4. ☐ Hago *footing* por el parque.
5. ☒ Jugué al tenis.
6. ☒ Mi hermana la vio.

Comprensión y práctica

5. Completa el diálogo con las frases del recuadro.

6. Completa este diálogo que termina la historia de la página 116.

> Es que hay fútbol en televisión. – ¿Salimos? – Estupendo, allí hay tele. – Yo prefiero quedarme en casa.

- ¿Qué hacemos esta tarde?
  - ¿Salimos?
- ¿Tú qué prefieres?
  - Yo prefiero quedarme en casa.
- ¿Y no quieres ir al cine o al teatro?
  - Es que hay fútbol en televisión.
- ¿Y si vamos a casa de mis padres?
  - Estupendo, allí hay tele.

ELLA: Hola, mamá. ¿Qué tal papá? Venimos a pasar la tarde con vosotros.

Madre: ¡Estupendo! ¿Por qué no ....?

ÉL: Es que Roberto quiere ver el fútbol.

Padre: ¿Usted no quiere ....?

ÉL: Es que a mí no .... Yo prefiero ....

A la escucha

Escucha este mensaje de radio y responde a las preguntas.

a. ¿Cómo se llama la emisora de radio?
- ☐ Instituto Opina.
- ☒ Cadena Oír.
- ☐ Opiniómetro.

b. ¿A qué hora empieza el programa? 9:30

c. Completa las frases: a. ¿ Qué opinan los españoles sobre la televisión pública?

b. ¿ Están de acuerdo con su programación?

c. Queremos saber también la opinión de de nuestros oyentes.

d. ¿Qué tienen que hacer los oyentes para opinar? Llamar y dejar la opinión en el contestador.

e. Lee el tema del OPINIÓMETRO de la semana próxima y escribe el anuncio de radio.

¿Existen las gangas?

1. El 32% de los españoles compra ropa sobre todo en época de rebajas. Y el 8% sólo compra ropa rebajada.
2. El 70% de los ciudadanos opina que en realidad no existen las gangas, porque las tiendas rebajan la ropa de la temporada pasada.
3. Tres de cada cuatro españoles que compran en rebajas no están contentos con la ropa comprada.

Léxico B
Deportes y actividades de tiempo libre

1a. Relaciona los iconos con los deportes.

- i Piragüismo (el)
- a Atletismo (el)
- j Tenis (el)
- c Balonmano (el)
- g Golf (el)
- b Baloncesto (el)
- e Fútbol (el)
- f Gimnasia (la)
- h Natación (la)
- d Esquí náutico (el)

1b. Completa el cuadro. ¿Conoces algún deporte más?

Jugar a(l)	Hacer
Baloncesto	Atletismo
Tenis	Piragüismo
Balonmano	Gimnasia
Golf	Natación
Fútbol	Esquí náutico

Jugar: cuando se usa una pelota.

2. Relaciona las palabras con las sugerencias.

Una tarde libre

- a Ir al cine.
- f Ir al teatro.
- i Escuchar música.
- e Ir a bailar.
- c Navegar por Internet.
- k Ver la tele.
- h Pasear.
- l Salir a cenar.
- g Leer.
- d Visitar museos.
- b Practicar un deporte.
- j Tocar un instrumento.

3. Escribe qué hiciste el fin de semana pasado.

Cine: ver películas de guerra, ciencia ficción, aventuras, amor, musicales, cómicas...

Teatro: obras modernas, clásicas, de ballet...

Música: clásica, *rock*, pop...

Museos: de arte, de ciencia, de historia...

Tele: un partido, una película, programas del corazón...

Deporte: jugar al tenis, hacer gimnasia...

El viernes por la tarde jugué al tenis con mi hermana y por la noche salí con unos amigos, fuimos a cenar y luego a bailar.
El sábado ....

C Gramática
Pretérito Indefinido

1a. Observa.

Pretérito Indefinido regular	
verbos en –AR	verbos en –ER y en –IR
–é	–í
–aste	–iste
–ó	–ió
–amos	–imos
–asteis	–isteis
–aron	–ieron

1b. Completa el cuadro.

Quedar	Comer	Salir
quedé	comí	salí
quedaste	comiste	saliste
quedó	comió	salió
quedamos	comimos	salimos
quedasteis	comisteis	salisteis
quedaron	comieron	salieron

2a. Pretéritos Indefinidos irregulares. Completa el cuadro.

Estar	Ir/Ser	Venir	Hacer	Querer
estuve	fui	vine	hice	quise
estuviste	fuiste	viniste	hiciste	quisiste
estuvo	fue	vino	hizo	quiso
estuvimos	fuimos	vinimos	hicimos	quisimos
estuvisteis	fuisteis	vinisteis	hicisteis	quisisteis
estuvieron	fueron	vinieron	hicieron	quisieron

Ver	Poder	Saber	Tener	Leer
vi	pude	supe	tuve	leí
viste	pudiste	supiste	tuviste	leíste
vio	pudo	supo	tuvo	leyó
vimos	pudimos	supimos	tuvimos	leímos
visteis	pudisteis	supisteis	tuvisteis	leísteis
vieron	pudieron	supieron	tuvieron	leyeron

2b. Pon los verbos de estas frases en Pretérito Indefinido.

1. Quedo con mis amigos en el parque.
   Quedé.
2. Tu padre y yo vemos el partido.
   Vimos.
3. Estoy de acuerdo contigo.
   Estuve.
4. Yo voy al gimnasio, hago *aerobic*.
   Fui.
5. El partido es a las siete y media.
   Fue.
6. Tú nunca quieres ir a ver a mis padres.
   Quisiste.
7. No puedo ir al cine.
   Pude.
8. Vemos el partido de fútbol.
   Vimos.
9. Él no tiene tiempo.
   Tuvo.

3. Completa el cuadro.

Pedir	Sentir	Dormir
pedí	sentí	dormí
pediste	sentiste	dormiste
pidió	sintió	durmió
pedimos	sentimos	dormimos
pedisteis	sentisteis	dormisteis
pidieron	sintieron	durmieron

4. Completa el cuadro.

Decir	Traer	Traducir
dije	traje	traduje
dijiste	trajiste	tradujiste
dijo	trajo	tradujo
dijimos	trajimos	tradujimos
dijisteis	trajisteis	tradujisteis
dijeron	trajeron	tradujeron

Gramática C

Preposiciones y verbos de movimiento. *COMO* y *PORQUE*

5. Forma preguntas en Pretérito Indefinido, como en el ejemplo.

1. Salir anoche (tú).
   ¿Saliste anoche?
2. Quedar para ir al cine (ustedes).
   ¿Quedaron para ir al cine?
3. Ver el partido de fútbol (vosotros).
   ¿Visteis el partido de fútbol?
4. Ir a hacer gimnasia (tú).
   ¿Fuiste a hacer gimnasia?
5. Traer las entradas de teatro (usted).
   ¿Trajo las entradas de teatro?
6. Dormir la siesta esta tarde (tú).
   ¿Dormiste la siesta esta tarde?
7. Pedir las entradas en la fila 5 (ustedes).
   ¿Pidieron las entradas en la fila 5?
8. Traducir este libro al español (usted).
   ¿Tradujo este libro al español?

6a. Observa.

Verbos de movimiento + preposiciones		
Preposiciones	Significado	Ejemplo
a	Destino o movimiento	Voy a un restaurante.
de	Origen y procedencia	Venimos de la oficina y estamos cansados.
en	Medio de transporte	¿Vamos en mi coche?
por	- Recorrido - Tránsito	Pasea por el parque todos los días. No puedes pasar por esta calle.

Observación:
Voy a casa. (Hay movimiento)
Estoy en casa / Me quedo en casa. (No hay movimiento)

6b. Escribe la preposición correcta.

1. Esta tarde nos quedamos *en* casa.
2. Yo prefiero ir *a* casa de tus padres.
3. Me gusta pasear *por* calles pequeñas.
4. ¿Estuviste *en* los Pirineos?
5. ¿Salimos *a* cenar a una pizzería?
6. No me gusta andar *por* este barrio.
7. ¡Hola! Venimos *de* el teatro.
8. ¿Vamos *a* la playa mañana?
9. ¿Cómo llegaste *a* Madrid? ¿*en* tren?
10. Salimos *de* el restaurante muy tarde.
11. ¿Dónde están tus padres? ¿*En* su casa?
12. Llegaron *de la* discoteca muy tarde.

7a. Observa.

Expresar la causa	
Información + PORQUE + causa (en medio de la frase)	COMO + causa, + información (al principio de la frase)
La película es buena *porque* es de Almodóvar.	*Como* es de Almodóvar, la película es buena.

7b. Cambia la frase como en el ejemplo.

1. No quiere jugar al tenis porque está cansado.
   Como está cansado, no quiere jugar al tenis.
2. Volvieron tarde a casa porque la película fue muy larga.
   Como la película fue muy larga, volvieron tarde a casa
3. No vamos a salir porque llueve.
   Como llueve, no vamos a salir.
4. Compra sólo cinco entradas porque Pedro no viene.
   Como Pedro no viene, compra sólo cinco entradas.
5. Prefiero pasear porque hace una buena tarde.
   Como hace una buena tarde, prefiero pasear

D Expresión oral
Expresar la opinión en una tertulia

1a. Vamos a organizar una tertulia. Completa los cuadros con argumentos, con las ventajas y los inconvenientes.

Tema 1: Hacer deporte

Ventajas	Inconvenientes
– Es sano.	– Necesitas tiempo.

Tema 2: La televisón

Ventajas	Inconvenientes
– Entretenimiento.	– Malos programas.

1b. ¿Y tú qué piensas? Mira la lista de tu compañero y expresa tu opinión.

Expresar acuerdo	Expresar desacuerdo
(Estoy) de acuerdo con que...	No estoy de acuerdo con que...
Por supuesto, es verdad que...	No tienes razón en que...
Tienes razón en que...	¡Qué va! Yo no lo veo así.

Tienes razón en que la televisión es..., pero no estoy de acuerdo con que...

1c. Ahora organizamos un debate. Con tu grupo elige uno de los temas y discútelo con tus compañeros. Toma notas de las diferentes opiniones. Presenta a la clase los resultados.

2. Elige una actividad de la página 119, y proponla a la clase.

Proponer	Responder
¿Salimos?	Muy bien.
¿Vamos a...?	Buena idea / ¡Qué buena idea!
¿Por qué no...?	Mejor vamos a...
¿Qué tal si...?	Yo prefiero...
¿Y si...?	No, no puedo. Es que...

¿Qué tal si vamos al cine?
Muy bien.
Yo también. *Yo prefiero...*
Entonces, ¿por qué no vamos a...?

3. ¿Te pasó de verdad? Explica a la clase una experiencia pasada y tus compañeros tienen que adivinar si todo lo que cuentas es verdad.

A los quince años gané un premio deportivo en mi ciudad. Mi nombre salió en los periódicos. Me dieron mucho dinero y me compré una moto.

Sí ganaste un premio, pero no salió en los periódicos.

Es verdad que salí en los periódicos. No es verdad que gané dinero.

Mundo hispano

Deportistas famosos

1. Lee los textos y completa el cuadro.

Raúl González

España. Con sólo 17 años fue el jugador de fútbol más joven en vestir la camiseta del Real Madrid, con el que lleva ganadas varias Ligas de España y Ligas de Campeones de Europa.

Arantxa Sánchez Vicario
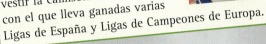
España. Ganó tres veces el torneo de *Roland Garros* (1989, 1994 y 1998) y una el *Abierto* de Estados Unidos (1994). Fue la única española capaz de ocupar durante algunas semanas, en febrero de 1995, el primer puesto en la clasificación mundial de tenis femenino.

Iván Pedroso

Cuba. Con sólo 1,77 m de altura fue campeón del mundo de salto de longitud en los *Mundiales de Atletismo* de 1995, 1996 y 1997.

Juan Carlos Ferrero

España. Empezó a jugar como tenista profesional en 1999, y en 2000 ganó la *Copa Davis* con el equipo de España. En 2003 ganó *Roland Garros* y en este año llegó al puesto nº 1 del Mundo.

Niurka Montalvo

Cuba. Nacionalizada española. Lleva ganadas varias medallas en salto de longitud en los Campeonatos Mundiales de Atletismo: plata en 1995, oro en 1999 y bronce en 2001.

Pau Gasol

España. Fue jugador del FC Barcelona de baloncesto (1999-01), uno de los equipos más fuertes de la liga ACB de España. De aquí pasó a la NBA y fue nombrado mejor jugador nuevo en su primera temporada. Con la selección española ha ganado medallas en los campeonatos de Europa y del Mundo.

Fernando Alonso

España. Empezó a correr en la *Fórmula 1* en 2001 y ya es el piloto más joven en ganar un Gran Premio (Hungría).

Miguel Induráin

España. Ciclista vencedor cinco veces del *Tour* de Francia (desde 1991 a 1995) y dos del *Giro* de Italia (1992 y 1993). También fue Campeón del Mundo y Olímpico de contrarreloj. Está considerado el mejor deportista español de todos los tiempos y uno de los grandes maestros de la historia del ciclismo mundial.

Juan Manuel Fangio

Argentina. Ganó cinco ediciones del Campeonato del Mundo de *Fórmula 1* y está considerado como el mejor piloto de todos los tiempos. Murió en 1995.

Gabriela Sabatini

Argentina. Está considerada una de las mejores tenistas sudamericanas de todos los tiempos. Ganó un total de 25 títulos, entre los más importantes el *Máster* de 1988 y el *Abierto* de Estados Unidos.

Nombre	Nacionalidad	Deporte	Triunfos
Raúl González	español	fútbol	Varias ligas de España y de Europa
Pau Gasol	español	baloncesto	Medallas en España y del mundo
Arantxa Sánchez Vicario	española	tenis	Roland Garros (3 veces) y Abierto
Fernando Alonso	español	automovilismo	Gran premio de Hungría
Iván Pedroso	cubano	atletismo	Mundiales de Atletismo (3 veces)
Miguel Induráin	español	ciclismo	Tour (5 veces) y el Giro (2 veces)
Juan Carlos Ferrero	español	tenis	Copa Davis y Roland Garros
Juan Manuel Fangio	argentino	automovilismo	Campeonato del Mundo (5 veces)
Niurka Montalvo	española y cubana	atletismo	Medallas en campeonatos Mundiales
Gabriela Sabatini	argentina	tenis	25 títulos

Síntesis
A B C D E

1. Observa estos anuncios.

a. ¿Qué actividades proponen? *Ir al cine, al teatro, salir a cenar, ir a bailar y visitar museos.*

b. Compara los horarios con los de tu país. ¿Son los mismos?

c. Organiza una tarde en Madrid según los horarios. Ahora propón el plan a un compañero. ¿Tiene él un plan mejor? ¿Estás de acuerdo con él?

Taller de Internet

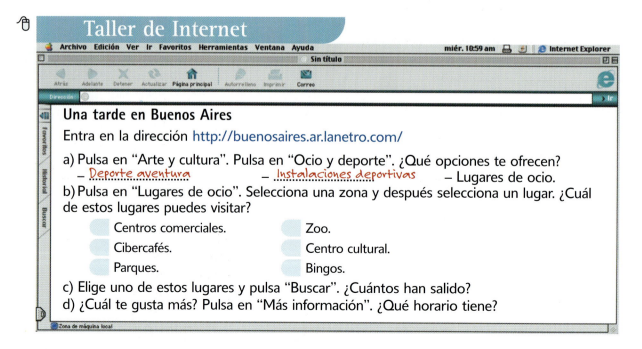

Una tarde en Buenos Aires

Entra en la dirección http://buenosaires.ar.lanetro.com/

a) Pulsa en "Arte y cultura". Pulsa en "Ocio y deporte". ¿Qué opciones te ofrecen?
— *Deporte aventura* — *Instalaciones deportivas* — Lugares de ocio.

b) Pulsa en "Lugares de ocio". Selecciona una zona y después selecciona un lugar. ¿Cuál de estos lugares puedes visitar?

- Centros comerciales.
- Cibercafés.
- Parques.
- Zoo.
- Centro cultural.
- Bingos.

c) Elige uno de estos lugares y pulsa "Buscar". ¿Cuántos han salido?

d) ¿Cuál te gusta más? Pulsa en "Más información". ¿Qué horario tiene?

Ya conoces

A B C D E

1a. Las expresiones para opinar:

Preguntar la opinión	Expresar la opinión
¿Qué opinas / piensas / crees?	Creo / opino / pienso que...
¿(A ti) qué te parece?	(A mí) me parece que...
¿Cuál es tu opinión sobre...?	Para mí... / En mi opinión...

Expresar acuerdo	Expresar desacuerdo
(Estoy) de acuerdo con que...	No estoy de acuerdo con que...
Por supuesto, es verdad que ...	No tienes razón en que...
Tienes razón en que...	¡Qué va! Yo no lo veo así.

1b. Y para proponer y responder a una propuesta:

Proponer una actividad	Responder
¿Salimos? ¿Vamos a...?	Muy bien. / Perfecto.
¿Por qué no...?	Mejor vamos a...
¿Qué tal si...?	Yo prefiero...
¿Y si...?	No, no puedo. Es que...

2a. Los deportes: el atletismo, el baloncesto, el balonmano, el esquí náutico, el fútbol, la gimnasia, el golf, la natación, el piragüismo, el tenis, etc.

2b. Y las actividades de tiempo libre: bailar, escuchar música, ir a bailar, ir al cine, ver películas, ir al teatro, leer, navegar por Internet, pasear, practicar deporte, tocar un instrumento, ver en la tele, visitar museos, etc.

3a. Los verbos regulares en Indefinido:

Pretérito Indefinido regular	
verbos en –AR	verbos en –ER y en –IR
–é	–í
–aste	–iste
–ó	–ió
–amos	–imos
–asteis	–isteis
–aron	–ieron

3b. Los irregulares:

Poder	Pud-	–e
Saber	Sup-	–iste
Tener	Tuv-	–o
Estar	Estuv-	–imos
Querer	Quis-	–isteis
Venir	Vin-	–ieron
Hacer	Hic/z	

Decir	Dij-	–e
Traer	Traj-	–iste
Traducir	Traduj-	–o
		–imos
		–isteis
		–eron

13 Siempre llega tarde

Hablar por teléfono

Objetivos

- Aprender a concertar citas.
- Hablar de hechos recientes.
- Saber expresar la frecuencia.
- Aprender a disculparse y a poner excusas.
- Iniciar una conversación telefónica.
- Saber escribir mensajes SMS.
- Estudiar el acento de intensidad y entonación de las palabras.
- Aprender el léxico para relatar los hechos cotidianos, las fechas y los horarios.
- Aprender las expresiones básicas de una conversación telefónica.
- Estudiar el Participio y el Pretérito Perfecto.
- Conocer los Participios irregulares más habituales.
- Reconocer las diferencias entre el Pretérito Indefinido y el Pretérito Perfecto.
- Aprender a usar el verbo *SOLER* y las expresiones de frecuencia.
- Conocer las ciudades hispanas Patrimonio de la Humanidad.

Desarrollo de las secciones

El título "Siempre llega" tarde da al alumno una pista de lo que va a suceder en la unidad. Empieza ésta con la audición de un diálogo en dos partes. En la primera se pide al alumno que escuche el diálogo y que lo complete con las expresiones que están en el recuadro. El alumno tiene que oírlas y entenderlas para situarlas en el contexto del diálogo, lo que le permitirá alcanzar una comprensión global.

Antes de pasar a la audición de la segunda parte del diálogo, se pide al alumno que lea cuatro mensajes escritos para ayudarle a entender la línea general y poder memorizar la acción. En la audición el alumno tiene que asociar los mensajes con la parte del diálogo correspondiente.

Ficha de información — El teléfono móvil

El teléfono móvil o simplemente "el móvil" (o *el celular*, en América Latina) tiene como funciones más habituales las siguientes:
- Mensaje de texto (SMS). Mensaje corto escrito.
- Agenda: lista de teléfonos grabada en el móvil.
- Llamadas perdidas: llamadas que no han podido ser contestadas.
- Manos libres: sistema para hablar por teléfono sin tomarlo con la mano.

Comprensión y práctica

"Comprensión y practica" es una sección pensada no sólo para ayudar a entender el detalle del diálogo de entrada, sino que también favorece la apropiación de palabras y expresiones relativas a la comunicación telefónica.

Los primeros ejercicios siguen siendo de discriminación de palabras y frases que permiten formar el oído y afianzar el *savoir-faire* de la comprensión auditiva.

A continuación se inicia el estudio pormenorizado del acento tónico. El alumno ya ha tenido la ocasión de observar el lugar primordial que ocupa el acento de intensidad en una palabra. Cabe ahora darle las reglas que le permitan identificarlo y ponerlo en práctica. A partir de este momento, el profesor no dejará pasar una ocasión sin recordar a los alumnos tales reglas, sobre todo cuando se produce un desplazamiento del acento, pues no se trata sólo de una cuestión de pronunciación para darse a entender, sino que es ante todo la necesidad de formar el oído y progresar en la comprensión.

Ficha de información	El acento de intensidad

Normalmente, todas las palabras tienen una sílaba tónica, pero hay palabras que tienen dos sílabas tónicas:
– Muchas palabras compuestas: *bienvenido* *enhorabuena*
– Los adverbios acabados en *–mente*: *amablemente* *felizmente*

Hay palabras que se pronuncian sin acento de intensidad cuando acompañan a otras:
– Artículos y posesivos átonos: *el coche* *mi mesa*
– Pronombres personales de complemento: *te vio* *nos acompañó*
– Preposiciones y conjunciones: *de viaje* *alojamiento y desayuno*

Los ejercicios que siguen son conversaciones telefónicas y diálogos que el alumno tiene que escuchar, ordenar o completar según los casos.

En la sección "A la escucha" siempre se proponen mensajes en situación de vida cotidiana en el país o de comunicación con hispanohablantes. Esta vez se le hace escuchar al alumno los mensajes grabados de un contestador y se le pide que tras varias audiciones conteste a las preguntas que se le hacen.

Sugerencia: El profesor puede pedir a los alumnos que, en grupo o individualmente, redacten diferentes mensajes para dejarlos en el contestador imitando el modelo que acaban de oír. Unos pueden elaborar mensajes salientes (los que deja el propietario del contestador para decir que no está en casa) y otros, mensajes entrantes (los que dejan los interlocutores que llaman).

Léxico

Para poder hablar de los hechos cotidianos, esta sección nos propone el léxico de acciones habituales y en particular palabras que tienen relación con la comunicación telefónica.

Los tres primeros ejercicios tienen como punto de partida unas imágenes y el alumno tiene que encontrar el verbo que corresponde a las acciones ilustradas. A continuación, a partir de una grabación, debe poner en orden estas ilustraciones.

Sigue un ejercicio de contraste de acontecimientos para ampliar los contenidos léxicos.

En la segunda parte se pide al alumno que relacione frases y expresiones de una conversación telefónica con su explicación y su significado, con el objetivo de entenderlas y asimilarlas. Una vez entendidos estos exponentes funcionales, en el último ejercicio se le solicita que los utilice correctamente en un contexto completando una conversación telefónica con las frases apropiadas que acaba de aprender en el ejercicio anterior.

13

 Sugerencia: El profesor siempre tiene la posibilidad de ampliar el vocabulario propuesto para responder a las necesidades peculiares de los alumnos y fomentar la espontaneidad de comunicación del grupo.

 Sugerencia: Si el profesor lo cree conveniente, puede realizar un ejercicio para practicar sólo los exponentes funcionales de "quedar, concertar citas".

Relaciona las preguntas con las respuestas.

a. ¿Quedamos?
b. ¿Quedamos a las 6?
c. ¿Dónde quedamos?
d. ¿A qué hora quedamos?

1. A las 7.
2. En la puerta del cine Tívoli.
3. Muy bien. / Vale. / No puedo.
4. No, mejor a las 6 y media.

Gramática

La primera parte de la sección gramatical está centrada sobre el Pretérito Perfecto. Se empieza por el estudio del Participio regular e irregular, seguido del estudio del paradigma del Pretérito Perfecto. Los ejercicios siguientes centran su finalidad en la utilización de este tiempo en contextos apropiados.

Después de estos ejercicios sistemáticos, se estudia el uso del Pretérito Perfecto con las palabras *ya* o *todavía / aún + no*. Sirven para hacer referencia a acciones esperadas: con el adverbio *ya* se expresa que dicha acción se ha realizado y con *todavía / aún no* se indica que la acción no se ha realizado, pero se va a realizar.

La segunda parte gramatical gira en torno al contraste Pretérito Perfecto y Pretérito Indefinido. Es un punto fundamental de la gramática que presenta grandes dificultades para los estudiantes extranjeros. Mejor que estudiarlo bajo el prisma de la teoría, se trabaja aquí con las expresiones propias que acompañan cada tiempo. No obstante, el profesor puede recordar las reglas que rigen el uso de estos tiempos.

Ficha de información — El Pretérito Perfecto

El Pretérito Perfecto se llama también Pretérito Perfecto Compuesto. Usos:
- Para hablar de acciones o sucesos pasados situados en una unidad de tiempo no terminada o que el hablante siente próximos al presente. Por eso se usa con marcadores temporales como *hoy, esta semana, este mes, hace un rato...*
Hoy he llegado tarde a trabajar.
- Para expresar experiencias o actividades pasadas realizadas en un pasado sin determinar.
He conocido a tu marido.
- Para hablar o preguntar sobre experiencias personales, con marcadores como *ya, aún / todavía no, alguna vez, nunca...*
¿Has estado alguna vez en España? No, todavía no he viajado a España.

La sección gramatical se termina con el estudio del verbo *SOLER* y las expresiones de frecuencia y se propone al alumno que las utilice en minidiálogos que debe inventar a partir de ilustraciones que figuran en el libro.

13

Expresión oral

Los ejercicios 1, 2 y 3 conducen al uso de los marcadores de frecuencia con los verbos en Presente. El cuadro que acompaña al ejercicio 1a propone una serie de actividades de actualidad, pero el profesor puede pedir a los alumnos que sean ellos mismos los que inventen otras actividades que se realizan habitualmente en el entorno social en que se mueven.

Ficha de información — Expresar el número de personas

En una actividad de grupo en la que un alumno se erige como representante y portavoz, muchas veces tiene que utilizar expresiones para referirse a un determinado número de personas y hacer balance. El profesor puede proporcionar el siguiente vocabulario:

(Casi) todos	*Muchos*	*(Muy) pocos*
La mayoría	*Algunos*	*(Casi) nadie*

Con la actividad 4, el profesor debe aprovechar la oportunidad para que los estudiantes asimilen correctamente el uso del Pretérito Perfecto si así lo considera conveniente. No olvidemos que muchos hispanohablantes utilizan sólo el Pretérito Indefinido para todos los casos.

El último ejercicio se plantea como un juego. Para su mejor desarrollo, la clase puede dividirse en parejas y que sea el dado el que decida qué conversación telefónica debe mantener cada una. Aunque otra opción es que el profesor sortee entre todos las seis conversaciones y dé unos minutos a los alumnos para que las preparen.

Mundo hispano

El "Mundo hispano" de esta unidad aborda un tema muy interesante desde el punto de vista cultural: las ciudades de habla hispana elegidas Patrimonio de la Humanidad. Si algún alumno conoce alguna de ellas es una gran oportunidad para pedirle que hable de sus experiencias personales.

Sugerencia: Con el fin de amenizar la clase, el profesor puede llevar los mapas de España y América Latina y pedir a los alumnos que localicen todas las ciudades. La editorial Edelsa dispone en su catálogo de un **Mapa de Hispanoamérica** muy completo.

La sección combina actividades de comprensión auditiva y lectora. Pero también propone un último ejercicio de investigación, pues ofrece unas direcciones de Internet muy interesantes para visitar.

Síntesis

No existe duda de la acción motivadora que supone un cómic desde el punto de vista pedagógico. En esta última sección de la unidad, proponemos una pequeña historieta que pone en práctica de forma resumida los contenidos funcionales de la unidad: quedar, poner excusas, disculparse, hablar por teléfono y expresar estados físicos y de ánimo. Es fácil que el alumno los identifique en los diálogos.

Taller de Internet

El contacto con otras personas en Internet es una de las actividades más interesantes que ofrece la Red. Con esta actividad se fomenta la posibilidad de que el estudiante entable relaciones con interlocutores de habla hispana en todo el mundo.

13 Siempre llega tarde

1. Escucha y completa el texto con una de las expresiones.

¿Cómo quedamos? – Soy yo. – Lo siento. – ¡Dígame! – A las 7 en... – ¿Está Bea? – Es que...

• Al teléfono

BEA: ¡Dígame (1)
SOLE: ¿Está Bea (2), por favor?
BEA: Hola, Sole. Soy yo (3)
SOLE: ¡Ah, hola Bea! Mira, hemos quedado para ir al cine esta tarde, ¿venís?
BEA: ¿Al cine? Lo siento (4), no podemos. Es que (5) mi marido trabajó ayer todo el día y llegó muy tarde a casa. Está descansando.
SOLE: Pues ven tú. Él puede unirse a nosotros a la salida, ¿no?
BEA: Es verdad. ¿Cómo quedamos? (6)
SOLE: A las 7 en (7) la puerta del Tívoli. La sesión empieza a las siete y cuarto.
BEA: Muy bien. Luego nos vemos.

2. Lee estos mensajes, escucha el resto del diálogo y di qué mensajes corresponden con el diálogo.

1. ✗ He salido tarde de casa, estoy en un atasco en la Gran Vía, lo siento.
2. ¿Has llegado a tiempo?
3. ✗ No te esperamos más. Nos vemos luego.
4. Ya estamos todos. Te esperamos 5 minutos y luego entramos.

Comprensión y práctica A
Quedando con amigos

1a. Marca la respuesta correcta.

1. ☒ Bea habla con Sole.
   ☐ El marido de Bea habla con Sole.

2. ☒ Bea va al cine con su marido.
   ☐ Bea va al cine con sus amigos.

3. ☒ Han quedado a las 7.
   ☐ Han quedado a las 7 y cuarto.

4. ☐ Pedro viene en metro.
   ☒ Pedro viene en coche.

5. ☒ Pedro escribe un mensaje a José Carlos.
   ☐ Pedro escribe un mensaje a Sole.

6. ☒ Hay dos conversaciones telefónicas.
   ☐ Hay una conversación telefónica.

1b. ¿Qué oyes?

1. ☒ Llegó muy tarde.
   ☐ Llego muy tarde.

2. ☒ Está descansando.
   ☐ Está descansado.

3. ☐ Pues ve tú.
   ☒ Pues ven tú.

4. ☒ Pedro suele llegar tarde.
   ☐ Pedro puede llegar tarde.

5. ☐ Oyes fiesta.
   ☒ Hoy es fiesta.

6. ☐ ¿Qué has escrito?
   ☒ ¿Qué le has escrito?

2a. Escucha y di qué palabra oyes.

> En español la sílaba tónica es variables. Esto diferencia palabras.
> *tarde / tardé*

a. ☒ Llego   c. ☐ Trabajo
   ☐ Llegó   ☒ Trabajó

b. ☐ Esta   d. ☒ Atasco
   ☒ Está   ☐ Atascó

2b. Escucha y subraya la sílaba tónica.

> RECUERDA:
> • Si la palabra lleva acento escrito, esa es la sílaba tónica.
> *¡Dígame!*
> • Si la palabra no lleva acento escrito, la sílaba tónica es:
> a) La penúltima si la palabra termina en vocal, n o s.
> *Hola   Trabajo*
> b) La última si la palabra acaba en consonante, excepto n o s.
> *Verdad   Favor*

a. Te<u>lé</u>fono   g. Lle<u>gar</u>
b. <u>Ci</u>ne   h. Reci<u>bi</u>do
c. Ve<u>nís</u>   i. Men<u>sa</u>je
d. <u>A</u>yer   j. Respon<u>der</u>
e. Descan<u>san</u>do   k. <u>Fies</u>ta
f. Se<u>sión</u>   l. En<u>tra</u>mos

Comprensión y práctica

3. Escucha y ordena esta conversación.

5 a. No está. Puedes llamarla a su móvil.
3 b. ¿De parte de quién?
2 c. ¿Está Claudia, por favor?
7 d. ¡Ah! ¿Le digo algo de tu parte?
1 e. ¿Sí? ¡Dígame!
6 f. Ya la he llamado, pero sale el contestador.
10 g. Gracias. Adiós.
8 h. No, es igual, la llamo después.
4 i. De Olga.
9 j. Muy bien, pues hasta luego.

2
¿Sí?
¿Está Alba, por favor?
¿De parte de quién, por favor?
De Juan Ruiz.
Sí, ahora se pone.
Gracias.

3
¡Dígame!
¿Diego?
No, se ha equivocado.
Ah, perdón.

4. Completa los diálogos con las frases del recuadro.

a. Sí, ahora se pone.	d. ¿De parte de quién, por favor?
b. No, se ha equivocado.	e. Lo siento, en este momento no está.
c. Gracias.	f. ¡Diga!

1
¡Diga!
¿Está Pedro?
Lo siento, en este momento no está.
Ah, bueno. Pues llamo luego.

5. Escucha la conversación telefónica entre José Carlos y Pedro, y complétala.

JOSÉ CARLOS: Es Pedro. ¡......Sí......!
PEDRO: ......Oye......, José Carlos, ya he aparcado el coche, llego en un minuto.
JOSÉ CARLOS: ¿..Dígame..? ..No oigo.. nada.
PEDRO: José Carlos, ¿..Me oyes..? ......Soy...... Pedro.
JOSÉ CARLOS: Nada, se ..no se oye... Vamos a entrar en el cine. No esperamos más.

Escucha este contestador automático y responde a las preguntas.

a. ¿Cuántos mensajes nuevos hay? ......Dos......
b. ¿De qué día y mes son los mensajes? ...Del día 30 de julio...
c. ¿De quién es el contestador? [X] Inés. [ ] Luisa. [ ] Una agencia de viajes.
d. ¿Qué tiene que hacer la persona que escucha el mensaje? Marca todas las respuestas correctas.
[ ] Llamar a Inés. [ ] Esperar una nueva llamada de Inés.
[ ] Llamar a Luisa. [X] Esperar una nueva llamada de Luisa.
[X] Llamar a la agencia de viajes. [ ] Esperar una nueva llamada de la agencia.

A la escucha

Léxico B

Acciones habituales. Hablar por teléfono

1a. ¿Qué hace este personaje? Escribe las acciones.

A. se acuesta (6)
B. come (2)
C. ve la tele (3)
D. va al cine (4)
E. cena
F. toma un café
G. Sale de trabajar (5)
H. desayuna
I. se levanta (1)

1b. Santiago trabaja por la noche. Escucha qué ha hecho y ordena las ilustraciones anteriores.

1c. Escucha otra vez y marca qué ha hecho y qué no ha hecho hoy.

	Ha hecho	No ha hecho
1. Se ha levantado.	✓	
2. Ha comido.	✓	
3. Ha visto la televisión.	✓	
4. Ha ido al cine.		✓
5. Ha cenado.	✓	
6. Ha ido a trabajar.	✓	
7. Ha salido una hora más tarde.	✓	
8. Ha tomado un café con sus compañeros.		✓
9. Ha vuelto a casa.	✓	
10. Ha desayunado.	✓	
11. Se ha acostado.	✓	

2a. Relaciona.

EXPRESIÓN		SIGNIFICADO
a. ¿A qué hora?	8	1. Decir la hora y el lugar de la cita.
b. Soy Enrique Sanz.	6	2. Preguntar por alguien.
c. Lo siento.	4	3. Decir que la persona va a hablar.
d. ¿Dígame?	7	4. Pedir perdón.
e. A las 4:30 en...	1	5. Poner una excusa.
f. ¿Quiere dejarle un recado?	11	6. Identificarse.
g. ¿Está el señor Vilanova?	2	7. Contestar al teléfono.
h. Es que no puedo.	5	8. Preguntar la hora de la cita.
i. No, se ha equivocado.	12	9. Preguntar quién llama.
j. ¿De parte de quién, por favor?	9	10. Decir que la persona no está.
k. El señor Vilanova no está.	10	11. Dejar un mensaje.
l. Sí, ahora se pone.	3	12. Decir que el número es incorrecto.

2b. Completa esta conversación telefónica con algunas frases anteriores.

● Compañía de Informes, ¿_Dígame_?
○ Buenas tardes. ¿Está el señor Vilanova?
● ¿_De parte de quién_? por favor?
○ De Enrique Sanz, del Banco de Barcelona.
● _Lo siento_, el señor Vilanova no está. ¿Puede llamar más tarde?
○ _Es que no puedo_, voy a tomar el avión en este momento.
● ¡Ah! Entonces, ¿_Quiere dejarle un recado_?
○ Sí, pregúntele si podemos vernos mañana por la tarde.
● ¿_A qué hora_?
○ A las 4:30 en el banco.
● Muy bien. Yo se lo digo.
○ Muchas gracias. Adiós.

C Gramática
Pretérito Perfecto

1a. Observa.

Participio regular	
Verbos en –AR	Verbos en –ER, –IR
radical + –ADO	radical + –IDO
(hablar – hablado)	(beber – bebido)
	(vivir – vivido)
Algunos participios irregulares	
abrir: abierto	poner: puesto
decir: dicho	romper: roto
escribir: escrito	ser: sido
hacer: hecho	ver: visto
morir: muerto	volver: vuelto

1b. Escribe el participio.

a. Tener: tenido
b. Dar: dado
c. Decir: dicho
d. Pedir: pedido
e. Quedar: quedado
f. Querer: querido
g. Dormir: dormido
h. Ver: visto
i. Romper: roto
j. Devolver: devuelto
k. Hacer: hecho
l. Responder: respondido

2a. Observa y completa el cuadro.

Pretérito Perfecto
Presente del verbo HABER + Participio

	Hablar	Beber	Vivir
Yo	he hablado	he bebido	
Tú	has hablado	has bebido	
Él, ella, usted			
Nosotros, as			
Vosotros, as			
Ellos, ellas, ustedes			

2b. Sigue el ejemplo.

a. Ver (vosotros) — Habéis visto
b. Hacer (yo) — he hecho
c. Estar (ustedes) — han estado
d. Llegar (usted) — ha llegado
e. Recibir (tú) — has recibido
f. Ir (ella) — ha ido
g. Decir (nosotras) — hemos dicho

2c. Completa las frases con los verbos del recuadro en Pretérito Perfecto.

decir – empezar – esperar – ir – llamar – oír – quedar – responder – tomar – dejar – recibir

1. ¿Ha **empezado** la película?
2. No (yo) **he quedado** con Pedro porque está trabajando.
3. ¿(Tú) **has llamado** a Carolina por teléfono?
4. (Yo) **he dejado** un mensaje en el contestador.
5. Primero (nosotras) **hemos tomado** el metro y después un autobús.
6. Te (ellos) **han esperado** hasta las cinco y después se **han ido**.
7. (Yo) **he recibido** un e-mail, pero no **he respondido**.
8. ¿Qué (él) **ha dicho**? No lo sé, no lo (yo) **he oído**.

3. Observa y forma frases como en el ejemplo.

YA: indica que una acción esperada se ha realizado.
Ya he quedado con Jaime.

TODAVÍA / AÚN + NO: indica que una acción esperada no se ha realizado, pero la intención es realizarla.
Todavía no he quedado con Jaime.

1. ¿Echarse / siesta / tú?
   ¿Ya te has echado la siesta?
   ¿Todavía no te has echado la siesta?
2. Llegar / a casa / ella
   ¿Ya ha llegado a casa? / ¿Todavía no ha llegado a casa?
3. Responder / al mensaje / ustedes
   ¿Ya han respondido al mensaje? / ¿Todavía no han respondido al mensaje?
4. ¿Recibir / la llamada / vosotros?
   ¿Ya habéis recibido la llamada? / ¿Todavía no habéis recibido la llamada?

Gramática C

Contraste Perfecto e Indefinido. El verbo *SOLER*

4. Observa y contesta a las preguntas con el Pretérito Perfecto o el Pretérito Indefinido.

Pretérito Perfecto	Pretérito Indefinido
– Se usa con hoy, esta mañana, esta semana, este mes, últimamente, hace un rato... *Esta mañana me he levantado pronto.*	– Se usa con ayer, el otro día, la semana pasada, el mes pasado, en julio, en 1980, hace dos meses... *El año pasado estuve en los Andes.*
* En América Latina y en algunas partes de España se utiliza en los dos casos el Indefinido: *Hoy me levanté pronto.*	
– También expresa acciones pasadas sin especificar cuándo se realizaron. *¿Has estado en España?*	– Se usa en las biografías para contar hechos. *Neruda nació en Chile, escribió poemas y recibió el Premio Nobel.*

1. • ¿Has visto la última película de Almodóvar?
   ○ Sí, la *vi* hace un mes.
2. • ¿Has comido alguna vez churrasco?
   ○ Sí, lo *comí* cuando *estuve* en Argentina el año pasado.
3. • ¿Habéis visto a Pedro?
   ○ Sí, lo *he visto* hace un rato en la Gran Vía.
4. • ¿Has telefoneado a Isabel?
   ○ Sí, la *he telefoneado* esta mañana a su oficina.
5. • ¿Han venido tus amigos cubanos?
   ○ Sí, *vinieron* ayer por la mañana.
6. • ¿Has quedado con Elvira?
   ○ Sí, *he quedado* con ella hoy a las 9 y media.
7. • ¿Habéis escrito a vuestros padres?
   ○ Sí, les *escribimos* el otro día.

5. Completa el cuadro y después inventa minidiálogos para cada imagen, como en el ejemplo.

Expresar frecuencia	
+	siempre
	casi siempre
	generalmente / normalmente
	a menudo
	a veces
	casi nunca (no + verbo + casi nunca)
–	nunca (no + verbo + nunca)

Presentes del verbo *SOLER*	
Yo	suelo
Tú	*sueles*
Él, ella, usted	*suele*
Nosotros, as	*solemos*
Vosotros, as	*soléis*
Ellos, ellas, ustedes	*suelen*

- ¿Sueles llamar por teléfono o escribir mensajes?
- ○ Casi siempre llamo por teléfono.

D Expresión oral
Quedar. Hablar por teléfono

1a. Infórmate con qué frecuencia tus compañeros hacen estas actividades.

Quedan con...	
Hablan por teléfono con...	
Escriben *e-mail* a...	sus amigos/as.
Chatean en Internet con...	
Escriben mensajes SMS a...	
Escriben cartas a...	

¿Sueles quedar con amigos?
Sí, varias veces a las semana.
¿Y sueles escribirles cartas?
No, nunca.

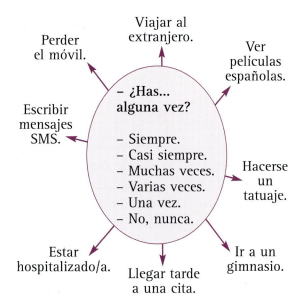

Viajar al extranjero.
Perder el móvil.
Ver películas españolas.
Escribir mensajes SMS.
– ¿Has... alguna vez?
– Siempre.
– Casi siempre.
– Muchas veces.
– Varias veces.
– Una vez.
– No, nunca.
Hacerse un tatuaje.
Estar hospitalizado/a.
Llegar tarde a una cita.
Ir a un gimnasio.

Yo nunca he perdido el móvil. Pero he estado hospitalizado varias veces. La última vez fue en 1999 por una apendicitis.

1b. Ahora uno del grupo expone a la clase los resultados.

En mi grupo, todos quedan con sus amigos, la mayoría una o dos veces a la semana. Pero ninguno...

2. Cuenta qué sueles hacer los fines de semana.

3. ¿Has tenido alguna de estas experiencias? Habla con tus compañeros e infórmate.

¿Has viajado alguna vez al extranjero?
Sí, muchas veces. He estado en...
¿Cuándo fue la última vez que estuviste en...?

4. Tira el dado y escenifica la llamada con tu compañero.

El juego del teléfono

1. Llamas a un amigo/a. No está en casa pero su hermano/a anota tu mensaje.
2. Invitas a un amigo/a a una fiesta mañana pero no puede ir porque está enfermo/a.
3. Llamas a la consulta del médico, para pedir una cita.
4. Llamas a un amigo/a. Te has equivocado y confirmas el número con la persona.
5. Llamas a un amigo/a para quedar. Tú prefieres el viernes por la tarde, pero él/ella sólo puede el sábado al mediodía.
6. Llamas al banco. Quieres hablar con el director/a pero no está. Dices que vas a llamar más tarde.

Mundo hispano

Ciudades Patrimonio de la Humanidad

1. Escucha esta noticia de radio y responde a las preguntas.

a. ¿Qué significa ser Patrimonio de la Humanidad? ¿Qué organismo internacional elige las ciudades Patrimonio de la Humanidad?
   Tener mucha importancia desde el punto de vista histórico y artístico.
   UNESCO (Organización de las Naciones Unidas para la Educación, la Licencia y la Cultura.

b. ¿Dónde están Valparaíso y Panamá Viejo?
   Valparaíso en Chile y Panamá Viejo en Panamá.

c. ¿Qué país de habla hispana tiene más ciudades Patrimonio de la Humanidad?
   España.

d. Escucha otra vez la noticia de radio y localiza en los mapas de este libro todas las ciudades Patrimonio de la Humanidad.

e. ¿Hay alguna ciudad en tu país declarada Patrimonio de la Humanidad?

2. Lee estos textos y relaciónalos con las imágenes. ¿Qué ciudad te gusta más para unas vacaciones? ¿Por qué?

Sucre

Sucre es sin lugar a dudas una de las ciudades más bellas de Sudamérica. Es conocida también como la "Ciudad Blanca", con hermosos edificios neoclásicos y magníficas iglesias coloniales. Paseando por el centro de la ciudad se puede disfrutar de la bella "Plaza del 25 de Mayo" y a su alrededor, la Catedral, el Palacio del Gobierno, la Alcaldía y la famosa "Casa de la Libertad", lugar donde se declaró la independencia de Bolivia en 1825.

A

Monumento a Colón y primeros edificios coloniales de América.

Trinidad de Cuba

Es un lugar por donde no pasa el tiempo, es una ciudad-museo donde se respira el ambiente colonial gracias a sus coloridos edificios neoclásicos y barrocos y a las ricas tradiciones que corren de boca en boca, desde los tiempos de piratas. Pero Trinidad tiene también playas de ensueño, impresionantes saltos de agua y una de las mayores zonas montañosas del Caribe.

Catedral y calles blancas.

B

Santo Domingo

Es una ciudad mezcla de la sofisticación del mundo moderno y del encanto del viejo mundo. Esta ciudad cosmopolita gusta por su divertida vida nocturna y sus atractivas opciones de compras, todo en el marco de un patrimonio histórico único en América Latina. Sus calles toman vida a todas horas, y son el sitio de encuentro de dominicanos y visitantes.
Esta es una ciudad con la primera catedral del Nuevo Mundo, el primer fuerte, monasterio, hospital, universidad, calle y palacio.

C

Calle barroca y colonial.

Puedes encontrar información sobre algunas de estas ciudades en estas direcciones de Internet:

www.ciudadespatrimonio.org   www.ciudadesmexicanaspatrimonio.org   www.patrimonio-mundial.com

Síntesis
A B C D E

1. Lee la historieta y contesta a las preguntas.

a. ¿Qué planes le proponen a Luis?
Ir al cine, a una fiesta, a un cumpleaños, salir.

b. Escribe todas las excusas de Luis.

c. Al final del día, ¿qué ha hecho Luis? *Ha estudiado, ha recogido la casa, ha cuidado a su abuelo, ha visto a su madre.*

d. En la viñeta 3 Luis habla por teléfono con Carlos. Imagina qué dice Carlos y escribe la conversación completa.

e. ¿Por qué cree Luis que ha terminado su juventud? ¿Y tú? ¿Crees que quedar con los amigos es sólo una actividad de los jóvenes?

Taller de Internet

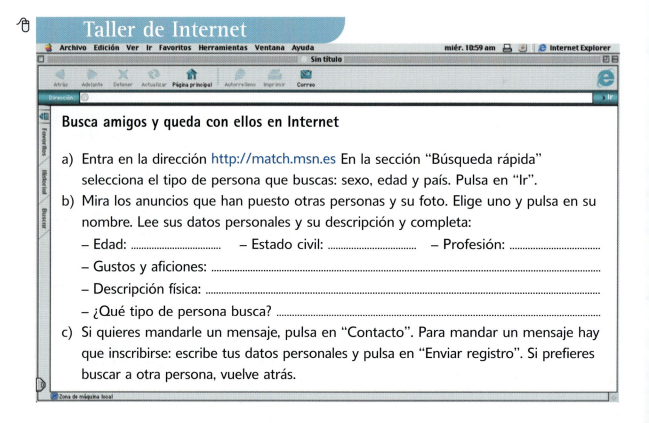

Busca amigos y queda con ellos en Internet

a) Entra en la dirección http://match.msn.es En la sección "Búsqueda rápida" selecciona el tipo de persona que buscas: sexo, edad y país. Pulsa en "Ir".

b) Mira los anuncios que han puesto otras personas y su foto. Elige uno y pulsa en su nombre. Lee sus datos personales y su descripción y completa:
  – Edad: .... – Estado civil: .... – Profesión: ....
  – Gustos y aficiones: ....
  – Descripción física: ....
  – ¿Qué tipo de persona busca? ....

c) Si quieres mandarle un mensaje, pulsa en "Contacto". Para mandar un mensaje hay que inscribirse: escribe tus datos personales y pulsa en "Enviar registro". Si prefieres buscar a otra persona, vuelve atrás.

Ya conoces
A B C D E

1a. Las expresiones para hablar por teléfono:

Significado	Expresión
Contestar al teléfono.	¿Dígame?
Preguntar si está alguien.	¿Está el señor...?
Preguntar quién llama.	¿De parte de quién, por favor?
Identificarse.	Soy...
Decir que la persona va a hablar por teléfono.	Sí, ahora se pone.
Decir que la persona no está.	El señor... no está.
Dejar un recado o un mensaje.	¿Quiere dejarle un mensaje?
Decir que el número es incorrecto.	No, se ha equivocado.

1b. Y para hablar de la frecuencia:

¿Sueles + infinitivo?	(Casi) siempre Generalmente / Normalmente A menudo A veces (Casi) nunca	Una vez al día / semana / mes Varias veces al día / semana Todos los días / semanas / meses Cada día / semana / mes

2. Las acciones habituales: levantarse de la cama, desayunar, trabajar, tomar un café, comer, volver a casa, ir al cine, cenar, ver la televisión, acostarse, etc.

3a. Los Participios:

Participio regular	
Verbos en –AR	Verbos en –ER, –IR
radical + –ADO	radical + –IDO
(hablar – hablado)	(beber – bebido) (vivir – vivido)

3b. Los verbos en Pretérito Perfecto:

Pretérito Perfecto		
Presente del verbo HABER + Participio		
Hablar	Beber	Vivir
he hablado	he bebido	he vivido
has hablado	has bebido	has vivido
ha hablado	ha bebido	ha vivido
hemos hablado	hemos bebido	hemos vivido
habéis hablado	habéis bebido	habéis vivido
han hablado	han bebido	han vivido

3c. El contraste entre el Perfecto y el Indefinido:

Pretérito Perfecto	Pretérito Indefinido
– Se usa con hoy, esta mañana, esta semana, este mes, últimamente, hace un rato... *Esta mañana me he levantado pronto.*	– Se usa con ayer, el otro día, la semana pasada, el mes pasado, en julio, en 1980, hace dos meses... *El año pasado estuve en Los Andes.*
– También expresa acciones pasadas sin especificar cuándo se realizaron. *¿Has estado en España?*	– Se usa en las biografías para contar hechos. *Neruda nació en Chile, escribió poemas y recibió el Premio Nobel.*

14 Llevaba casco, menos mal

Describir un accidente

Objetivos

- **Aprender a hablar de acciones habituales en el pasado.**
- **Saber describir personas y lugares en pasado.**
- **Estudiar la entonación del grupo fónico.**
- **Aprender el léxico relativo al coche y las señales de tráfico.**
- **Estudiar el Pretérito Imperfecto.**
- **Reconocer las diferencias de uso entre el Pretérito Imperfecto y el Indefinido.**
- **Conocer algunos inventos e inventores españoles.**

Desarrollo de las secciones

El subtítulo de esta unidad, "Describir un accidente", está extraído, como en las demás ocasiones, del *Cuaderno de Refuerzo*. Su función es poner de forma explícita el acto de habla que el estudiante tiene que aprender a realizar con el estudio de la unidad. Por otro lado, la frase "Llevaba casco, menos mal" es utilizada por uno de los protagonistas del diálogo de entrada para describir un accidente en el que se vio inmerso, para lo cual el uso del Pretérito Imperfecto se hace imprescindible.

El documento auditivo, que no aparece transcrito, es una conversación entre un oficinista de una compañía de seguros de automóviles y un conductor que desea dar un parte de accidente. La explotación previa de este diálogo se realiza a través de una sola actividad, completar el parte, en el cual ya figuran muchos de los datos que los personajes mencionan y que, por consiguiente, serán una inestimable ayuda para que el estudiante entienda el significado global de la audición.

Además, con este ejercicio se repasan algunos contenidos funcionales y léxicos que serán de gran utilidad para el resto de la unidad: hablar de datos personales, describir objetos y repasar los números.

Comprensión y práctica

Tras una primera actividad que sirve para comprobar el grado de comprensión del texto que el estudiante ha alcanzado, se presenta una variante significativa del habitual ejercicio que lleva por consigna "¿Qué oyes?". Con él se pretende repasar la diferencia entre la entonación de una frase afirmativa y una interrogativa. El énfasis que los autores de *ECO* ponemos en la pronunciación y la entonación en las primeras etapas del proceso enseñanza–aprendizaje del español, nos lleva a considerar como un aspecto fundamental la formación del oído a las pausas, a las diferentes partes en que se divide el discurso y a la entonación que lleva cada una. En estas tres últimas unidades que nos quedan, profundizaremos en la entonación del grupo fónico.

Ficha de información — El grupo fónico

La frase se divide en grupos fónicos, que son partes del discurso que están entre dos pausas. El grupo fónico puede tener entre 5 y 10 sílabas.
Toqué el claxon | pero el camión no se movía. (Frase con 2 grupos fónicos)

Las palabras de un grupo fónico se pronuncian seguidas y sin pausa.

Dentro de la frase, cada palabra mantiene su acento de intensidad en la misma sílaba, pero se subordina al acento principal del grupo fónico. Recordemos, además, que hay palabras sin acento de intensidad y que se unen obligatoriamente a la palabra siguiente con sílaba tónica (los números indican el menor-1 - o mayor –3- grado de intensidad).
Toqué el claxon | pero el camión no se movía.
 1 3 1 2 1   1 1 1 1 2   2 1 1 31

La entonación del grupo fónico tiene básicamente dos formas:

Descendente
(Frase afirmativa)

Ascendente
(Frase interrogativa)

Los últimos ejercicios de esta sección sirven para contextualizar mediante ilustraciones las expresiones que aparecen en el diálogo de entrada e introducir al estudiante en el léxico fundamental de la unidad.

En el apartado "A la escucha" se trabaja a partir de una grabación real de una compañía de seguros de automóviles muy conocida en España: "Mutua Madrileña". La primera parte del documento se trabaja a partir de un ejercicio de huecos y la segunda con actividades de elección múltiple. No olvidamos, sin embargo, el aspecto práctico de la grabación y pedimos a los alumnos que aprovechen los primeros contactos con el léxico y las estructuras aprendidas para que en parejas inventen un diálogo parecido al de la entrada.

Léxico

La primera actividad de esta sección pone al alumno en contacto con el léxico fundamental de la unidad: partes del coche y elementos de la conducción. A través de un documento escrito auténtico, tiene que relacionar el vocabulario con las ilustraciones.

En la segunda parte se realizan ejercicios para la asimilación de palabras relacionadas con el tráfico. Otro documento auténtico, auditivo en esta ocasión, pondrá al estudiante en contacto con un problema típico del mundo moderno: los problemas del tráfico y los accidentes.

La gran utilidad del léxico sobre vehículos y conducción nos ha llevado a plantear la unidad en torno a estos contenidos. No cabe duda de que un estudiante que tenga que desenvolverse en un país de habla hispana, tanto para estancias breves como largas, precisa un mínimo de vocabulario en este ámbito, por lo que no estará de más que el profesor aporte todo tipo de documentos que estén a su alcance para profundizar en él.

Ficha de información — Los vehículos y las multas

Tipos de vehículos:
-Un coche, un turismo.
-Un deportivo.
-Una furgoneta.
-Un camión.
-Un coche automático.
-Un todo terreno.

El policía:
-Aparque el coche aquí a la derecha, por favor.
-No puede aparcar en doble fila.
-¿Puede abrir el maletero?
-¿Me enseña su carné de conducir?
-¿Lleva bombillas de repuesto?
-No le funciona la luz de freno.
-No llevaba el cinturón de seguridad.
-Le tengo que multar por...

14

Sugerencia: El profesor puede proponer un juego para ampliar o afianzar el vocabulario de la unidad. Se trata de llevar al aula varios diccionarios de español. El profesor o un alumno elige una palabra del léxico estudiado, busca su definición en el diccionario y la lee para el resto de la clase. El primero que adivine de qué palabra se trata, gana.

Gramática

La sección gramatical se centra sobre el estudio del Pretérito Imperfecto y del contraste Indefinido e Imperfecto. La conjugación de este último no suele plantear excesivos problemas a los alumnos ya que sólo existen tres verbos irregulares: IR, SER y VER. Lo importante es saber en qué contextos se utiliza.

Un cuadro recoge los principales usos y una serie de ejercicios permiten al alumno situarlo en contextos del discurso que le ayudan a comprender el funcionamiento de este tiempo. Conviene hacer hincapié en el hecho de que el Imperfecto se refiere a una situación que dura en el pasado sin precisar el principio ni el final de la acción, mientras que el Pretérito Indefinido se refiere a acciones puntuales realizadas en el pasado y que no tienen relación con el presente del hablante. El dibujo sobre el accidente de la moto permite observar y comprender el funcionamiento de estos dos tiempos.

El Imperfecto es el tiempo de la narración y de la descripción, por eso se le propone al alumno que diga cómo era él hace diez años y lo que hacía. Los demás ejercicios le obligan a hacer una elección entre los tiempos y, por consiguiente, reflexionar sobre sus usos.

Expresión oral

El objetivo de este apartado es permitir al alumno aprender a narrar y describir el pasado. En un primer paso, se le ofrecen dos viñetas para que las compare y describa la evolución física del personaje. En esta actividad tiene que utilizar el Pretérito Imperfecto (en unión con el adverbio "antes") y aprovechar para repasar los comparativos.

En un segundo ejercicio tiene que reconstruir un accidente de circulación. Para llevar a cabo la narración el alumno dispone de un cuadro con expresiones variadas que le permiten comenzar la historia, narrar los hechos, describir una situación de cierta duración, introducir una acción repentina, expresar consecuencias y concluir la historia. El profesor cuidará de que en las diferentes narraciones los alumnos alternen las expresiones para que no sean siempre las mismas. Una actividad semejante, pero más dirigida, se encontrará el alumno en el ejercicio 3, donde deberá deducir lo ocurrido a partir de las consecuencias captadas en las imágenes. El profesor debe promover la creatividad y celebrar las soluciones más ingeniosas.

La sección se termina con un juego colectivo que conviene realizar de manera ordenada para aprovechar el tiempo y que resulte rentable. Para ello, el profesor dividirá la clase en grupos de tres o cuatro personas. Partiendo del modelo propuesto, cada grupo empieza un relato policíaco sin terminar la historia. Una vez acabada la frase, el profesor corrige el texto antes pasarlo a otro grupo de forma que los alumnos tengan siempre textos correctos y sin faltas. Cuando todas las historias han sido intercambiadas, el último grupo termina el relato. Después se leen todos los microrrelatos en público. El auditorio podrá entonces valorar cuál ha sido el grupo que ha tenido más creatividad para completar las historias que recibía.

Sugerencia: Como actividad complementaria, el profesor puede pedir a los estudiantes que realicen oralmente un diario personal, contando lo que hicieron ayer.

Mundo hispano

La sección "Mundo hispano" nos descubre dos inventos españoles relacionados con el mundo de los transportes: el submarino de Narcís Monturiol e Isaac Peral y el autogiro de Juan de la Cierva. Además del contenido cultural de estos temas que estimulan la curiosidad del alumno, los documentos propuestos se presentan bajo forma de ejercicios de comprensión lectora y expresión escrita. El alumno tiene que leer los textos, responder a preguntas de comprensión y hacer un resumen. Al final se le incita a dar su punto de vista sobre el submarino y el helicóptero y a presentar a los demás compañeros inventos propios de su país.

Síntesis

En el apartado "Síntesis", a partir del documento sobre la nueva Ley de Seguridad Vial, se pide al alumno que ponga en práctica lo que ha aprendido en la unidad y en particular que sepa contar lo que antes era posible hacer y lo que ahora está prohibido.

Sugerencia: A partir del documento de esta sección más el vocabulario aprendido a lo largo de toda la unidad, el profesor puede proponer a los alumnos la realización de una tarea final en la que, en grupos, sinteticen lo aprendido a través de un cartel sobre normas de circulación o el peligro de los accidentes.

Taller de Internet

El taller de Internet prolonga la reflexión sobre las normas de seguridad haciendo un test sobre los conocimientos en la materia. No obstante, ofrecemos más direcciones relacionadas con el tema: http://www.movendus.com/ (para practicar el léxico de las partes de un coche) y www.pepecar.com (para alquilar vehículos).

14 Llevaba casco, menos mal

1. Escucha el diálogo y completa los datos.

PARTE DE ACCIDENTE

FECHA DEL ACCIDENTE			HORA	CALLE O LUGAR	CIUDAD	PAÍS
Día	Mes	Año	17:42	Plaza de la Constitución, 78	Valencia	España
25	mayo	2004				

DATOS CONDUCTOR A
Nombre: Manuel
Apellidos: Jiménez del Río
DNI: 02.562.147
Dirección: Paseo de la Ribera, 123
Ciudad: Valencia   Código Postal: 46002
País: España   Teléfono: 96.254.12.36

DATOS VEHÍCULO A
Matrícula: 5897 BFG
Marca y modelo: Mercedes C180
Color: rojo
Compañía de Seguros: Seguridad Vial
Nº de póliza: P-25698

DAÑOS VEHÍCULO A
Puerta del conductor y parachoques delantero

DATOS CONDUCTOR B
Nombre: Cristóbal
Apellidos: Silla Salamanca
DNI: 46 040 752
Dirección: calle de la Reina, 22
Ciudad: Valencia   Código Postal: ....
País: España   Teléfono: 96.547.8741

DATOS VEHÍCULO B
Matrícula: 4587 HFV
Marca y modelo: Moto Vespa
Color: azul
Compañía de Seguros: Tráfico Seguro
Nº de póliza: 125689-PH

DAÑOS VEHÍCULO B
Rueda, parachoques delantero, faro roto

DESCRIPCIÓN DEL ACCIDENTE
Yo estaba parado en un semáforo detrás de un camión. El semáforo se puso verde y el camión no arrancaba. Pensaba que estaba averiado y giré el volante a la izquierda para adelantarlo. En ese momento pasó una moto a toda velocidad y chocó contra mi coche.

LOCALIZACIÓN DE LOS DAÑOS

Heridos: Sí [X]   No [ ]

Comprensión y práctica A
En una oficina de seguros

1a. Indica la respuesta exacta.

1. Manuel...
   - [x] conoce todos los datos.
   - [ ] no sabe la dirección del otro.
   - [ ] no conoce su código postal.

2. El motorista...
   - [x] llevaba puesto el casco.
   - [ ] no tenía casco.
   - [ ] lo llevaba en la mano.

3. En el accidente...
   - [ ] el coche de Manuel chocó contra el camión.
   - [ ] la moto chocó contra el camión.
   - [x] la moto chocó contra el coche de Manuel.

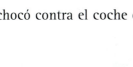

4. El semáforo estaba...
   - [x] verde.
   - [ ] rojo.
   - [ ] averiado.

5. El camión no se movía...
   - [ ] porque estaba averiado.
   - [ ] porque pasaba un niño.
   - [x] porque pasaba una persona mayor.

6. La culpa del accidente fue...
   - [x] de Manuel.
   - [ ] del conductor de la moto.
   - [ ] del conductor del camión.

1b. ¿Qué oyes?

1. [x] ¿Fue un choque con una moto?
   [ ] Fue un choque con una moto.

2. [x] ¿Sabe los datos del otro conductor?
   [ ] Sabe los datos del otro conductor.

3. [ ] ¿No pasa nada?
   [x] No pasa nada.

4. [x] ¿Estaba averiado?
   [ ] Estaba averiado.

5. [ ] ¿Llevaba el casco?
   [x] Llevaba el casco.

6. [ ] ¿La culpa fue suya?
   [x] La culpa fue suya.

2. Escucha y repite estas frases. Di si tienen 1 grupo fónico ó 2.

> La frase se divide en grupos fónicos: partes del discurso que están entre dos pausas.

- 2 1. No se preocupe, yo le ayudo.
- 2 2. ¿Su carné de identidad, la dirección?
- 1 3. Yo estaba parado en un semáforo.
- 2 4. Toqué el claxon pero el camión no se movía.
- 1 5. ¿Y el conductor de la moto está grave?
- 1 6. Porque estaba pasando un peatón.

Comprensión y práctica

3a. Relaciona las palabras con las ilustraciones.

1. Está arrancando.
2. Está girando.
3. Está adelantando.
4. Está averiado.

3b. Relaciona las palabras con la imagen.

semáforo - parachoques - conductor - faro - matrícula - volante - rueda - puerta - peatón

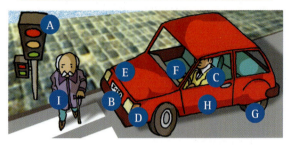

a. semáforo   f. parabrisas
b. parachoques   g. rueda
c. conductor   h. puerta
d. faro   i. peatón
e. matrícula

A la escucha

Escucha la siguiente grabación y responde a las preguntas.

a. Completa el texto.

Está usted en ...comunicación... con Mutua Madrileña Automovilista. Nuestro ...horario... de ...oficina... en el que podemos realizar sus gestiones por ...teléfono... es de ...8 a 15... horas de ...lunes... a ...viernes...; los ...sábados..., de ...9 a 13... horas.

b. ¿Cómo se pueden enviar los datos de un siniestro?

    Por teléfono.   Por correo electrónico.   ✗ Por fax.

c. ¿Qué servicios tienen el mismo fax que "Producción"?

    ✗ Pólizas.   Siniestros.   ✗ Recibos.

d. Imagina que eres Manuel Jiménez del Río y llamas al seguro para dar el parte de accidente de la página 136. Un compañero responde al teléfono y toma los datos.

Léxico B
El coche. Señales de tráfico. Conducir

1. **Consejo para conductores.** Lee este texto y escribe el vocabulario en las ilustraciones.

Antes de conducir

• Ponga el **asiento** a la altura correcta: el pie derecho tiene que llegar bien a los pedales del freno y del acelerador. El pie izquierdo sólo debe pisar el embrague para cambiar de marcha.
• Ponga el asiento a la distancia correcta del **volante**. Las dos manos deben ir siempre en el volante, excepto para utilizar la **palanca de cambio** de marchas.
• Coloque bien los **retrovisores** o espejos interiores y exteriores.
• Limpie el **parabrisas** para poder ver bien y compruebe si los **limpiaparabrisas** funcionan correctamente.

Conduciendo

• El conductor y todos los pasajeros deben llevar el cinturón de seguridad.
• Respete la velocidad. En España el **límite de velocidad** es: 50 km/h por ciudad, 90/100 por carretera y 120 por **autovía** y **autopista**.
• Respete las señales de tráfico.
• Respete la **distancia de seguridad** con el coche que va delante.
• Pare para descansar cada 2 horas o cada 200 km en las **zonas de descanso**.

Al aparcar

• Respete los **pasos de peatones**.
• Respete los **vados** permanentes.

a. límite de velocidad   b. autovía

c. vado   d. zona de descanso

e. distancia de seguridad   f. paso de peatones

g. autopsia

2a. Escucha esta información de tráfico y completa el cuadro.

Carretera	Ciudad	Problemas	Motivos
A6	León	retención	accidente
carretera nacional	Lérida	retención	choque
A52	Pontevedra	pequeño atasco	camión averiado
nacional 340	Málaga	circulación lenta	niebla
nacional 550	Santiago de Compostela	pequeños problemas de tráfico	obras

2b. Relaciona las palabras con el mismo significado.

a. Accidente — 4. Choque
b. Atasco — 3. Tráfico
c. Precaución — 2. Cuidado
d. Circulación — 1. Retención

1. retrovisor
2. parabrisas
3. volante
4. limpiaparabrisas
5. asiento
6. palanca de cambio

C Gramática
El Pretérito Imperfecto

1a. Observa y completa el cuadro.

Pretérito Imperfecto regular	
–AR	–ER / –IR
–aba	–ía
–abas	–ías
–aba	–ía
–ábamos	–íamos
–abais	–íais
–aban	–ían

	Hablar	Beber	Vivir
Yo	hablaba	bebía	vivía
Tú	hablabas	bebías	vivías
Él, ella, usted	hablaba	bebía	vivía
Nosotros, as	hablábamos	bebíamos	vivíamos
Vosotros, as	hablabais	bebíais	vivíais
Ellos, ellas, ustedes	hablaban	bebían	vivían

Usos del Pretérito Imperfecto
- Para describir personas, cosas, animales y situaciones en el pasado.
El peatón era un hombre mayor y caminaba muy despacio.
- Para expresar hábitos en el pasado.
De pequeño hacía deporte y jugaba al tenis.
- Precedido del adverbio antes indica un contraste con el momento presente.
Antes conducía, pero ahora no puedo.

1b. Pon las frases en Imperfecto.

1. Traigo este parte de accidente.
   Traía este parte de accidente.
2. Faltan algunos datos y no está completo.
   Faltaban algunos datos y no estaba completo.
3. No sé muy bien cómo hacerlo.
   No sabía muy bien cómo hacerlo.
4. ¿Sabe los datos del otro conductor?
   ¿Sabía los datos del otro conductor?

2a. Observa.

Pretérito Imperfecto irregular		
(Sólo hay 3 verbos irregulares)		
Ir	Ser	Ver
iba	era	veía
ibas	eras	veías
iba	era	veía
íbamos	éramos	veíamos
ibais	erais	veíais
iban	eran	veían

2b. Escribe el Imperfecto.

AHORA	ANTES
1. Voy a trabajar en autobús.	*Iba* a trabajar en coche.
2. Sólo conduzco de día.	*conducía* a cualquier hora.
4. Tienes un coche de cuatro puertas.	*tenías* un coche de dos puertas.
5. Llevo el coche al taller cada mes.	*llevaba* el coche al taller una vez al año.

3. Escucha la descripción que hace Manuel del peatón y marca la opción correcta.

1. Era...
   - [x] un hombre mayor.
   - [ ] un hombre joven.
2. Caminaba...
   - [ ] deprisa.
   - [x] despacio.
3. Tenía...
   - [x] el pelo blanco.
   - [ ] el pelo rubio.
4. Llevaba...
   - [ ] bigote.
   - [x] barba.
5. Estaba...
   - [ ] gordo.
   - [x] delgado.

Gramática C
Contraste Indefinido e Imperfecto

4. ¿Y tú cómo eras hace 10 años? ¿Qué hacías?

Pues yo era...

5a. Observa.

Pretérito Indefinido
- Se refiere a un hecho en el pasado.
Ayer me caí de la moto.

Pretérito Imperfecto
- Se refiere a una situación o a una circunstancia sobre ese hecho pasado.
Ayer me caí de la moto cuando volvía a casa.
- Se refiere a la causa de ese hecho pasado.
Ayer me caí de la moto porque el suelo estaba mojado.

5b. Clasifica los verbos de estas frases.

<u>Toqué el claxon</u> pero <u>el camión no se movía</u>.
hecho pasado   situación

1. El semáforo se puso verde y el camión no arrancaba.
2. Giré el volante a la izquierda para adelantarlo y en ese momento vi una moto que pasaba a toda velocidad.
3. Chocó cuando yo arrancaba.

Se refieren a un suceso pasado	Se refieren a la situación o las circunstancias de ese suceso pasado
toqué	no se movía
se puso	no arrancaba
giré	arrancaba
vi	
chocó	

5c. Pon estos verbos en Pretérito Indefinido o en Imperfecto.

1. Ayer ...**perdí**... (*perder / yo*) las llaves cuando ...**corría**... (*correr / yo*) para tomar el autobús.
2. Mientras ...**esperábamos**... (*esperar / nosotros*) un taxi, ...**empezó**... (*empezar*) a llover.
3. ...**Llegaron**... (*llegar / ellos*) tarde al trabajo porque ...**había**... (*haber*) un atasco.
4. ...**Estaban**... (*Estar / ellas*) dentro de una tienda y en ese momento un coche ...**chocó**... (*chocar*) contra el escaparate.
5. No te ...**llamamos**... (*llamar / nosotras*) porque no ...**teníamos**... (*tener / nosotras*) tu teléfono.
6. Esta mañana, cuando ...**iba**... (*ir / yo*) a clase, ...**vi**... (*ver / yo*) un accidente.
7. ...**Tenía**... (*Tener / yo*) el coche en medio de la carretera, ...**estaba**... (*estar / él*) estropeado, no ...**había**... (*haber*) nadie, y en ese momento ...**apareció**... (*aparecer*) un policía.

6. Completa el texto con los verbos en Pretérito Indefinido o en Imperfecto.

dar - despertarse - tomar - meter -
ir (2) - parar - chocar - matar (2) - ver - decir
- encontrar - llevar - pensar - estar

El pájaro y el motorista

Un pájaro ...**iba**... volando a toda velocidad por la autopista en sentido contrario y de repente ...**chocó**... contra un motorista. ¡Paf! El motorista ...**paró**... y ...**dijo**...:
– ¡No puede ser! ¡...**Maté**... al pajarito!
...**Fue**... a buscarlo y lo ...**encontró**... todavía vivo. Lo ...**tomó**..., lo ...**llevó**... a su casa, lo ...**metió**... en una jaula y le ...**dio**... leche y agua. El motorista ...**estaba**... mirando al pajarito y de repente el animal ...**se despertó**..., ...**vio**... la jaula y ...**pensó**...: "¡No puede ser! ¡...**Maté**... al motorista y estoy en la cárcel!"

D Expresión oral
Narrar y describir en pasado

1. ¿Cómo era antes Manuel? Compara.

Antes tenía mucho pelo y ahora tiene poco.

Resulta que el otro día me caí de la moto mientras pasaba por la plaza... Yo iba... y de repente... Así que ahora tengo...

3. Mira estas fotos e inventa qué pasó.

 A

 B

 C

2. Imagina que has tenido un accidente con un vehículo. Cuéntalo.

| Para empezar una historia: |
| Pues mira... |
| Pues, nada, que... |
| Resulta que... |
| Para contar un hecho: |
| Ayer / Anoche |
| El otro día |
| El lunes / martes   + *Pretérito Indefinido* |
| La semana pasada |
| Hace un año |
| Para describir una situación o una persona: |
| *Pretérito Imperfecto* |
| Para introducir una acción repentina: |
| En ese momento |
| De repente   + *Pretérito Indefinido* |
| De pronto |
| Entonces |
| Para expresar consecuencias: |
| (Y) por eso... |
| Así que... |
| Por lo tanto... |
| Para terminar: |
| Total, que... |
| Y nada, que... |
| Y al final... |

4. En grupos, la clase inventa diferentes relatos.

Cada grupo empieza una historia. La pasa a otro grupo para continuarla. El último grupo la termina.

Relato policíaco

"Una noche iba con una amiga por la calle cuando de repente oímos un gran ruido, nos paramos, nos acercamos y vimos..."

Mundo hispano

Dos inventos españoles

1. Lee estos textos y completa el cuadro.

El submarino

Narcís Monturiol (Figueres, 1819-1885) inventó el primer vehículo sumergible al que llamó Ictíneo. Era de madera con partes de hierro. Medía 17 metros de largo y pesaba 65 toneladas en movimiento. Tenía que ser movido por hombres. Se podía sumergir a 50 m, durante un máximo de 7 horas y media y a una velocidad de 1,5 nudos. Las primeras pruebas de este submarino se hicieron en el puerto de Barcelona en 1859. Después inventó el Ictíneo II, que se movía por una máquina de vapor. Se probó en 1864 y las pruebas tuvieron éxito, pero no pudo perfeccionar su invento por falta de dinero.
Isaac Peral (Cartagena, 1851–1895) inventó un submarino que utilizaba la electricidad. Era una nave de hierro de 22 metros y pesaba 77 toneladas. Se movía a 8 nudos. Las pruebas se hicieron en 1888 y aunque también tuvieron éxito, el Ministerio de la Marina no autorizó la construcción de nuevos submarinos.

Submarino de Narcís Monturiol.

Submarino de Isaac Peral.

	Material	Medida	Peso	Propulsión	Velocidad
Monturiol	madera y partes de hierro	17 metros	65 toneladas	Humana y a vapor	1,5 nudos
Peral	hierro	22 metros	77 toneladas	electricidad	8 nudos

2. Lee el texto y haz un resumen.

El autogiro

Juan de la Cierva (Murcia, 1895–1936) inventó una aeronave que, en vez de alas fijas, tenía un rotor que mantenía el aparato en el aire y además permitía dirigir el vuelo. La llamó "autogiro" y es el origen de los actuales helicópteros. El primer autogiro se elevó unos 200 m en enero de 1923, y realizó tres vuelos, uno de ellos de 4 km aproximadamente. Desarrolló sus diseños e hizo volar un autogiro a través del Canal de la Mancha en 1928, y desde Inglaterra a España en 1934. Sin embargo, no vivió lo suficiente para ver su autogiro convertido en helicóptero.

Autogiro de Juan de la Cierva.

3. ¿Qué invento te parece más interesante: el submarino o el helicóptero? ¿Por qué?

4. ¿Conoces algún invento de tu país?

Síntesis

A B C D E

1. Lee el texto de las principales novedades de la Ley de Seguridad Vial en España.

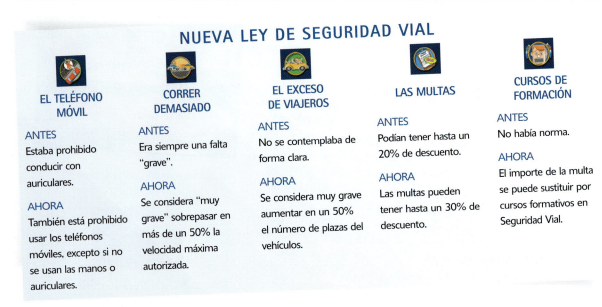

a. Busca los verbos en Pretérito Imperfecto y di cuál es el infinitivo de cada uno.

Estaba (estar), era (ser), contemplaba (contemplar), podían (poder), había (haber).

b. Relaciona las palabras del mismo significado.

a. Descuento — 3. Rebaja
b. Exceder — 5. Sobrepasar
c. Autorizada — 1. Permitida
d. Norma — 4. Ley
e. Contemplar — 6. Considerar, tener en cuenta
f. Importe — 2. Precio

c. Indica si es verdadero (V) o falso (F).

F — No se puede hablar por teléfono en el coche.
F — En un coche de 5 personas pueden ir hasta 8.
V — No se puede utilizar el móvil con las manos.
F — Está prohibido escuchar la radio.
V — Correr demasiado es una falta "muy grave".
V — Las multas pueden sustituirse por un curso.

d. En tu opinión: ¿qué norma o normas son más importantes? ¿Por qué?

Taller de Internet

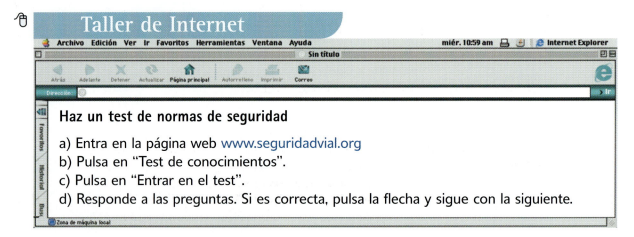

Haz un test de normas de seguridad

a) Entra en la página web www.seguridadvial.org
b) Pulsa en "Test de conocimientos".
c) Pulsa en "Entrar en el test".
d) Responde a las preguntas. Si es correcta, pulsa la flecha y sigue con la siguiente.

Ya conoces

A B C D E

1. Las expresiones para relatar:

Para empezar una historia:	Para contar un hecho:	Para describir una situación o una persona:	Para introducir una acción repentina:	Para expresar consecuencias:	Para terminar:
Pues mira... Pues, nada, que... Resulta que...	Ayer / Anoche El otro día El lunes/ martes La semana pasada Hace un año ... + *Pretérito Indefinido*	*Pretérito Imperfecto*	En ese momento De repente De pronto Entonces + *Pret. Indefinido*	(Y) por eso Así que Por lo tanto	Total, que... Y nada, que... Y al final...

2a. Las partes de un coche: el acelerador, el asiento, el claxon, el coche, el conductor, el embrague, el faro, el freno, el limpiaparabrisas, la matrícula, la palanca de cambio, el parabrisas, el parachoques, la puerta, el retrovisor, la rueda, el semáforo, el volante, etc.

2b. Las señales de tráfico: el área de descanso, la autopista, la autovía, el carné de conducir, el cinturón de seguridad, la distancia de seguridad, el paso de peatones, el vado permanente, la velocidad máxima, etc.

2c. Y los problemas de circulación: el accidente, el atasco, el choque, la circulación, el cuidado, la precaución, la retención, el tráfico, etc.

3a. Los verbos regulares en Imperfecto:

Pretérito Imperfecto regular	
–AR	–ER / –IR
–aba	–ía
–abas	–ías
–aba	–ía
–ábamos	–íamos
–abais	–íais
-aban	–ían

3b. Los irregulares:

Pretérito Imperfecto irregular (Sólo hay 3 verbos irregulares)		
Ir	Ser	Ver
iba	era	veía
ibas	eras	veías
iba	era	veía
íbamos	éramos	veíamos
ibais	erais	veíais
iban	eran	veían

3c. Y el contraste entre el Indefinido y el imperfecto:

Pretérito Indefinido	Pretérito Imperfecto
- Se refiere a un hecho en el pasado. *Ayer me caí de la moto.*	- Se refiere a una situación o a una circunstancia sobre ese hecho pasado. *Ayer me caí de la moto cuando volvía a casa.* - Se refiere a la causa de ese hecho pasado. *Ayer me caí de la moto porque el suelo estaba mojado.*

15 Disculpe, por favor

Viajar en avión

Objetivos

- Aprender a pedir permiso y prohibir.
- Saber pedir ayuda o un favor.
- Conocer las formas de hacer sugerencias y dar instrucciones.
- Practicar la entonación de la frase afirmativa.
- Aprender el léxico sobre el aeropuerto y los aviones.
- Repasar el Imperativo afirmativo.
- Estudiar el Imperativo negativo.
- Saber el uso de los pronombres con el Imperativo.
- Profundizar en el uso de las perífrasis de obligación: *HAY QUE* + infinitivo, *NO SE PUEDE* + infinitivo
- Estudiar los diminutivos.
- Saber pedir, sugerir y hacer recomendaciones.
- Conocer las principales compañías aéreas de España y América Latina.

Desarrollo de las secciones

La unidad lleva el título explícito "Disculpe, por favor" para indicar con claridad uno de los actos de habla que el alumno tiene que saber utilizar para pedir permiso y disculparse en las ocasiones apropiadas.

La audición requiere toda la atención del alumno, pues esta vez no tiene la menor transcripción completa o parcial del texto grabado. Para fijar su atención y ayudarle en la comprensión, se le proponen una serie de preguntas y de elementos gráficos que siguen el desarrollo de la escucha. Primero en una pantalla de información de vuelos tiene que señalar aquellos que se mencionan en el diálogo. Luego debe indicar la tarjeta de embarque que corresponde a los datos mencionados. Por último, tiene que relacionar las señales gráficas con los avisos de megafonía.

El profesor detendrá la audición en el momento apropiado para que el alumno tenga la posibilidad de escoger la respuesta adecuada. Según los grupos serán necesarias varias audiciones para llegar a obtener una comprensión global suficiente.

Sugerencia: Para insistir en el vocabulario de la unidad y con el fin de aprovechar al máximo las ilustraciones de la página 146, el profesor puede leer los siguientes avisos y pedir a los alumnos que los relacionen con alguna de las imágenes:

1. Pasajeros con tarjeta de embarque azul, pasen por la puerta C45.
2. Por favor, dejen las salidas de emergencia despejadas.
3. Mantengan el respaldo de su asiento en posición vertical.
4. Por favor, permanezcan con el cinturón de seguridad abrochado.

Comprensión y práctica

Una vez escuchada la grabación se pide al estudiante que recapitule lo que realmente ha entendido mediante una serie de preguntas de elección múltiple. La ayuda del profesor es imprescindible para aclarar las respuestas que se proponen en función de las dificultades de comprensión que puede presentar el grupo.

En un segundo ejercicio se propone al alumno que complete los minidiálogos con verbos en Imperativo de la grabación que figuran en un recuadro. Es un primer contacto con este tiempo verbal que el alumno va a repasar y profundizar a lo largo de la unidad, esencialmente en la sección de "Gramática".

Con el fin de mejorar la pronunciación se hace a continuación hincapié sobre la entonación de la frase afirmativa con el objetivo de que el alumno tome en cuenta la curva melódica. Cuando se trata de un único grupo fónico, la curva termina hacia abajo, y cuando se trata de varios grupos, los primeros terminan hacia arriba y el último hacia abajo. A partir de ahora el profesor vigilará esta pronunciación de los alumnos para que poco a poco se ciñan a estos criterios y lleguen a producir frases que siguen la línea melódica propia del español.

Ficha de información — La entonación de la frase afirmativa

Cuando varios grupos fónicos forman una enumeración y el penúltimo va seguido de una conjunción, este grupo fónico termina con línea melódica ascendente y todos los demás descendente.

Los pasajeros facturan, ↓ *embarcan* ↑ *y vuelan.* ↓

Cuando varios grupos fónicos forman una enumeración sin conjunción, todos terminan con línea melódica descendente.

Llevan maletas, ↓ *bolsos de mano,* ↓ *revistas...* ↓

La última parte de esta sección ofrece al alumno situaciones en las que tiene aprender a identificar y luego a reutilizar los actos de habla que ha oído: pedir permiso, pedir un favor, aceptar y negar. Los diálogos que puedan crear en estas situaciones propuestas en la actividad 4 mostrarán el grado de comprensión que ha adquirido cada alumno y serán una fuente de motivación que le incite a progresar cada vez más.

Los mensajes reales que se oyen en el apartado "A la escucha" tienen que ver con los transportes en situaciones diferentes de los anteriores. El alumno escucha dos mensajes: en el primero pone en orden el texto escrito y en el segundo contesta a las preguntas que se le hacen. Esta audición tiene como objetivo formar el oído y asimilar los mensajes que puede recibir al ser usuario de los diferentes medios de transporte con el fin de poder interactuar en situaciones auténticas.

Léxico

Este capítulo está en consonancia con el diálogo de la entrada y pretende ampliar el léxico propio de los aviones y aeropuertos. Una serie de ejercicios entretenidos y eficaces le permitirán alcanzar este objetivo. En un primer ejercicio, a partir de una maqueta de un avión, el alumno tiene que colocar en su lugar las palabras propuestas. Primero colocará las que ya conoce o que son transparentes y luego por deducción pondrá las siguientes. Es un procedimiento sencillo para aprender y memorizar vocabulario, ya que le permite visualizar el objeto y la palabra al mismo tiempo. El segundo ejercicio añade dificultades suplementarias, puesto que el alumno tiene que asociar lo que oye con imágenes que después debe ordenar, así como relacionarlas con el vocabulario que figura en un recuadro. En el último ejercicio además de contextualizar imágenes, el estudiante tiene que completar las frases. En efecto, no se trata sólo de aprender listas de léxico, sino de deducir en qué situaciones y contextos la puede utilizar.

15

Gramática

El estudio del Imperativo se inició en la unidad 8 (nivel A1). Ahora se introduce el paradigma del Imperativo negativo y su uso con los pronombres (delante del verbo en el caso del negativo y enclíticos con el tiempo en afirmativo).

Ficha de información — El Imperativo

Usos del Imperativo:
– Para dar órdenes, instrucciones y consejos.
Cállate, no hables, a ver qué dicen. (orden)
Por su seguridad, mantengan sus pertenencias vigiladas. (consejo)
Señores pasajeros, embarquen por la puerta C45. (instrucción)
– Cuando se utiliza para dar una orden, se suele suavizar con la expresión "por favor".
Dame mi maleta, por favor.

En la segunda parte de esta sección, se retoman las perífrasis de obligación (también estudiadas en la unidad 8 del nivel A1) pero ahora para expresar la obligación impersonal.

Ficha de información — La obligación y la prohibición

PERÍFRASIS DE OBLIGACIÓN		PERÍFRASIS DE PROHIBICIÓN	
Personal	Impersonal	Personal	Impersonal
TENER QUE + infinitivo *Tengo que embarcar.*	HAY QUE + infinitivo *Hay que embarcar.*	NO PODER + infinitivo *No puedes hablar.*	NO SE PUEDE + infinitivo *No se puede hablar.*

Sugerencia: Para practicar el uso del Imperativo y de las diferentes perífrasis, se puede ampliar esta sección con el siguiente ejercicio.

Código de la circulación: cambia los infinitivos por Imperativo y por perífrasis.
Prohibido: *circular por la izquierda, aparcar en doble fila, adelantar en las curvas, cambiar de sentido en medio de la carretera, llevar neumáticos demasiado gastados, tocar el claxon en las zonas urbanas.*
Obligatorio: *abrocharse el cinturón de seguridad, encender las luces en los túneles, detenerse con el semáforo rojo, aparcar en línea, llevar triángulos de seguridad.*

La sección de gramática termina con la práctica de los diminutivos. Cabe insistir en que, si bien tienen un valor afectivo fundamentalmente, también forman palabras con el significado de disminución: *bolsita* (bolsa pequeña), *avioncito* (avión pequeño), etc.

Expresión oral

Los cuadros de sistematización de exponentes facilitados en "Expresión oral" a lo largo de todas las unidades son una ayuda inestimable para la práctica de la interacción comunicativa. Como se está pudiendo comprobar, cada grupo de actividades viene apoyado por un cuadro resumen de las funciones estudiadas. Por ejemplo, la primera actividad de esta sección recoge las diferentes maneras de pedir permiso, un favor o algo prestado. A partir de las situaciones representadas en las imágenes, los alumnos deberán crear pequeños diálogos para poner en práctica estos actos de habla.

En el resto de ejercicios, se comprueba si el alumno ha asimilado correctamente el uso de las perífrasis de obligación y prohibición, la emisión de sugerencias y consejos o la expresión de estados físicos y anímicos mediante frases exclamativas. Son todas ellas actividades planteadas como juegos en los que hay que poner a funcionar la creatividad.

Sugerencia: Proponemos una serie de actividades que siguen la misma línea por si el profesor considera interesante profundizar en la práctica de estos contenidos funcionales.

1. ¿Qué hay que hacer para...? No engordar, estar en forma, dejar de fumar, encontrar pareja, aprender español rápidamente, estar siempre de buen humor, no constiparse, perder el miedo al avión, gustar a los demás...
2. Sobre un mapa de carreteras de un país de habla hispana, aconseja a tu compañero cuál es el mejor itinerario para ir de una ciudad a otra.
3. ¿Cuál es el mejor medio de transporte para viajar? ¿Por qué? ¿Qué se puede hacer y qué no se puede hacer al viajar en cada uno de ellos?

Mundo hispano

Partiendo de una actividad de comprensión lectora sobre algunas de las compañías aéreas más importantes de los países de habla hispana, se puede dirigir la sección hacia una práctica de la destreza oral. De esta manera, completamos el "Mundo hispano" con una actividad de respuesta libre. Por ejemplo, podemos preguntar a los alumnos si han utilizado alguna vez alguna de estas compañías. En caso afirmativo, ¿dónde han ido? También se puede indagar sobre si conocen alguno de estos países o cuál les gustaría conocer.

Síntesis

Con esta sección se propone una nueva oportunidad para resumir y asentar todos los elementos clave que figuraban en la unidad y dar al estudiante una conciencia clara de lo que ha aprendido y de los progresos que ha hecho.

Sugerencia: Para rematar esta sección con una actividad de práctica de la destreza oral, se puede proponer a los estudiantes que creen un minidiálogo en parejas. Uno es un cliente que ha comprado un billete de la Compañía Cubana de Aviación y llama a las oficinas para preguntar determinada información de la que aparece en el documento escrito. El otro debe responder a sus dudas.

Taller de Internet

Con esta actividad, se ofrece al alumno la posibilidad de adentrarse en el mundo real de las compañías aéreas y los vuelos. Entrando en esta página *web* podrá comprar billetes de avión en compañías aéreas de todo el mundo y afianzar los contenidos léxicos estudiados en la unidad.

15 Disculpe, por favor

1. Escucha el diálogo y señala los vuelos que se mencionan.

En un aeropuerto

	SALIDAS			SITUACIÓN
Hora	Vuelo	Puerta	Destino	
07:10	IBE1801	C14	La Paz........	RETRASADO
08:25	JKK419	D21	Roma........	EMBARQUE
09:40	IBE3521	C45	Cancún........	EMBARQUE
10:00	BMA2931		Málaga........	CANCELADO
10:25	SPA563		París........	CANCELADO
10:50	IBE1845		Berlín........	RETRASADO
11:05	AM1915	B14	México........	CANCELADO

2. Escucha y señala qué tarjeta de embarque corresponde al diálogo.

Dentro del avión

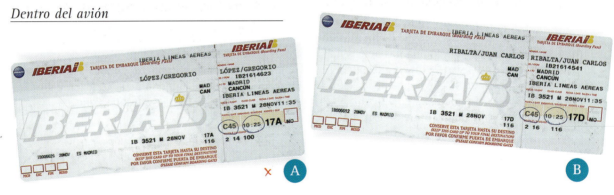

A   B

3. ¿Cuáles de estas señales están relacionadas con los avisos de megafonía?

Aviso de la azafata

Comprensión y práctica   A
En el aeropuerto

1a. Marca la respuesta correcta.

1. El vuelo de París...
   - ○ no sale a la hora prevista.
   - ✗ ha sido anulado.
   - ○ sale a las diez.

2. En el avión no se puede fumar...
   - ✗ en ningún sitio.
   - ○ en sitios determinados.
   - ○ en los aseos.

3. Los protagonistas no pueden sentarse en su asiento...
   - ○ porque no encuentran su sitio.
   - ○ porque se han equivocado de avión.
   - ✗ porque otra persona se ha sentado en su lugar.

4. La compañía aérea informa de que...
   - ✗ deben apagar los móviles.
   - ○ pueden utilizar aparatos electrónicos.
   - ○ se puede fumar en los sitios indicados.

1b. Escucha y completa los diálogos con las palabras del recuadro.

> perdonen – te tranquilizas – dámelo – disculpen – toma

A
— Sí, sí, ya lo sabemos, no lo repitan más.
— Estás muy nervioso, ¿Por qué no *te tranquilizas*? Lee un poco el periódico.

B
— Bueno, al fin podemos embarcar.
— *Toma* tu bolsa, impaciente.

C
— *Disculpen*, por favor, creo que estos son nuestros asientos.
— ¡Ah! sí, *perdonen*.

D
— Cariño, ¿me puedes subir esto al maletero, por favor?
— Claro, *dámelo*.

2. Marca la separación de los grupos fónicos, escucha y repite.

> La entonación de la **frase afirmativa** termina hacia abajo.
>
> Estás muy nervioso. ↘
>
> En una frase con más de un grupo fónico, todos terminan hacia arriba, menos el último, que termina hacia abajo.
>
> Les rogamos que disculpen las molestias. ↗ ↘

1. Disculpen las molestias.
2. Bienvenidos a bordo.
3. Salida del vuelo de Iberia.
4. Por su seguridad, | vigilen sus pertenencias.
5. Les recordamos | que no se puede fumar.
6. Por favor, | abróchense los cinturones.

Comprensión y práctica

3. Relaciona. Después clasifica las expresiones en el cuadro.

a. ¿Puedo abrir la ventanilla?
b. ¿Puedes darme mi maleta?
c. ¿Me permite sentarme aquí?
d. ¿Se puede fumar aquí?
e. ¿Puedo esperar en esta sala?
f. ¿Puedes llevarme al aeropuerto?
g. ¿Puedo llamar por teléfono?

1. Por supuesto, siéntese.
2. Sí, sí, ábrala.
3. Lo siento, pero no se puede.
4. Sí, claro. ¿A qué hora tienes que estar?
5. Sí, llame, llame.
6. No, la sala de espera está allí.
7. Claro, tómala.

Pedir permiso	Pedir un favor	Aceptar	Negar
¿Puedo abrir la ventanilla?		Sí, sí, ábrala.	

4. Crea pequeños diálogos con estas situaciones.

a. Estás en un avión y estás muy nervioso. Pídele cosas a la azafata para tranquilizarte.
b. Llevas una maleta bastante grande pero quieres subirla al avión como equipaje de mano.
c. Llevas un cochecito de bebé. Pregunta si puedes subirlo al avión.

Perdone, ¿puede darme un vaso de agua?
Sí, en seguida.
¿Y puedo...?
Por supuesto.
Disculpe, ¿se puede...?
No, es que...

A la escucha

A. Escucha este mensaje y ponlo en orden.

- [2] a los señores pasajeros
- [6] embarquen urgentemente
- [5] con destino a Santiago:
- [7] por la puerta B veinte.
- [3] del vuelo LanChile
- [1] Último aviso
- [4] uno siete uno

B. Escucha este otro mensaje y responde.

a. ¿Dónde se puede oír esta grabación? ☐ En un avión. ☐ En un autobús. ☒ En el metro.
b. ¿Qué es esta grabación? ☒ Un aviso. ☐ Una prohibición. ☐ Un saludo de bienvenida.
c. ¿Qué tienen que hacer los viajeros? ☐ Esperar en el andén. ☒ Tener cuidado.
d. ¿Cómo es la estación? ☒ Está en curva. ☐ Hay muchos coches. ☐ No hay andén.

Léxico B
Aeropuerto y aviones

1. Coloca las palabras en su lugar.

> salida de emergencia – puerta – alas –
> 1ª clase – clase turista – cabina.

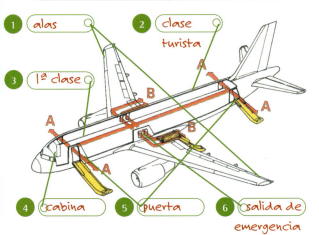

1. alas
2. clase turista
3. 1ª clase
4. cabina
5. puerta
6. salida de emergencia

2. Escucha el diálogo y ordena las viñetas. Después relaciónalas con el vocabulario.

> terminal de aeropuerto –
> pantalla de información – equipaje –
> mostrador de facturación –
> tarjetas de embarque – va a despegar

A — 5 — tarjetas de embarque
B — 6 — va a despegar

C — 4 — mostrador de facturación
D — 1 — Terminal de aeropuerto

E — 2 — pantalla de información
F — 3 — equipaje

3. Relaciona con las imágenes y termina las frases.

A

D

1. Está cansado porque...
2. Está nervioso porque...

3. Tiene calor porque...

E

4. Está preocupada porque...

B

5. Está contenta porque...

F

6. Está harto de esperar porque...

C

7. Tiene miedo porque...

G

1. Está cansado porque lleva muchas maletas.
2.
3.
4.
5.
6.
7.

C Gramática
El Imperativo afirmativo y negativo

1a. Observa y completa los cuadros.

Imperativo afirmativo

	Hablar	Beber	Escribir
Tú	habla	bebe	escribe
Usted	hable	beba	escriba
Vosotros, as	hablad	bebed	escribid
Ustedes	hablen	beban	escriban

Imperativo negativo

	Hablar	Beber	Escribir
Tú	no hables	no bebas	no escribas
Usted	no hable	no beba	no escriba
Vosotros, as	no habléis	no bebáis	no escribáis
Ustedes	no hablen	no beban	no escriban

1b. Observa y completa los cuadros.

Imperativo (formas irregulares)

Venir		Ir	
afirmativo	negativo	afirmativo	negativo
ven	no vengas	ve	no vayas
venga	no venga	vaya	no vaya
venid	no vengáis	id	no vayáis
vengan	no vengan	vayan	no vayan

Hacer		Decir	
afirmativo	negativo	afirmativo	negativo
haz	no hagas	di	no digas
haga	no haga	diga	no diga
haced	no hagáis	decid	no digáis
hagan	no hagan	digan	no digan

Tener		Salir	
afirmativo	negativo	afirmativo	negativo
ten	no tengas	sal	no salgas
tenga	no tengas	salga	no salga
tened	no tengáis	salid	no salgáis
tengan	no tengan	salgan	no salgan

1c. Responde con el Imperativo negativo.

1. ¿Tengo que abrir el equipaje?
   No, no lo abras.
2. ¿Vamos a buscar a una azafata?
   No, no vayáis.
3. ¿Preguntamos cuál es nuestro vuelo?
   No, no lo preguntéis.
4. ¿Salgo por la puerta de emergencia?
   No, no salgas.
5. ¿Hago tu maleta?
   No, no la hagas.
6. ¿Nos quejamos en el mostrador de información?
   No, no os quejéis.

1d. Transforma las frases utilizando la forma TÚ del Imperativo.

1. No entrar. No entres.
2. Debes tener paciencia. Ten paciencia.
3. ¿Por qué no lees el periódico? Lee el periódico.
4. Prohibido pasar. No pases.
5. No se puede usar el móvil. No uses el móvil.

2a. Observa.

Imperativo + pronombres	
Imperativo +	– Pronombres reflexivos (me, te, se, nos, os, se) *Tranquilíza*te.
	– Pronombres de complemento (lo, la, los, las) *Ábre*la.
	– Pronombres reflexivos + Pronombres de complemento *Pón*telo.

Gramática C
Perífrasis de obligación. Los diminutivos

2b. Responde a las preguntas con las personas USTED y USTEDES del Imperativo.

1. ¿Puedo leer el periódico? *Léalo.*
2. ¿Podemos hacer la reserva? *Háganla.*
3. ¿Puedo dejar aquí esta maleta? *Déjela.*
4. ¿Podemos decir una cosa? *Díganla.*
5. ¿Me deja escuchar el aviso? *Escúchelo.*
6. ¿Podemos facturar esta bolsa? *Factúrenlo.*
7. ¿Puedo sentarme aquí? *Siéntese.*
8. ¿Nos permite abrir la ventanilla? *Ábranla.*
9. ¿Podemos poner aquí el vaso? *Póngalo.*

2c. Cambia el Imperativo negativo por el afirmativo y a la inversa.

> Desaparece la **-d** final de la forma VOSOTROS cuando sigue el pronombre **os**.
> *sentad + os = sentaos*
>
> En el Imperativo negativo los pronombres siempre van delante.
> *hazlo > no lo hagas*

1. No os levantéis del asiento. *Levantaos del asiento.*
2. No os llevéis la maleta. *Llevaos la maleta.*
3. No os pongáis en este mostrador. *Poneos en ese mostrador.*
4. Sentaos a mi lado. *No os sentéis a mi lado.*
5. Perdeos por el aeropuerto. *No os perdáis por el aeropuerto.*
6. Id a la pantalla de información. *No vayaáis a la pantalla de información.*
7. No os abrochéis los cinturones. *Abrochaos los cinturones.*

3. ¿Qué significan estas señales? Escribe debajo de cada una la prohibición o la obligación.

> **Obligación impersonal**
> HAY QUE + infinitivo
> *Hay que girar a la derecha.*
>
> **Prohibición impersonal**
> NO SE PUEDE + infinitivo
> *No se puede fumar.*

 1. No se puede cruzar.
 2. No se puede fumar.
 3. Hay que tener precaución por el suelo mojado.
 4. Hay que bajar las escaleras.
 5. Hay que llevar casco.
 6. Hay que tener cuidado por las obras.

4a. Observa. Después indica de qué palabras son los diminutivos.

> Los **diminutivos** dan a las palabras un valor afectivo (positivo o negativo).
> *¡Cómo pesa esta maletita!*
>
> Se forman añadiendo:
> –ito / –ita   árbol > arbolito
>   malet(a) > maletita
>   bols(o) > bolsito
>
> – cito / –cita   coche > cochecito
>   avión > avioncito
>
> – ecito / –ecita   flor > florecita
>   (palabra de una sílaba)
>
> A veces el diminutivo acabado en –illo / –illa cambia el significado de la palabra.
> *ventana > ventanilla* (de un vehículo)
> *mesa > mesilla* (de noche)

a. Bolsita — *bolsa*
b. Avioncito — *avión*
c. Mañanita — *mañana*
d. Ventanilla — *ventana*
e. Hombrecito — *hombre*
f. Mujercita — *mujer*

4b. Escribe los diminutivos de estas palabras.

a. Maleta — *maletita*
b. Tren — *trenecito*
c. Bandeja — *bandejita*
d. Tarde — *tardecita*
e. Sala — *solita*
f. Tarjeta — *tarjetita*

D Expresión oral
Pedir, sugerir y hacer recomendaciones

1. A partir de las imágenes, pídele algo a tu compañero.

Pedir permiso		Aceptar
¿Puedo...? ¿Se puede...? ¿Me permite(s)...?	+ infinitivo	Sí, claro. Sí, por supuesto. ¿Cómo no?
Pedir un favor		
¿Puede(s)...? + infinitivo		
Pedir algo prestado		**Negar**
¿Me deja(s)...? ¿Puede(s) dejarme...? ¿Tiene(s)...?	+ sustantivo	Es que... No puedo porque... Lo siento, pero...

Perdona, ¿puedes dejarme tu móvil?
Lo siento, pero es que no funciona.

2. Uno piensa en un lugar público. Los demás tienen que adivinarlo preguntando qué se puede y qué no se puede hacer en él.

No se puede hacer ruido. Hay que hablar bajo. Sólo se puede ir a unas horas de visita...

3. ¿Qué puedo hacer para...? Cuenta un problema y da consejos.

Prohibir	Hacer sugerencias / Aconsejar
Imperativo negativo	Imperativo
No se puede + infinitivo	Debes + infinitivo
Prohibido + infinitivo	¿Por qué no + Presente?
No + infinitivo	

¿Qué puedo hacer para no engordar?
No comas pasteles.
Come ensaladas y carne a la plancha.
¿Por qué no haces deporte?

4. Imagina a tu compañero en estas u otras situaciones. Pregúntale qué le pasa y dile qué tiene que hacer.

a. Tiene miedo a volar.
b. Está harto de trabajar en lo mismo.
c. Tiene sueño porque anoche salió.
d. Está preocupado porque ha perdido a su perro.

Expresar estados físicos y anímicos			
Frases exclamativas	Estar + adjetivo		
¡Qué cansado/a estoy! ¡Qué harto/a estoy!	(No) estoy	un poco muy	preocupado/a. cansado/a. harto/a.
	Tener + sustantivo		
¡Qué sueño tengo! ¡Qué calor tengo!	(No) tengo	mucho nada de	calor. sueño. miedo.

¡Qué miedo tengo!
¿Qué te pasa?
Estoy muy nervioso. No me gusta volar.
¿Por qué no te tomas una pastilla para dormir?

Mundo hispano

Compañías aéreas

1. Lee estos textos.

Cubana de Aviación

Fundada el 8 de octubre de 1929, es una de las primeras aerolíneas creadas en América Latina, y que han sabido sobrevivir subiéndose a la "revolución tecnológica aeronáutica", lo que le ha permitido avanzar hasta el presente. www.cubana.cu

Mexicana de Aviación
El 12 de julio de 1921 se fundó, en el Distrito Federal, la Compañía Mexicana de Transportación Aérea (CMTA). El 20 de agosto de 1924, en Tampico, se constituyó la Compañía Mexicana de Aviación S.A. Durante el año 2001, Mexicana de Aviación celebró las primeras ocho décadas de transportar sueños. www.mexicana.com

Aerolíneas Argentinas
El primer paso hacia la gran línea aérea se dio en 1929, cuando se creó Aeroposta, línea de correo aéreo. Después se creó ALFA (Aviación Litoral Federal Argentino) y FAMA (Flota Aérea Mercante Argentina), que hizo los primeros vuelos intercontinentales de una línea argentina, en 1946. Poco después se unieron todas las compañías aéreas en las llamadas: Aerolíneas Argentinas. www.aerolineas.com.ar

Copa Airlines
Fundada en 1947, empezó realizando vuelos domésticos a tres ciudades dentro de la República de Panamá con tres aviones. En la década de los sesenta, inaugura su servicio internacional. www.copaair.com

Avianca

Fue la primera línea aérea privada comercial fundada en Iberoamérica. El 5 de diciembre de 1919 empezaba a hacerse realidad el sueño de volar para los colombianos. www.avianca.com.ar

LanChile
LanChile comenzó oficialmente sus operaciones el 5 de marzo de 1929 con el nombre de Línea Aeropostal Santiago-Arica. El 21 de julio de 1932 el gobierno chileno promulgó una ley por la cual se creaba una nueva aerolínea propiedad del gobierno, la Línea Aérea Nacional (LanChile). www.lanchile.com

Pluna
La historia de Pluna despegó el 20 de noviembre de 1936 y realizó su primer vuelo uniendo Montevideo con las ciudades del interior de la República del Uruguay: Salto y Paysandú. www.pluna.aero

Iberia
Iberia celebró en 2002 el 75 aniversario de su fundación, que tuvo lugar el 28 de junio de 1927. En estos 75 años, cerca de 500 millones de personas han viajado con Iberia. Gracias a todos estos clientes esta compañía aérea está situada hoy entre las cinco más importantes de Europa, y es líder indiscutible en España, en las rutas que unen España con Europa y Europa con América Latina, y probablemente la compañía europea más rentable. www.iberia.com

2. Responde a las preguntas.

a. Busca un sinónimo de "compañía aérea". — *Aerolínea*

b. Busca una palabra que signifique "diez años". — *Década*

c. ¿De qué país son las compañías Avianca, Pluna y Copa? — *De Colombia, Uruguay y Panamá*

d. ¿Cuál es la compañía aérea más antigua? ¿Y la más moderna? — *La más antigua es Avianca y la más moderna, Copa*

e. ¿Qué compañía resultó de la unión de varias? — *Aerolíneas Argentinas*

f. ¿Cuáles empezaron llamándose de otra manera? — *LanChile y Méxicana de Aviación*

g. ¿Qué compañías se crearon para servir de correo aéreo? — *Aerolíneas Argentinas y Lan chile*

Síntesis

A B C D E

1. Lee la información de esta compañía aérea y responde.

Documentación de viaje
Usted debe verificar que sus documentos de viaje (pasaporte, visa, certificado de vacunación, etc.) están en orden. CUBANA de AVIACIÓN se reserva el derecho de no aceptar a aquellos pasajeros con documentos de viaje que no están en regla.

Reconfirmación
Confirme su reservación, en nuestras oficinas, con un mínimo de 72 horas antes de la salida de su vuelo. De lo contrario, puede ser cancelada.

Chequeo
Preséntese en el aeropuerto a la hora que ha sido citado.

Impuesto aeroportuario
El pago del impuesto aeroportuario no está incluido en el precio del boleto. En Cuba debe ser abonado por el pasajero en el aeropuerto, antes de embarcar, en las oficinas correspondientes.

Instrucciones de Seguridad
Usted tiene que prestar especial atención a las instrucciones de seguridad que realizan los auxiliares de a bordo. Durante el despegue y el aterrizaje mantenga ajustado el cinturón de seguridad.

Equipos electrónicos
Se prohíbe a bordo de la aeronave, durante la travesía, la utilización de equipos electrónicos porque pueden interferir la seguridad de las aeronaves, tales como: aparatos tipo *Walkman*, teléfonos celulares, cámaras de vídeo, radios, discos compactos...

Texto adaptado

a. Busca todos los verbos en Imperativo y di cuál es el Infinitivo de cada uno. Después ponlos en Imperativo negativo.

Confirme (confirmar): no confirme - Preséntese (presentarse): no se presente - Mantenga (mantenerse): no mant

b. Relaciona.

- a. Reservación 3
- b. Chequeo 5
- c. Boleto 7
- d. Auxiliar de a bordo 1
- e. Ajustado 8
- f. Aeronave 2
- g. Travesía 6
- h. Teléfono celular 4

1. Azafata
2. Avión
3. Reserva
4. Teléfono móvil
5. Facturación
6. Vuelo
7. Billete
8. Abrochado

c. ¿Qué es obligatorio es cada caso?

- Documentación: *Verificar los documentos.*
- Reconfirmación: *Confirmar la reserva 72 horas*
- Chequeo: *Presentarse en el aeropuerto a la hora*
- Impuesto: *Abonar el impuesto aeroportuario en el aeropuerto antes de embarcar.*
- Seguridad: *Prestar atención a los auxiliares de bordo y mantener ajustado el cinturón de seguridad.*

Taller de Internet

Reserva y compra un billete de avión

a) Entra en la página web www.rumbo.es. Selecciona el aeropuerto de salida. Selecciona el destino. Selecciona o escribe las fechas de salida y de regreso. Selecciona el número de adultos y de niños que viajan. Pulsa en "Buscar".

b) Observa el resultado y responde:

¿Cuántas opciones han salido?   ¿Hay que hacer escalas?
¿Cuál es la más barata?   ¿A qué hora es la salida y la llegada?

Ya conoces

A B C D E

1a. Las expresiones para pedir:

Pedir permiso		Aceptar
¿Puedo...?		Sí, claro.
¿Se puede...?	+ infinitivo	Sí, por supuesto.
¿Me permite(s)...?		¿Cómo no?
Pedir un favor		
¿Puede(s)...? + infinitivo		
Pedir algo prestado		**Negar**
¿Me deja(s)...?		Es que...
¿Puede(s) dejarme...?	+ sustantivo	No puedo porque...
¿Tiene(s)...?		Lo siento, pero...

1c. Y para expresar estados físicos y de ánimo:

Expresar estados físicos y de ánimo			
Frases exclamativas	**Estar + adjetivo**		
¡Qué cansado/a estoy!	(No) estoy muy	un poco cansado/a	preocupado/a. harto/a.
¡Qué harto/a estoy!	**Tener + sustantivo**		
¡Qué sueño tengo!	(No) tengo	mucho nada de	calor. sueño. miedo.
¡Qué calor calor			

1b. Para aconsejar y prohibir:

Prohibir	Hacer sugerencias / Aconsejar
Imperativo negativo	Imperativo
No se puede + infinitivo	Tienes que / Debes + infinitivo
Prohibido + infinitivo	¿Por qué no? + Presente
No + infinitivo	

2a. El vocabulario del avión: la 1ª clase, las alas, el asiento, la azafata, la cabina, la clase turista, la compañía aérea, el copiloto, el equipaje, la escalerilla, el piloto, la salida de emergencia, la ventanilla, etc.

2b. Y de un aeropuerto: aterrizar, cancelado, despegar, el equipaje, el mostrador, la facturación, la pantalla de información, retrasado, las tarjetas de embarque, la terminal del aeropuerto, etc.

3a. Los verbos regulares en Imperativo:

Hablar		Beber		Vivir		
afirmativo	negativo	afirmativo	negativo	afirmativo	negativo	
habla	no hables	bebe	no bebas	vive	no vivas	Tú
hable	no hable	beba	no beba	viva	no viva	Usted
hablad	no habléis	bebed	no bebáis	vivid	no viváis	Vosotros, as
hablen	no hablen	beban	no beban	vivan	no vivan	Ustedes

3b. Los irregulares:

Venir		Ir		Hacer		Decir		Tener		Salir	
ven	no vengas	ve	no vayas	haz	no hagas	di	no digas	ten	no tengas	sal	no salgas
venga	no venga	vaya	no vaya	haga	no haga	diga	no diga	tenga	no tenga	salga	no salga
venid	no vengáis	id	no vayáis	haced	no hagáis	decid	no digáis	tened	no tengáis	salid	no salgáis
vengan	no vengan	vayan	no vayan	hagan	no hagan	digan	no digan	tengan	no tengan	salgan	no salgan

16 Ya verás

Hablar del futuro

Objetivos

- Saber hablar del futuro.
- Aprender a hacer predicciones.
- Expresar condiciones y consecuencias.
- Expresar obligación impersonal.
- Practicar la entonación de la frase interrogativa.
- Conocer el léxico de los electrodomésticos y los ordenadores.
- Estudiar el Futuro simple.
- Estudiar la oración condicional real: *SI* + Presente, Futuro.
- Profundizar en el uso de la impersonalidad.
- Saber hacer previsiones sobre el futuro.
- Conocer algunos aspectos del lenguaje no verbal.

Desarrollo de las secciones

Ha llegado el momento de introducir el tiempo verbal del Futuro. El título de la unidad lo demuestra explícitamente: "Ya verás". Además esta frase lleva en sí un significado que la relaciona directamente con los actos de habla que se ponen en práctica en el diálogo de entrada: hacer predicciones y expresar sus consecuencias. Cuando una persona hace una predicción y su interlocutor se muestra escéptico, esta persona suele añadir: "Ya verás (como esto va a ocurrir)".

Los personajes que intervienen en el diálogo hacen predicciones sobre el futuro tomando como pretexto los artículos que aparecen en una revista que están leyendo. De ahí que la primera actividad consista en deducir cuáles son los titulares de esos artículos. En un segundo momento se le pide al estudiante que complete la descripción del hombre del futuro que se hace en el diálogo.

Sugerencia: A lo largo del libro se ha ido practicando la descripción en presente, en pasado (Pretérito Imperfecto) y ahora nos adentramos en una descripción en futuro (para hacer predicciones). Con el fin de repasar los tres tipos de descripción, se puede proponer a los estudiantes que describan los diferentes estadios evolutivos del ser humano a partir de la siguiente ilustración y pedirles que predigan cómo ven el hombre del futuro según el texto adjunto.

Algunos investigadores hablan ya del nacimiento de una nueva especie de hombre: el "Homo sapiens cosmicus". Se trata, obviamente, de los futuros habitantes de las bases espaciales. Su organismo tendrá que adaptarse a las características de la vida extraterrestre.
EL MUNDO (texto adaptado)

Comprensión y práctica

La primera actividad recoge los aspectos fundamentales del diálogo de entrada, por lo que resulta una ayuda inestimable para comprender perfectamente la audición. El estudiante sólo tiene que relacionar cada frase con el personaje que la ha emitido y familiarizarse con una de las funciones fundamentales de la unidad: hablar del futuro y hacer predicciones. Un segundo ejercicio de comprensión conduce al alumno hacia las ideas principales del mensaje con el fin de que ponga su atención en estos tres aspectos: el hombre, las máquinas y el trabajo.

Se completa el estudio de la entonación con el análisis de las diferentes líneas melódicas que pueden aparecer en las frases interrogativas.

Ficha de información — La entonación de la frase interrogativa

Si la frase interrogativa es larga, se suele dividir en dos o más grupos fónicos. En ese caso sólo la línea melódica del último grupo termina hacia arriba.
¿Ya no habrá lavadoras, ↓ ni aspiradoras, ↓ ni lavavajillas? ↑

Si la frase tiene dos grupos fónicos unidos por la conjunción **o**, el primero termina hacia arriba y el segundo hacia abajo.
¿Quieres conocer el futuro ↑ o no? ↓

En la segunda parte de esta sección, se introduce al estudiante en los contenidos gramaticales (el Futuro) y léxicos (los electrodomésticos) que verá a lo largo de la unidad. En los ejercicios 4a y 4b se le pone en contacto con el tiempo Futuro para que deduzca su formación a partir del infinitivo y reconozca las diferentes desinencias según la persona y el número.

Y no olvidamos una pequeña actividad de práctica oral que animará el ritmo de la clase y potenciará la creatividad de los alumnos. Para su desarrollo y evaluación, el profesor valorará también que el alumno combine de forma espontánea el recién aprendido tiempo verbal con la perífrasis "*IR a* + infinitivo".

Por último, en el apartado "A la escucha" retomamos un tipo de documento ya utilizado en la unidad 8 (nivel A1) y de uso frecuente en todos los medios de comunicación (televisión, radio, prensa...): la información meteorológica. A partir de una grabación auténtica, se propone una amplia variedad de preguntas de control de la comprensión: elección múltiple, preguntas cerradas y ejercicios de verdadero o falso. El profesor puede aprovechar para repasar el léxico de las estaciones del año y el tiempo meteorológico.

Ficha de información — El tiempo meteorológico

Estaciones del año: *la primavera, el verano, el otoño, el invierno.*
Elementos: *el sol, la nube, la lluvia, la niebla, la nieve, la tormenta, el granizo, el viento, el trueno, el relámpago, el rayo, la tempestad...*
Verbos: *llover, nevar, granizar, helar, tronar, calentar, soplar, nublar...*
Adjetivos: *bueno, malo, nublado, soleado, cubierto, lluvioso, nevado, ventoso, tempestuoso...*
Sensaciones térmicas: *frío, calor, altas temperaturas, bajas temperaturas...*

Léxico

Si hablamos del futuro, no hay duda de que el léxico de las máquinas, en toda su extensión, se hace obligatorio. En casi todas las actividades el alumno tendrá que relacionar las palabras con su imagen (en forma de dibujo o fotografía), que le ayudarán a retenerlo de una forma más eficaz.

En esta sección, no sólo nos detenemos en los electrodomésticos habituales del hogar (entre los que ya incluimos el ordenador y todos sus componentes), sino que también tratamos de ofrecer un léxico especializado para satisfacer las necesidades del estudiante más interesado en las nuevas tecnologías.

16

Sugerencia: Como sabemos que el nuevo léxico de la ciencia y la tecnología es un tema de máximo interés, el profesor podrá ampliar las actividades a partir de la siguiente propuesta.

Lee y relaciona:

1. Clonación.
2. Mega.
3. Agujero negro.
4. Biodiversidad.
5. Energía eólica.
6. Genoma.
7. Infopista.
8. Proteína
9. Resonancia magnética.
10. Cedé.

a. Cuerpo celeste que no se ve porque va a más velocidad que la luz.
b. Disco que usa la tecnología láser para grabar o leer información.
c. Realización de clones (seres iguales a partir de la misma célula).
d. Conjunto de cromosomas o genes de un ser vivo.
e. "Un millón". Se usa para formar nombres múltiplos de unidades.
f. Es una red continua de información y bases de datos en Internet.
g. Compuesto químico, constituyente básico de la materia viva.
h. Número de especies vegetales y animales que viven en una zona.
i. Energía creada por la acción del viento.
j. Uso del escáner en Medicina para estudiar el interior del cuerpo humano.

Gramática

El objetivo gramatical principal de la unidad es aprender la conjugación del Futuro, así como sus diferentes usos, en particular, en la frase condicional. Primero se le propone al alumno el paradigma del Futuro de los verbos regulares. Podrá observar que las terminaciones son las mismas para los tres grupos y que el futuro se forma a partir del infinitivo. Luego el alumno tomará en cuenta la lista de los Futuros irregulares más usuales, y en muy poco tiempo, con los ejercicios del libro, podrá dominar la conjugación de este tiempo.

Con el Futuro el alumno puede ahora construir la frase condicional para expresar una acción probable o posible en el presente o en el futuro, es decir, expresar una condición realizable. La construcción de esta frase se construye de la manera siguiente:

Conjunción de subordinación	verbo subordinado	verbo principal	Ejemplos:
Si	Presente de Indicativo	Presente de Indicativo o Futuro	*Si viene, le acompaño.* *Si viene, le acompañaré.*

Para practicar el uso de la oración condicional, el ejercicio 3b propone al alumno que haga frases según el modelo indicado a partir de una serie de viñetas.

La sección gramatical se termina con el estudio de la impersonalidad.

16

Ficha de información — La oración impersonal

Las oraciones impersonales son aquellas que carecen de sujeto explícito o implícito. Hay oraciones introducidas con la partícula *se* que encubre al actor de la acción, pero que no expresa ninguna otra función. Estas oraciones se utilizan para hablar en general.
Aquí se vive mejor.

La impersonalidad se produce también con la tercera persona plural de los verbos. Son casos en que la tercera persona no se relaciona necesariamente con un sujeto léxico plural, pues la referencia puede ser la de un solo individuo.
Llaman a la puerta. (Expresa la acción de un ser anónimo y no importa saber quién lo hace.)

Expresión oral

La sección de "Expresión oral" está centrada en las previsiones y actividades sobre el futuro. Se pide al alumno que en grupos, y a partir de una viñetas, dé rienda suelta a su creatividad para imaginar cómo será el futuro. Para ello, se le ofrece en el libro un cuadro de estructuras para expresar algo *seguro/cierto*, *probable/posible* e *improbable/imposible* que le facilitan la interacción en el grupo.

A continuación se propone un juego en el que un participante simula ser un visionario y ayuda al otro a conocer su futuro.

Por último, se presentan una serie de profesiones de posible interés para el futuro no muy lejano: médico alternativo, ayudante doméstico, cuidador de ancianos y asistente técnico. El alumno tiene que leer el texto y opinar sobre cuál de ellas tiene más futuro. A raíz de este ejercicio el profesor puede organizar un debate en la clase sobre este tema.

Mundo hispano

Esta última unidad del nivel A2 trata el lenguaje no verbal en la comunicación, analizando algunos gestos típicos de España y América Latina. En efecto, la comunicación entre las personas no sólo se realiza mediante palabras, sino que el comportamiento no verbal cumple un papel importante. Además los gestos no son los mismos en todos los países y es necesario conocer el sentido de cada uno. Para aprenderlos, se propone una actividad en la que cada gesto debe ser asociado con un icono y una explicación. Luego se le pregunta al alumno qué gestos peculiares existen en su país y en qué circunstancias se utilizan.

Las actividades sobre los gestos van más allá, puesto que se contextualizan en minidiálogos y al final se apela a la imaginación del estudiante proponiéndole que escenifique de los gestos que ha aprendido.

Síntesis

Como es habitual, el objetivo de "Síntesis" es poner en práctica todo lo que se ha aprendido. En esta ocasión, para alcanzar este objetivo se utilizan los titulares del periódico digital *EL MUNDO*, que recoge una serie de artículos llamativos, e incluso algo provocadores, sobre el futuro. El alumno tiene que asociarlos con textos y luego dar su punto de vista sobre estas predicciones, decir si le parece exagerado o si comparte tales posturas. Puede entonces entablarse en la clase una discusión o minidebate sobre temas que siempre resultan interesantes. La unidad se termina con un trabajo escrito sobre uno de los titulares que el alumno habrá escogido para redactar. El profesor puede optar por una actividad individual, por parejas o en grupo.

16 Ya verás

1. Escucha el diálogo y di qué titulares tiene el reportaje que está leyendo el protagonista.

Los viajes al **espacio** serán una diversión nueva.

Nuestros hijos tendrán un **trabajo** más creativo. Las máquinas harán lo demás.

Las **comunicaciones** con satélites desarrollarán el Tercer Mundo.

Si quiere, el **hombre** cambiará físicamente en el futuro.

2. ¿Cómo será el hombre del futuro para los protagonistas del diálogo? Completa el esquema.

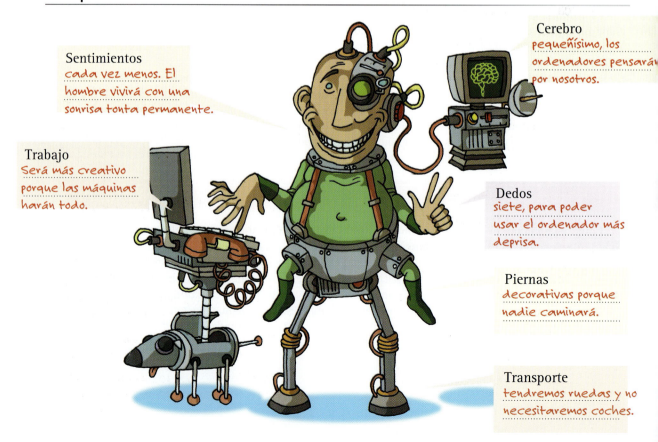

Sentimientos
cada vez menos. El hombre vivirá con una sonrisa tonta permanente.

Trabajo
Será más creativo porque las máquinas harán todo.

Cerebro
pequeñísimo, los ordenadores pensarán por nosotros.

Dedos
siete, para poder usar el ordenador más deprisa.

Piernas
decorativas porque nadie caminará.

Transporte
tendremos ruedas y no necesitaremos coches.

Comprensión y práctica A
Hablando del futuro

1a. Marca quién lo dice.

	Paloma	José
1. El hombre tendrá un cerebro pequeñísimo.	✓	
2. Los ordenadores pensarán por nosotros.	✓	
3. Tendremos siete dedos para usar el ordenador más deprisa.	✓	
4. Nuestras piernas serán decorativas.		✓
5. En lugar de piernas tendremos ruedas.	✓	
6. Un robot hará las faenas del hogar.	✓	
7. El trabajo será más creativo.	✓	
8. El hombre vivirá con una sonrisa tonta permanente.	✓	
9. Habrá que ser feliz por obligación.		✓

1b. Marca las respuestas correctas.

1. En el futuro, el hombre...
   - ☐ no tendrá el mismo aspecto físico que ahora.
   - ☒ podrá modificar su aspecto voluntariamente.
   - ☐ será igual que un ordenador.

2. En el futuro, las máquinas...
   - ☒ harán todo el trabajo del hombre.
   - ☐ irán con nosotros a todas partes.
   - ☐ fabricarán los sentimientos del hombre.

3. En el futuro, el trabajo...
   - ☐ lo harán las lavadoras, las aspiradoras...
   - ☒ será más creativo.
   - ☐ se hará a través de Internet.

2. Marca qué tipo de interrogativa es.

	Con interrogativo	Sin interrogativo	Pregunta de refuerzo
1. ¿Ah, sí?		✗	
2. ¿Y qué dice?	✗		
3. ¿Por qué lo dices?	✗		
4. Nadie caminará, ¿verdad?			✗
5. ¿Y los sentimientos?		✗	
6. ¿Quién está haciendo bromas sobre el futuro?	✗		
7. Y habrá que ser feliz por obligación, ¿no?			✗

3a. Observa la entonación de la frase interrogativa.

Termina hacia arriba si no tiene interrogativo inicial.

¿Y los sentimientos? ↗

Hacia abajo si tiene interrogativo inicial.

¿Por qué lo dices? ↘

Con partículas como ¿no?, ¿verdad? tiene dos grupos fónicos. El primero termina hacia abajo y el segundo hacia arriba.

Habrá que ser feliz por obligación, ¿no? ↘↗

3b. Pronuncia estas frases. Después escucha y comprueba.

1. Y si no quiere, también cambiará, ¿no?
   ¿Y si no quiere, también cambiará?

2. Los ordenadores pensarán por nosotros.
   ¿Los ordenadores pensarán por nosotros?

3. Hay que tomarse el futuro en serio.
   ¿Hay que tomarse el futuro en serio?

4. En el futuro las máquinas harán todo.
   ¿Qué harán las máquinas en el futuro?

Comprensión y práctica

4a. ¿Qué pasará en el futuro? Relaciona.

a. Nosotros...   1. hará todas las faenas del hogar.
b. Los ordenadores...   2. no conoceremos todas esas cosas.
c. Nuestras piernas...   3. pensarán por nosotros.
d. El robot...   4. caminará.
e. Nadie...   5. vivirá con una sonrisa permanente.
f. El hombre...   6. serán decorativas.

4b. Indica cuál es el infinitivo de los verbos anteriores.

1. Podrá: *poner*
2. Conoceremos: *conocer*
3. Pensarán: *pensar*
4. Caminará: *caminar*
5. Vivirá: *vivir*
6. Serán: *ser*

4c. ¿Y tú? ¿Cómo ves el futuro? Usa estos verbos para explicar tu visión.

> En el futuro, posiblemente conoceremos... y probablemente los hombres serán...
>
> La "televiaje" servirá para viajar desde un sillón de tu casa.

5. Las máquinas del presente. Di a qué corresponde cada definición.

lavadora   televisión   aspiradora   lavavajillas   radio

1. Sirve para lavar los platos. *Lavavajillas*
2. Sirve para limpiar el polvo de la casa. *Aspirad[ora]*
3. Sirve para ver películas. *Televisión*
4. Sirve para lavar la ropa. *Lavadora*
5. Sirve para escuchar música y noticias. *Radio*

A la escucha

Escucha y responde a las preguntas.

a. ¿Qué tiempo hace en el sur? ☐ Frío. ☐ Calor. ☐ Mucho frío. ☒ Mucho calor.
b. ¿Qué temperatura alcanzará el termómetro en el sur de España? *40º C*
c. ¿Dónde llueve? ☐ En el sur. ☒ En el norte. ☐ En el Mediterráneo.
d. ¿Dónde hace viento? ☐ En el sur. ☐ En el norte. ☒ En el Mediterráneo.
e. ¿Qué velocidad podrá alcanzar el viento? *80 km/h*
f. ¿En qué estación estamos? ☒ A principios de verano. ☐ A finales de verano. ☐ En otoño.
g. Di si es verdadero (V) o falso (F).

   (V) 1. Las temperaturas son elevadas.
   (F) 2. Es el tercer fin de semana del verano.
   (V) 3. En el fin de semana las temperaturas subirán.
   (F) 4. Lloverá en la zona norte menos en los Pirineos.
   (F) 5. En las Comunidades mediterráneas soplará un viento suave.

Léxico B
Electrodomésticos. Ordenadores

1a. Los electrodomésticos. Relaciona los nombres con las ilustraciones.

> la aspiradora - la vitrocerámica - la lavadora - el lavavajillas - el microondas - la nevera - la plancha - la batidora - el exprimidor - la freidora - la cafetera - el tostador

a. la freidora d. la plancha g. la batidora j. el exprimidor
b. la vitrocerámica e. el tostador h. la cafetera k. la lavadora
c. la nevera f. la aspiradora i. el lavavajillas l. el microondas

2. El ordenador. Relaciona los nombres con las ilustraciones.

> el monitor - la torre - el ratón - el teclado - la pantalla - los altavoces - la impresora - el escáner - el lector de CD - la disquetera

a. el lector de CD   f. los altavoces
b. la impresora   g. el ratón
c. el teclado   h. la torre
d. la disquetera   i. la pantalla
e. el escaner   j. el monitor

1b. Los aparatos de imagen y sonido. Relaciona. Después di cuáles son más importantes para ti y por qué.

1. Cámara de vídeo.
2. Cámara de fotos digital.
3. Reproductor de DVD.
4. Ordenador portátil.
5. Televisor de pantalla plana.
6. Agenda electrónica.

3. Con la llegada Internet han aparecido palabras nuevas de continuo uso. ¿Qué significan?

a. Arroba   5
b. Conectarse 6
c. Contraseña 7
d. Buscador   3
e. Internauta 8
f. Navegador   4
g. Página web 1
h. Pulsar o pinchar 9
i. Enlace   2

1. Sitio en Internet.
2. Elemento que lleva de un sitio a otro de Internet.
3. Sitio en Internet que da información sobre otros sitios.
4. Programa que sirve para entrar en Internet.
5. En las direcciones de correo electrónico: @.
6. Entrar en Internet.
7. Palabra secreta para entrar.
8. Persona que entra en Internet. También se llama usuario.
9. Hacer clic con el ratón.

C Gramática
Futuro simple

1a. Observa y completa el cuadro.

Futuro de verbos regulares		
INFINITIVO	+	–é
		–ás
		–á
		–emos
		–éis
		–án

	Hablar	Beber	Vivir
Yo	hablaré	beberé	viviré
Tú	hablarás	beberás	vivirás
Él, ella, usted	hablará	beberá	vivirá
Nosotros, as	hablaremos	beberemos	viviremos
Vosotros, as	habláreis	beberéis	viviréis
Ellos, ellas, ustedes	hablarán	beberán	vivirán

1b. Escribe una frase para cada ilustración con los verbos en futuro.

A (yo-regalar)
Te regalaré una cámara de fotos.

B (ellos-vivir)
Vivirán en una casa al lado del mar.

C (yo-exprimir)
Exprimiré unas frutas para mis hijos.

D (tú-escribir)
Escribirán un correo electrónico.

E (vosotros-escuchar)
¿Escucharéis música en el discman?

F (nosotros-limpiar)
Limpiaremos la casa con la aspiradora.

2a. Observa y completa el cuadro.

Futuro de verbos irregulares		
HABER	habr–	–é
PODER	podr–	–ás
PONER	pondr–	
SABER	sabr–	–á
SALIR	saldr–	
TENER	tendr–	–emos
VENIR	vendr–	
QUERER	querr–	–éis
DECIR	dir–	–án
HACER	har–	

Decir	Tener	Querer	Salir
diré	tendré	querré	saldré
dirás	tendrán	querrán	saldrán
dirá	tendrá	querrá	saldremos
diremos	tendremos	querremos	saldremos
diréis	tendréis	querréis	saldréis
dirán	tendrán	querrán	saldrán

2b. Completa con los verbos en futuro.

comprar - elegir - haber - ir - mirar - poner - reservar - ser - tener

- ¿Cuándo **será** la boda de tu hermana?
- El 16 de octubre.
- Falta un mes, pero (nosotros) **tendremos** que comprar los billetes de avión.
- Sí, porque luego no **habrá** billetes y ¿cómo (nosotros) **iremos**?
- Además, ¿qué le (nosotros) **compraremos**?
- No sé, (nosotros) **miraremos** en la lista de bodas.
- ¿Dónde la (ellos) **pondrán**?
- En los almacenes Cadena.
- Perfecto, allí también hay agencia de viajes, así que (nosotros) **elegiremos** un regalo y (nosotros) **reservaremos** los billetes.
- ¿Vamos ahora?
- Tranquila, todavía falta un mes.

Gramática C
La oración condicional. La impersonalidad

2c. Responde negativamente, como en el ejemplo.

1. ¿Has leído este reportaje?
   No, *lo leeré* mañana.
2. ¿Habéis apagado el ordenador?
   No, lo apagaremos después.
3. ¿Has comprado la cámara de vídeo?
   No, lo compraré la semana que viene.
4. ¿Te has conectado a Internet?
   No, me conectaré esta noche.
5. ¿Has puesto el lavavajillas?
   No, lo pondré después de cenar.
6. ¿Habéis entrado en esta página web?
   No, entraremos más tarde.
7. ¿Habéis escrito el correo electrónico?
   No, lo escribiremos esta tarde.

3b. Mira los dibujos y forma frases como en el ejemplo.

(mojar)
Si sale sin paraguas, se mojará.

(engordar)
Si come demasiado, engordará.

(perder el tren)
Si no corre, perderá el tren.

(quemar el pantalón)
Si deja la plancha encima, quemará el pantalón.

3a. Relaciona para formar frases.

Condición	Consecuencia
SI + Presente	Futuro
Si tengo tiempo, iré a verte.	

a. Si llueve... 4
b. Si dejas el coche aquí... 5
c. Si hace buen tiempo... 2
d. Si me suben el sueldo... 6
e. Si tú lavas los platos... 1
f. Si llego a los cien años... 3

1. yo pasaré la aspiradora.
2. saldremos de excursión.
3. veré al hombre viajar a otros planetas.
4. cenaremos dentro.
5. se lo llevará la grúa.
6. me compraré un coche nuevo.

4. Observa y relaciona para formar frases.

Impersonalidad		
SE + 3ª persona singular	Para hablar en general.	*Aquí se vive mejor.*
3ª persona plural	Cuando no importa quién lo hace.	*En esta revista hablan del trabajo.*

a. Ese restaurante es un poco caro, pero... 6
b. Me gusta mucho la ciudad, pero reconozco que... 1
c. ¿Puedes abrir, por favor? Creo que... 5
d. No quiero ver esa película porque... 4
e. En menos de 50 años... 3
f. En este programa de televisión... 2

1. en el campo se vive mejor.
2. hablan de las nuevas tecnologías.
3. se viajará a otros planetas.
4. dicen que no es buena.
5. llaman a la puerta.
6. se come muy bien.

D Expresión oral
Hacer previsiones sobre el futuro

1a. En grupos. Vamos a imaginar cómo será el futuro.

Expresión del futuro	
Seguro / Cierto	
Es seguro que... Estoy seguro de que...	
Probable / Posible	+ FUTURO
Probablemente... Seguramente... Posiblemente...	
Improbable / Imposible	
Seguro que no... Estoy seguro de que no...	

1. Desplazarse con vehículos sofisticados.

Estoy seguro de que en el futuro el hombre se desplazará con vehículos sofisticados.

Probablemente.

2. Ordenador sustituir al colegio.　　3. Vivir 150 años.

4. Vivir en el espacio.　　5. Alimentarse con pastillas.

1b. Explica cómo ves el futuro en estos aspectos.

a. Los trasportes　　d. El cuerpo humano
b. La enseñanza　　e. La vivienda
c. Los idiomas　　f. La alimentación

2. Imagina que tu compañero puede ver el futuro. Pregúntale cómo será el tuyo.

¿Seguiré estudiando?

Sí, seguirás estudiando un año más.

¿Y después qué haré?

Cambiarás de trabajo.

¿Y me casaré?

3. ¿Cuál de estas profesiones tiene más futuro? Lee el texto, elige una profesión y di las ventajas que tendrá en un futuro próximo.

LAS PROFESIONES DEL FUTURO

Médico alternativo: a diferencia de la medicina clásica, trata no sólo la enfermedad, sino que intenta mejorar el estado general de salud física y mental.

Ayudante doméstico: es el sustituto de los padres cuando estos trabajan fuera del hogar. Además se encarga de las labores de limpieza, de la organización de la economía familiar, de la educación y cuidado de los niños...

Cuidador de ancianos: cuida y entretiene en casa a las personas mayores que no pueden ser atendidas por su familia.

Asistente técnico: es reparador de todos los electrodomésticos y aparatos electrónicos del mercado. Trabaja las 24 horas del día, incluso los festivos.

Yo creo que la profesión que tendrá futuro será...

Mundo hispano

El lenguaje no verbal

1. Observa estos gestos de España y América Latina. Relaciona las imágenes con la descripción.

1. Expresar negación:
Se gira la cabeza de derecha a izquierda.

2. Expresar precio:
Se une el dedo pulgar con el índice y se frotan varias veces.

3. Expresar desconocimiento:
Se suben los hombros.

4. Expresar que se está harto:
Se pasa la mano por encima de la cabeza.

5. Pedir que alguien no hable más:
Se usan los dedos a modo de unas tijeras.

6. Expresar que hay mucha gente en un sitio:
Se juntan y se separan varias veces los dedos de una o las dos manos hacia arriba.

7. Expresar que alguien está muy delgado:
Se levanta la mano con el puño cerrado y el meñique extendido.

8. Expresar que alguien es un desvergonzado:
Se dan unos golpecitos con la mano sobre la cara.

9. Expresar que alguien está loco:
Se lleva el dedo índice hacia un lado de la frente y se mueve en círculos.

10. Expresar que hemos olvidado algo:
Se lleva la mano a la cabeza en un gesto rápido.

11. Expresar que algo no es exacto, sino aproximadamente:
Se pone la mano a la altura del pecho con la palma hacia abajo y se balancea.

12. Pedir a alguien que venga:
Se extiende el brazo y se dobla varias veces la mano con la palma hacia arriba o hacia abajo.

2. ¿Hay algún gesto igual en tu país? Di qué gestos utilizas normalmente.

3. Escucha los diálogos y relaciónalos con uno de los gestos.

1. G   2. H   3. A   4. C   5. B
6. F   7. J   8. E   9. L   10. I

4. Inventa y escenifica un diálogo en el que se utilicen 3 ó 4 gestos. Tus compañeros adivinan qué significan los gestos usados.

Síntesis

A B C D E

1. Relaciona los titulares de los artículos con los textos.

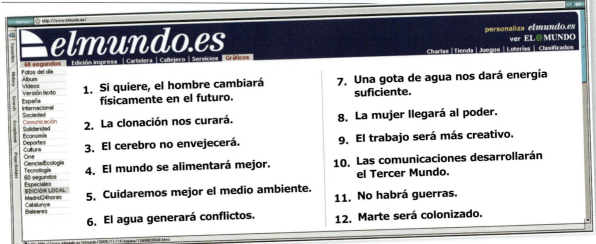

1. Si quiere, el hombre cambiará físicamente en el futuro.
2. La clonación nos curará.
3. El cerebro no envejecerá.
4. El mundo se alimentará mejor.
5. Cuidaremos mejor el medio ambiente.
6. El agua generará conflictos.
7. Una gota de agua nos dará energía suficiente.
8. La mujer llegará al poder.
9. El trabajo será más creativo.
10. Las comunicaciones desarrollarán el Tercer Mundo.
11. No habrá guerras.
12. Marte será colonizado.

[9] Internet está modificando el trabajo. Lo que hoy es raro será normal: cada vez habrá más personas trabajando desde su casa para "hiperempresas".

[2] Mediante la clonación la medicina será capaz de sanar enfermedades ahora incurables.

[3] En un futuro próximo se podrá combatir la depresión, el dolor o, ¿por qué no?, el Alzheimer. Si la humanidad consigue conservar el planeta Tierra sano, el XXI será el Siglo de Oro de la inteligencia.

[4] En 2010 la población con una alimentación deficiente se reducirá a 680 millones de habitantes. La puesta en cultivo de nuevas tierras, la utilización de sistemas de explotación "limpios" y la incorporación de nuevos elementos a la dieta permitirán no sólo dar de comer a toda la humanidad, sino hacerlo de manera adecuada.

[7] Una gota de agua producirá la energía que consume una persona en toda su vida.

[8] La mujer ocupará puestos de máxima responsabilidad, tanto en su profesión como en la política o en los consejos de administración.

[12] La colonización del espacio comenzará con la construcción de un observatorio espacial en la Luna en 2010. La exploración del Universo nos dará no sólo conocimiento, sino también materiales que ya no tendremos. La extracción de minerales en Marte será una realidad en 2070.

a. ¿Estás de acuerdo con estas predicciones? ¿Por qué? ¿Cuál te parece más posible?

b. Elige uno de los titulares sin noticia y redáctala.

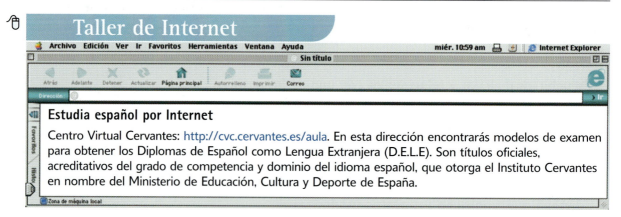

Ya conoces

A B C D **E**

1. Las expresiones para hablar del futuro:

Expresión del futuro	
Seguro / Cierto	
Sí Es seguro que Estoy seguro de que	
Probable / Posible	
Probablemente Seguramente Posiblemente	+ FUTURO
Improbable / Imposible	
No Seguro que no Estoy seguro de que no	

2a. **Los electrodomésticos:** la aspiradora, la batidora, la cafetera, el exprimidor, la freidora, la lavadora, el lavavajillas, el microondas, la nevera, la plancha, el tostador, la vitrocerámica, etc.

2b. **Las herramientas de los ordenadores:** los altavoces, la disquetera, el escáner, la impresora, el lector de CD, el monitor, la pantalla, el ratón, el teclado, la torre, etc.

2c. **El vocabulario propio de Internet:** la arroba, conectarse, la contraseña, el buscador, el/la internauta, el navegador, la página web, pulsar o pinchar, el enlace, etc.

3a. Los verbos en Futuro:

Futuro de verbos regulares		
INFINITIVO	+	–é –ás –á –emos –éis –án

Futuro de verbos irregulares		
HABER	habr–	–é
PODER	podr–	–ás
PONER	pondr–	
SABER	sabr–	–á
SALIR	saldr–	
TENER	tendr–	–emos
VENIR	vendr–	
QUERER	querr–	–éis
DECIR	dir–	–án
HACER	har–	

3b. La oración condicional:

Condición	Consecuencia
SI + Presente	Futuro
Si tengo tiempo, iré a verte.	

3c. Y la impersonalidad:

Impersonalidad		
SE + 3ª persona singular	Para hablar en general.	*Aquí se vive mejor.*
3ª persona plural	Cuando no importa quién lo hace.	*En esta revista hablan del trabajo.*

III Cuaderno de Refuerzo

1 Presentarse

Pronunciación y ortografía

1b. b. Clara; c. Celia; d. Miguel; e. Juan; f. Chelo.
2b. 2. ¿Cómo te llamas?; 3. ¡Hola, Marta!; 4. ¿Y tú?;
5. ¿De dónde eres?; 6. ¡Hasta luego!; 7. ¡Muy bien!;
8. ¿"Tomas" es nombre o apellido?

Comprensión y expresión

1. A – Escucha; B – Lee; C – Habla;
   D – Pregunta; E – Mira / Observa;
   F – Escribe.
2a. 1. Muy buenos días. Yo soy Antonio.
   Y usted, ¿cómo se llama?
   2. Hola. Yo soy María.
   3. ¿Y de apellido?
   4. Gil Pérez, María Gil Pérez.
   5. ¡Ah! Mucho gusto.
   6. Encantada.
   7. ¿Y de dónde es?
   8. De Colombia. Usted es argentino, ¿no?
   9. No, no. Soy uruguayo, de Montevideo.
   10. Bueno, hasta luego.
   11. Adiós.
2b.
   En una situación informal
Para saludarle: Hola.
Para despedirte: Adiós / Hasta luego.
Para saber su nombre: ¿Cómo te llamas?
Para conocer su apellido: ¿Cuál es tu apellido?
Para conocer su nacionalidad: ¿De dónde eres?
   En una situación formal
Para saludarle: Buenos días.
Para despedirte: Adiós, hasta mañana.
Para saber su nombre: ¿Cómo se llama?
Para conocer su apellido: ¿Cuál es su apellido?
Para conocer su nacionalidad: ¿De dónde es?

2c. 1. ¿Cómo te llamas?; 2. ¿De dónde eres?;
3. ¿Como te llamas?; 4. ¿Sois bolivianas?;
5. ¿Cuál es tu apellido?; 6. ¿Cómo estáis?;
7. ¿Cuál es su nacionalidad?; 8. ¿Eres Eduardo?

Léxico

1. Argelia: argelino, argelina.
Australia: australiano, australiana.
Brasil: brasileño, brasileña.
Bulgaria: búlgaro, búlgara.
Colombia: colombiano, colombiana.
Costa Rica: costarricense.
Chile: chileno, chilena.
España: español, española.
Holanda: holandés, holandesa.
India: indio, india.
Inglaterra: inglés, inglesa.
Japón: japonés, japonesa.
Marruecos: marroquí.
Noruega: noruego, noruega.
Suecia: sueco, sueca.
Suiza: suizo, suiza.
2b. 2. colombiano; 3. salvadoreño;
4. panameño; 5. italiana; 6. búlgaro;
7. australiano; 8. cubano.
2c. b. costarricense; c. chino, china;
d. holandés, holandesa; e. uruguayo, uruguaya;
f. brasileño, brasileña;
g. estadounidense; h. japonés, japonesa;
i. chileno, chilena; j. indio, india.

Gramática

1b. 2. Tú; 3. Yo; 4. Él; 5. Tú; 6. Vosotros; 7. Usted;
8. Nosotros.
1c. 2. Nosotros; 3. Ellos; 4. Ella; 5. Yo; 6. Vosotros;
7. Nosotros; 8. Yo; 9. Ellos; 10. Yo.
1d. 2. ¿Cómo te llamas?
3. ¿Eres (tú) Luis Sánchez?
4. ¿Cómo estás?
5. ¿Y vosotros cómo os llamáis?
6. ¿De dónde sois?
7. ¿Cómo estáis?
8. ¿Sois vosotros los Señores Ruiz?
1e. -ar: llamarse, completar, observar, escuchar,
preguntar, relacionar, numerar, clasificar, deletrear,
mirar, hablar, situar, utilizar.
-er: ser, poner, leer.
-ir: decir, oír, despedir, escribir, repetir.
2a. eres, son, estoy, está, estáis.
2b. 2. es; 3. estamos; 4. Somos; 5. estoy;
6. está; 7. es; 8. sois; 9. están; 10. soy / es.
3b. 2. Son; 3. están; 4. soy; 5. es; 6. es;
7. sois; 8. estamos; 9. estás; 10. estoy / estoy.

2 Pedir en un bar

Pronunciación y ortografía

1b. b. Gracias; c. Perdón; d. Agua; e. Paella;
f. Patatas; g. Café; h. Tortilla; i. Arroz;
j. Jamón; k. Repetir; l. Fiesta.
1c.
a. Título	Tituló
b. Canto	Cantó
c. Carácter	Caracteres
d. Ejército	Ejercitó
e. Cálculo	Calculó
f. Público	Publicó
g. Hábito	Habitó
h. Género	Generó

1d. Cádiz, Granada, Córdoba, Málaga, Almería,
Jaén, Huelva, Sevilla.

Comprensión y expresión

1a. 2 – E; 3 – F; 4 – C; 5 – B; 6 – A.
1b. b – 7; c – 1; d – 3; e – 6; f – 2; g – 4.
2. 1. Buenos días, ¿qué desean?
2. Yo quiero un café con leche, por favor.
3. Y yo uno solo.
4. ¿Algo más?
5. Sí, a mí me pone también una magdalena.
6. Y a mí un cruasán.
7. Lo siento, no tengo cruasán.
8. Pues entonces una ensaimada, por favor.

Claves

3. 2, 3, 4, 6, 8.

Léxico

1a. A – café; B – leche; c – agua; D – tostada; E – zumo; F – chocolate; G – té; H – cruasán; I – churros; J – bocadillo.
1b. Bebidas: café, chocolate, leche, té, zumo. Comidas: bocadillo, cruasán, chocolate, churros, tostada.
1c. 2. Té con limón; 3. Zumo de naranja; 4. Tostadas con mermelada y mantequilla; 5. Agua mineral.
2a. 2- B; 3- A; 4 – D; 5 – F; 6-C.
2b. Primeros platos: ensalada y sopa. Segundos platos: churrasco, pollo asado y pescado. Postre: fruta y pastel de chocolate.

Gramática

1b. b – 4; c – 3; d – 1; e – 2; f - 7; g – 6.
1c. b. dentista; c. locutor; d. padre; e. profesor; f. turista; g. camarero.
2b. Masculinos: mapa, salón, calor, terror, diploma, programa, amor, color, fantasma, árbol, mediodía, enigma, pelo, dolor. Femeninos: tempestad, flor, edad, espada, foto, atención.
3b. 2. Los poetas escriben versos.
3. Los martes voy a cenar con María.
4. Los sillones son para sentarse.
5. Necesito unos paraguas.
6. Quiero frutas y verduras.
4b. b. La; c. El; d. El; e. La; f. El; g. El; h. La.
4c. 2. una; 3. un; 4. una; 5. unos; 6. un; 7. un; 8. unas.

Situar objetos 3

Pronunciación y ortografía

1b. Sonido [k]: queso, cafetería, secretaria, cliente, Pekín, calle, bistec, kárate, tictac, Castilla, correos, Quijote. Sonido [ø]: Venezuela, diez, aceite, arroz, gracias, gazpacho, cero, plaza, López.
1c. b. Clase; c. Educación; d. Casa; f. Parque; e. Calle; g. Pequeño; h. Máquina.
1d. b. Cine; c. Buzón; d. Suizo; f. Zelanda; e. Veloz; g. Lápiz; h. Comenzar; i. Hacer; j. Información; k. Zumo; l. Cereza.

Comprensión y expresión

1b. b. Delante; c. Detrás; d. Debajo; e. Dentro; f. A la derecha.
2a. Fuera - Dentro
Arriba - Abajo
Lejos- Cerca
Delante – Detrás
Encima – Debajo
A la derecha – A la izquierda
2b. 2. Vive muy cerca.
3. El museo está a la izquierda de la Iglesia.
4. Mira fuera de la caja.
5. Está debajo de la cama.
6. La terraza está abajo.

Léxico

1a. 2. Calle; 3. Banco; 4. Estación de metro; 5. Avenida; 6. Tienda; 7. Cafetería; 8. Monumento; 9. Plaza; 10. Estanco; 11. Restaurante; 12. Puesto de la ONCE.
1b. Para visitar: monumento, museo.
Para pasear: parque, avenida, plaza.
Para comer o beber: restaurante, cafetería.
Para comprar: estanco, puesto de la ONCE, mercado.
1c. b. En un estanco; c. En una farmacia; d. En una tienda o en un mercado; e. En una tienda; f. En una cafetería o en una churrería.
1d. a. Avenida Castellana número dieciséis; b. Calle Luna número diecinueve; c. Glorieta Cuatro Caminos número cinco; d. Plaza Callao número trece.
2. 1–e; 2–a; 3-f; 4–g; 5-d; 6-c; 7-b.

Gramática

1a. Hablas, habla, hablamos, hablan.
Bebo, bebe, bebemos, bebéis.
Vivo, vives, vivís, viven.
1b. b. Vosotros; c. Ellos, ellas, ustedes; d. Tú; e. Vosotros; f. Yo; g. Ellos, ellas, ustedes; h. Tú; i. Nosotros; j. ellos, ellas, ustedes; k. Tú; l. él, ella, usted.
1c. Trabajo, desayuno, vivo, como, cenáis, cenamos.
2a. Da, dais.
Vas, va, vais, van.
Viene, vienen.
Ves, vemos, veis, ven.
Sabe, sabéis, saben.
2b. 2. Ellos; 3. Ellos; 4. Él; 5. Yo; 6. Usted; 7. Vosotros; 8. Él; 9. Yo; 10. Vosotras.
2c. 2. Das; 3. Voy; 4. Ven; 5. Van; 6. Veo; 7. Damos; 8. Vengo.
2d. 1. Dan; 2. Sabéis; 3. Dan; 4. Vemos; 5. Van; 6. Vienes; 7. Ven; 8. Sé.
3. Vengo, estoy, voy, sé, doy.

Conocer a alguien 4

Pronunciación y ortografía

2. Perro, Arroz, Correos, Churros.
4. b. Recepcionista; c. Restaurante; d. Israel; f. Tierra; e. Burro; g. Guitarra; h. Enrique; i. Turrón.
5. 2. Departamento; 3. Nosotros; 4. Francés; 5. Recepción; 6. Camarero; 7. Teatro.

Comprensión y expresión

1b. 2. Cómo; 3. Quién; 4. Dónde; 5. Dónde, 6. Cuándo; 7. Cómo; 8. Cuál; 9. Cuál; 10. Cómo; 11. Qué; 12. Qué.

2a. 2. Braum; 3. Restaurante París; 4. Alemán, inglés y

Claves

francés; 5. Trabaja, Tokio; 6. Martín, camarero.

Léxico

1. B–f–4; C–a–2; D–h–6; E–b–9; F–e–3; G–c–8; H–j–5; I–d–7; J–g–10.
2. a–6; b–8; c–1; d–10; e–9; f–3; g–7; h–4; i–2; j–5.
3. Profesor, escuela en Usera, -, -, jornada completa o medio día.
   Actor, productora de Mallorca, alemán, de 30 a 60, -.
   Vigilante, en Madrid, -, -, con título.
   Dependiente, tienda de decoración en Madrid, inglés y francés, de 25 a 32, buena presencia.
   Albañil, constructora en la Costa del Sol, -, de 18 a 30 años, papeles en regla.

Gramática

1b. Piensas, piensa, pensáis, piensan.
   Quiero, quiere, queremos, quieren.
   Me divierto, te diviertes, nos divertimos, os divertís, se divierten.
   Cuentas, cuenta, contamos, contáis, cuentan.
   Puedo, puedes, podemos, podéis, pueden.
   Te mueres, se muere, os morís, se mueren.
1c. 2. Atender; 3. Defender; 4. Pensar; 5. Recomendar; 6. Cerrar; 7. Manifestarse, 8. Invertir.
1d. 2. Entiendo la situación; 3. ¿Enciendo la luz ahora?; 4. Me siento para comer;
   5. Meriendo un vaso de leche y fruta;
   6. ¿Envuelvo el regalo?; 7. Cuento contigo; 8. Los sábados me acuesto tarde; 9. ¿Compruebo los datos?; 10. Apruebo las matemáticas.
1e. E>IE: entender, defender, invertir, atender, recomendar, encender.
   O>UE: poder, volver, acostarse, comprobar, aprobar.
   Sin diptongación: suspender, aceptar, cenar, coser, ahorrar.
2. 2. al, del; 3. al, de la; 4. al; 5. a la; 6. al, a la; 7. al; 8. del.
3b. 2. Ella; 3. mí; 4. tú y yo; 5. yo; 6. ustedes.
3c. 1. nosotros; 2. yo; 3. yo; 4. Tú, ellos; 5. Vosotros, os.

5 Hablar de una fecha

Pronunciación y ortografía

1b. Palabra con sonido [g]: siguientes, seguir, lugar, gustaba, conmigo.
   Palabra con sonido [x]: colegio, dijeron, gente.
1c. b. Paraguas; c. Pregunta; d. Antiguo;
   e. García; f. Luego; g. Nicaragüense;
   h. Vigilar; i. Objeto; j. Naranja;
   k. Vergüenza; l. Oveja; m. Dibujo;
   n. Ortografía; ñ. Jaén; o. Jamón;
   p. Noruega, q. Fotógrafo; r. Ejercicio;
   s. Argentino.

Comprensión y expresión

1. b–4; c–1; d–2.
2. 1. Abren de diez a dos y de cinco a ocho de la tarde.
   2. No, en verano abren hasta las 9 de la noche.
   3. No, los grandes almacenes no cierran al mediodía.
   4. Normalmente cierran a la 1 de la tarde.
3. b–10; c–3; d–9; e–7; f–8; g–4; h–5; i–6; j–1.

Léxico

1b. 2. Noventa y ocho; 3. Cuarenta y uno;
   4. Quince; 5. Noventa; 6. Sesenta y cinco; 7. Setenta y seis; 8. Cincuenta y cinco.

2b. 1–b, Son las cinco y cinco; 3–d, Son las cuatro y cuarto; 4–e, Es la una menos veinte; 5–f, Son las dos menos veinticinco; 6–c, Son las 10 y media.

Gramática

1a. Repites, repite, repiten.
   Pido, pide, pedimos, pedís, piden.
   Ríes, reímos, reís.
1b. e > ie: preferir, mentir, sugerir, divertir.
   E > i: vestir, elegir, servir, repetir, corregir, seguir.
2a. Pones, ponemos, ponen.
   Dice, decís.
   Oye, oyen.
   Hace, hacemos, hacéis, hacen.
   Sales, sale, salís, salen.
   Trae, traemos, traéis.
2b. 1. Tengo, pone; 2. Salgo, oyes; 3. Hacéis, traigo; 4. Dice, oigo; 5. Tienen, tenemos.
2c. 2. Pongo; 3. Traigo; 4. Salgo; 5. Hago.
3b. b. Mentir; c. repetir: d. vestir; e. decir.
4b. 1. Estamos estudiando en clase; 2. Se está vistiendo en su habitación; 3. Se están riendo mucho; 4. Está pidiendo dinero a Mario; 5. Está saliendo del trabajo ahora; 6. ¿Estáis diciendo la verdad?; 7. Se está divirtiendo con sus amigos.
5b. B–1; C–4; D–5; E–2; F–6.

6 Describir personas y objetos

Comprensión y expresión

1a. ¿Cómo son?: amantes de su tierra, abiertos, tolerantes, solidarios, ecologistas.
   ¿Qué les gusta?: Sus tradiciones, encontrarse con amigos, hablar, ver el fútbol en la televisión, discutir, las corridas de toros a algunos.
1c. 1. No me gusta; 2. Me gusta; 3. Me gusta; 4. No me gustan; 5. No me gusta
2. 2–B; 3–D; 4–C.

Léxico

1b. 2. Víctor y Jorge, Sonia, Marisol e Isabel; 3. Rafael, 4. Jorge; 5. Sofía y Rafael;
   6. Sonia; 7. Roberto y María; 8. José, Miguel, Elena, Sofía y Rafael; 9. Sofía; 10. José, Miguel y Rafael, Elena y Sofía.
2. 2. La planta; 3. La lámpara, 4. La estantería; 5. Los cuadros.
3. a–4; b–7; c–1; d–6; e–3; f–5; g–2.

Claves

Gramática

1a. Conozco, conoces, conoce, conocemos, conocéis, conocen. Obedezco, obedeces, obedece, obedecemos, obedecéis, obedecen. Traduzco, traduces, traduce, traducimos, traducís, traducen.
1b. 2. Introduzco; 3. conoce; 4. conduce; 5. obedecemos; 6. traduzco; 7. reconozco.
2. Huyes, huye, huís, huyen. construyo, construye, construimos, Construís.
3a. Adquieres, adquiere, adquirís, adquieren. Juegas, juega, jugamos, jugáis. Huele, oléis, huelen.
3b. 1. Juega; 2. juego; 3. juegan; 4. jugamos; 5. huelen; adquieren.
4b. 2. A Pedro y a Juan les gusta la música pop; 3. ¿Les gustan a ustedes las corridas de toros?
5b. 1. Hay; 2. hay; 3. están; 4. Hay; 5. Hay; 6. Hay.
6b. 1. Dejo estas cosas ahí; 2. Este señor vive en aquel apartamento; 3. Mi casa está aquí cerca; 4. Hay una silla libre allí; 5. Esa mujer no trabaja aquí.

Narrar un hecho del pasado 7

Pronunciación y ortografía

1e. Palabras con tilde: sofá, perdí, bebió, príncipe, viví, atmósfera, caí, árbol, café y azúcar.
1f. Palabras con tilde: cámara, televisión, vídeo, promoción y válida.

Comprensión y expresión

2b. El orden correcto es: c, f, e, a, d, g, b.
2c. b–5; c–4; d–1; e–3.

Léxico

1b. b. Mil ochocientos cincuenta y dos; c. Mil novecientos cuatro; d. Mil novecientos setenta y cinco; e. mil novecientos noventa y dos, f. Dos mil tres; g. Dos mil siete.
1c. 1. El dos, el seis, el doce, el veintitrés, el treinta y cuatro y el cuarenta y nueve.
2. Nueve mil ochocientas treinta.
3. Cinco mil doscientas cuarenta y siete.
4. Trescientos veinticuatro.
5. Dos mil ochenta y ocho.
6. No, no hay ninguno.
2a. A. Ojo; B. Nariz; C. Cabeza; D. Boca; E. Oreja; F. Cuello; G. Brazo; H. Mano; I. Estómago; J. Pecho; K. Pie; L. Pierna.
2b. 2. Mano; 3. Dedos; 4. Ojo; 5. Nariz; 6. Oreja / Oído.
2c. b–4; c–1; d–5; e–2.

Gramática

1a. Hablaste, habló, hablamos, hablasteis, hablaron. Bebí, bebiste, bebió, bebimos, bebisteis, bebieron. Viví, viviste, vivió, vivimos, vivisteis, vivieron.
1b. b. Nosotros; c. Ellos; d. Vosotros; e. Él; f. Él; g. Ellos; h. Tú; i. Tú; j. Él, k. Vosotros; l. Él.
1c. b. -ió; c. -imos; d. -é; e. -iste; f. -ó; g. -aron; h. -asteis; i. -aron.
2a. Fuiste, fue, fuisteis, fueron.
Estuviste, estuvimos, estuvisteis, estuvieron.
Di, dimos, disteis, dieron.
Supiste, supo, supisteis, supieron.
Quiso, quisimos, quisisteis, quisieron.
Pudiste, pudo, pudimos, pudisteis.
Dormí, durmió, dormimos, dormisteis.
Moriste, morimos, moristeis, murieron.
2b. 2. Quise ir a casa; 3. Estuve de vacaciones en Cuba; 4. Fui a casa de mis padres; 5. Les di todo mi amor a mis hijos; 6. Durmieron mal todas las noches; 7. No supiste la lección; 8. Murió a los 84 años.
2c. Pedí, pidió, pedimos, pedisteis.
Reí, reíste, reísteis, rieron.
Repetiste, repitió, repetimos, repetisteis.
Leíste, leímos, leísteis, leyeron.
Tuviste, tuvo, tuvisteis, tuvieron.
Puse, pusimos, pusisteis, pusieron.
Dijiste, dijimos, dijisteis, dijeron.
Oíste, oyó, oímos, oísteis.
Hice, hiciste, hicimos, hicieron.
2d. 2. ¿Pedisteis permiso para entrar?; 3. ¿Hiciste el trabajo?; 4. ¿Tradujisteis el texto?; 5. ¿Tuvieron suerte?; 6. ¿Trajiste el pan?
3b. 2. Dolió; 3. duele; 4. dolieron; 5. duelen; 6. dolió.
4b. 2. ¡Qué enfermo está!; 3. ¡Qué bien estudia!; 4. ¡Qué sueño tengo!; 5. ¡Qué frío hace!; 6. ¡Qué simpática es!; 7. ¡Qué sorpresa!; 8. ¡Qué mal habla!

Proponer actividades 8

Pronunciación y ortografía

1b. b. Rei/na; c. A/é/re/o; d. Rui/do; e. De/ma/sia/do; f. A/ho/ra; g. Ha/cia; h. Cui/da/do; i. Miér/co/les; j. Po/e/ta; k. Fe/o; l. Des/pués; m. Bai/lar; n. Puer/ta.
1c. Palabras con tilde: Gutiérrez, incluí, sabéis, pronunciación, estáis.
1e. Palabras con tilde: Está, dosificación, máximo, cápsulas, día, médico, continúan.

Comprensión y expresión

2b. 1. Cariño, ¿salimos esta noche?
2. Perfecto. ¿Y dónde podemos ir?
3. No sé. ¿Vamos al cine?
4. ¿Al cine? ¿Por qué no al teatro?
5. Vale. Me encanta el teatro.
6. ¿Y si antes del teatro vamos a cenar?
7. Muy bien. ¿En qué restaurante?
8. ¿Quieres ir al restaurante chino?
9. No me gusta la comida china. ¿Qué tal una paella?
10. Buena idea. Vamos a Casa de Valencia.

Claves

Léxico

1. b. PRIMAVERA; c. OTOÑO; d. VERANO.
2. b.–3; c.–1; d.–5; e.–2.
3. b. Calor; c. Sol; d. Frío.
4. b.–1; c.–4; d.–3.
5a. *camping*, monumento, fotografía, bus, coche, hotel, albergue, senderismo, bici, pesca, tren, avión, caza.
5b. Horizontales: albergue, pesca, caza, avión. Verticales: *camping*, hotel, bici, senderismo, autobús, coche, fotografía, monumentos. Diagonal: tren.
5c. Medios de transporte: coche, bus, avión. Alojamiento: hotel, *camping*. Actividades: monumentos, fotografía, pesca.

Gramática

1b. Entre, entrad, entren.
Visita, visite, visitad, visiten.
Contesta, conteste, contestad, contesten.
Ayuda, ayude, ayudad, ayuden.
Da, dé, dad, den.
Bebe, beba, bebed, beban.
Aprende, aprenda, aprended, aprendan.
Responde, responda, responded, respondan.
Vive, viva, vivid, vivan.
Decide, decida, decidid, decidan.
1c. Haced, hagan.
Ponga.
Decid.
Tened, tengan.
Salid.
Vayan.
Venid, vengan.
1d. 2. Diga su nombre, 3. Salga del despacho; 4. Venga con su hijo; 5. Vaya por la derecha; 6. Ponga sus cosas aquí.
2b. Mañana se va a levantar muy temprano, va a tomar el metro para ir a la oficina, va a llegar a la hora exacta y se va a poner a trabajar.
A las doce va a comer en un restaurante, va a volver al trabajo hasta las seis y por fin va a regresar a casa.
2c. a. ¿Cómo van a volver?; b. ¿Dónde vais a trabajar?; c. ¿Cuándo vas a salir?; d. ¿Qué van a comprar?; e. ¿Qué vais a aprender?
3b. a. Tienes que ayudarme a hacer el trabajo; b. Carmen tiene que irse a las diez; c. Tiene que terminar antes de las seis.
4b. b. poco; c. nada; d. muy; e. demasiado.

9 Reservar en un hotel

Comprensión lectora

1b. Están en la provincia de Málaga. Están cerca de la playa. Tienen dirección de correo electrónico.
2. Parador de Albacete. Castilla–La Mancha; jardín y piscina; paseos a caballo y excursiones. Parador de Santillana: Cantabria; Restaurante; excursiones, esquí, caza y pesca. Parador de Antequera: Andalucía; jardines y piscina; visitas a monumentos.

Léxico

1a. En familias, pisos de estudiantes, hotel y hostal.
2. a-4; b-3; c-2; d-1; e-5; f-6.
3. Habla el recepcionista. 2, 3, 6. Habla el cliente. 1, 4, 5.

Gramática y comunicación

1. Preguntar y expresar gustos. 2, 4, 5. Preguntar y expresar preferencias: 1, 3, 6.
2a. 1. es; 2. Está; 3. Está; 4. Es; 5. está; 6. es; 7. es; 8. está; 9. es; 10. estoy; 11. es.
2b. 1. es; 2. es; 3. está, 4. son; 5. son; 6. Está.
2c. Está, es, está, es, está, esta.
2d. ES: c, d, e, f, g, h. ESTÁ: a, b, i, j.
3b. 1. Las maletas son nuestras. 2. El billete es tuyo. 3. La habitación es suya. 4. el jardín es mío. 5. el anuncio es suyo. 6. El número de teléfono es vuestro.
3c. a-5; b-1; c-4; d-2; e-6; f-3.
3d. Su; su; el nuestro; sus, mi; la mía, la tuya.

10 Pedir en un restaurante

Comprensión lectora

1. V-V-V-F-F-F-V-F.
2b. a. Comida al mediodía. b. Pequeña ración de comida.
2c. Porque a media mañana toman un café y un pincho.
2d. Sí.
2e. Porque es la única en la que se reúne la familia.

Léxico

1. a-5; b-3; c-4; d-1; e-6; f-2.
2. Primeros: verdura a la plancha, ensalada verde, gazpacho, paella, pisto manchego, sopa de tomate, tortilla de patatas. Segundos: chuletas de cordero, entrecot a la pimienta, merluza en salsa, pescado frito, calamares a la romana. Postres: fruta del tiempo, helador, flan, tarta de Santiago.
3. **Carne**: ternera, pollo, cerdo, chorizo, jamón serrano. **Pescado**: merluza, mejillones, calamares, almejas, gambas. **Verduras**: garbanzos, zanahoria, cebolla, puerro, patata, espárrago, tomate, pimiento. **Fruta**: naranja, melocotón, pera, plátano, ciruela, cereza, piña, mango, fresa.

Gramática y comunicación

1. a. Un restaurante; b. Los ingredientes de un plato; c. pagar la cuenta; d. comprando en una frutería.
2. 1.es. 2. están. 3. son. 4. está, 5. es. 6. es. 7. están. 8. son. 9. es. 10. está.
3. A. está, es, Es; Está; está.
B. son; son; están ; Son; están; es; Son; es.
4b. nada; dos; una; un poco.
5. 1. la. 2. las. 3. los, 4. os; Nos. 5. los. 6. la.

Claves

Comprar en una tienda 11

Comprensión lectora

1. a. Venden ropa. b. Los descuentos acaban el 30 de enero. c. Venden juguetes y ropa para niños.
2. V-F-V-V-F.

Expresión escrita

1. 6-8-7-1-10-11-3-12-4-9-2-5.

Léxico

1. a-A-4; b-B-9; c-C-1; d-G-8; e-D-5; f-E-6; g-F-3; h-H-2; i-I-7.

Gramática y comunicación

1. A. Una zapatería. B. vas a pagar con dinero. C. ir al probador. D. la prenda es de tu talla.
2. 1. Necesito. 2. acompaño. 3. vivo. 4. comemos. 5. trabaja. 6. entras. 7. saludas. 8. invito.
3a. Sigo, estoy; duermo; me despierto; me visto; doy; sé; puedo; entiendo; me defiendo; me río; vuelvo.
3b. E>IE: despertarse, entender, defenderse. O>UE: dormir, poder, volver. E>I: seguir, vestirse, reírse. TOTALMENTE IRREGULARES: estar, dar, saber.
4. es, Está, está; está; está, es; es; Es; es; ES; está.
5b. muy; tan; más; igual; peor; facilísimo; mejor.

Planear actividades 12

Comprensión lectora

1. 1.F. 2. V. 3. V. 4. F. 5. V. 6. V.
2. 1. Se plantean unos problemas y sus soluciones. 2. Elige una actividad deportiva según tu carácter. 3. Haz ejercicio físico en una gimnasio. 4. Ve a un centro deportivo.

Léxico

1. a-6; b-1; c-2; d-3; e-5; f-4.
2. a-3; b-5; c-6; d-1; e-4; f-2.
3a. Fútbol-f-lo practican, lo ven por la televisión y lo ven en directo; natación-c-lo practican; ciclismo-h-lo practican; baloncesto-g-lo practican y lo ven por la televisión y lo ven en directo; tenis-j-lo practican y lo ven por la televisión; gimnasia-d, lo practican; atletismo-b-lo practican; automovilismo-i-lo ven por la televisión; golf-e-lo ven por al televisión; balonmano-a-lo ven en directo.

Gramática y comunicación

1. 1. cené. 2. quedé, 3. salió. 4. reservé. 5. visitamos. 6. asistió.
2. nació, se fue, empezó, llegó, Estuvo, hizo, dieron, fueron, dio, tuvo, murió.
3. me acosté, pude, hiciste, salí, fuimos, trajeron, vine.
4. 1. tu opinión. 2. te gusta una propuesta. 3. ir al cine. 4. no estás de acuerdo con algo.
5. 1. en. 2. por. 3. a. 4. a. 5. en. 6. de.
6. a-3; b- 5; c-8; d-1; e-9; f-2; g-4; h-7; i-6.

Hablar por teléfono 13

1. a. las dos cosas. B. 39%. C. 15 millones. D. 34%.
2a. b. El cajero no funciona.
2b. a. El ascensor no va a funcionar durante unas horas.

Léxico

1. 5-2-7-3-1-4-9-10-6-8.
2a. MADRE: todos los días, 6:00, hace bicicleta estática; todos los días, 6:25, va al cuarto de baño; todos los días, 6:45, sale del cuarto de baño; lunes, miércoles y viernes, se pone el chándal verde; martes, jueves y sábados, se pone el chándal naranja; todos los días, 7:00, pone los platos en la mesa. PADRE: todos los días, 7:05, llega del trabajo; lunes miércoles y viernes, 8:00, tiene una reunión; martes, jueves y sábados, 9:00, se va a jugar al tenis.
2b. Los domingos.

Gramática y comunicación

1. Acción habitual: 3, 4, 6. Acción en desarrollo: 1, 7. Acción terminada recientemente: 2, 5, 8.
2. **Entrar**: He entrado, has entrado, ha entrado, hemos entrado, habéis entrado, han entrado. **Comer**: he comido, has comido, ha comido, hemos comido, habéis comido, han comido. **Subir**: he subido, has subido, ha subido, hemos subido, habéis subido, han subido. **Decir**: he dicho, has dicho, ha dicho, hemos dicho, habéis dicho, han dicho. **Escribir**: he escrito, has escrito, ha escrito, hemos escrito, habéis escrito, han escrito. **Ver**: he visto, has visto, ha visto, hemos visto, habéis visto, han visto.
3. 1. En cuanto se lo has dicho, se lo ha contado a todos. 2. hemos vuelto a casa pronto y hemos visto las noticias en la tele. 3. Ha hablado por el móvil hasta que se ha acabado la batería. 4. ha quedado con ella a la salida y se han ido juntos a casa. 5. Se ha levantado, se ha duchado y ha salido de casa sin desayunar. 6. No ha escrito cartas, ha enviado correos electrónicos. 7. He hecho una llamada y me he puesto a trabajar. 8. He cancelado mi cita y nos hemos visto en el gimnasio a las 6.
4. llamé, he dicho, he llegado, has estado, fui, estuve, Has viajado, salí, has hecho, cambié, terminó.
5. a. Casi nunca. b. casi siempre. c. a veces. d. a menudo.

Claves

14 Describir un accidente

Comprensión lectora

1a. A-4; b-1; c-5; d-3; e2.
1b. Cuando los daños son importantes y hay heridos.
1c. La compañía de seguros paga directamente al taller al que llevamos el coche.
2a. a. Una chica busca a una persona con coche.
2b. c. Vender su moto.

Léxico

1. a-3; b-6; c-5; d-1; e-2; f-4.
2. a-1; b-3; c-2; d-4.
3. 1. multa. 2. freno. 3. maletero. 4. rueda. 5. grúa.

Gramática y comunicación

1a. Conducir: conducía, conducíamos. Pagar: pagaba, pagábamos. Tener: tenía, teníamos. Estudiar: estudiaba, estudiábamos. Venir: venía, veníamos. Hacer: hacía, hacíamos. Trabajar: trabajaba, trabajábamos.
1b. a. Íbamos. b. Hago. c. sabía. d. Se paraba. e. Estaba.
2. 1. había. 2. compré. 3. revisaba. 4. tuve, pasó. 5. tenía. 6. existía. 7. fue. 8. hicimos. 9. éramos.
3. 2. Llevé el coche al taller porque tenía una rueda pinchada. Como tenía una rueda pinchada lleve el coche al taller. 3. Llegué tarde a la oficina porque había un atasco. Como había un atasco, llegué tarde a la oficina. 4. Fui en autobús porque tenía el coche estropeado. Como tenía el coche estropeado, fui en autobús.
4. Había, vivía, estaba, era, enfermó, dijeron, podía, aceptó, se fue, Hacía, hacía, tenía, estaba, tenía, tenía, hacía, cazaba, vio, quería, lanzó, se lanzó, tenía, apuntó, rompió, se dijo.

15 Viajar en avión

Comprensión lectora

1. a. Si el vuelo se cancela por el mal tiempo. b. Tiene que devolverle el dinero o darle otro billete. c. La compañía está obligada a pagarle dinero siempre.
2. V-F-V-F-F-F.

Léxico

1. a-e; b-4; c-1; d-5; e-2.
2. 1. aviso. 2. destino. 3. cancelado. 4. facturar. 5. terminal. 6. compartimentos. 7. salida.
3. 1. sueño. 2. cansado. 3. hambre. 4. frío. 5. harto. 6. nervioso. 7. sed.

Gramática y comunicación

1. a. Permiso. b. pidiendo algo prestado. c. pidiendo un favor. d. dando un consejo.
2a. ENTRAR: entra, no entres; entre, no entre; entrad, no entréis; entren, no entren. LEER: lee, no leas; lea, no lea; leed, no leáis; lean, no lean. SUBIR: sube, no subas; suba, no suba; subid, no subáis; suban, no suban. SER: sé, no seas; sea, no sea; sed, no seáis; sean, no sean. ESTAR: está, no estés; esté, no esté; estad, no estéis; estén, no estén. PONER: pon, no pongas; ponga, no ponga; poned, no pongáis; pongan, no pongan.
2b. a. No ponga la maleta aquí. b. No dejes de hablar por el móvil. c. No facture su equipaje en este mostrador. d. No miréis la pantalla de información. e. No pidas la tarjeta de embarque. f. No enseñen el pasaporte.
2c. Riega, No me llames, Acuérdate, Compra, No dejes.
3. 1. pásamelo. 2. te preocupes. 3. levantaos. 4. tráigamela.
4. 3. voy a leer este librito en el avión. 4. rellene el formulario en la mesita. 5. me gusta este pantaloncito para mi hijito. 6. Enseñe el pasaporte en aquella ventanilla. 7. Por favor, espere en aquella salita. 8. ¿Puedo sentarme en este silloncito? 9. ¿Tiene frío? ¿Quiere usted una mantita?

16 Hablar del futuro

Comprensión lectora

1. V-V-V-F-F.
2. a. Valdrá poco dinero. b. Con chimeneas. c. Más luz. d. Se pondrá una capa aislante.

Léxico

1. ELECTRODOMÉSTICOS: Lavadora, frigorífico, lavavajillas, microondas, aspiradora, horno eléctrico. APARATOS DE IMAGEN Y SONIDO: televisión, DVD, cadena de música, ordenador.
2. A. El ordenador portátil. B. el microondas. C. el frigorífico. D. la lavadora. E. el DVD. F. La aspiradora. G. La televisión. H. El horno eléctrico. I. La cadena de música. J. El lavavajillas.

Gramática y comunicación

1a. Cantar: cantaré, cantarás, cantará, cantaremos, cantaréis, cantarán.
Beber: beberé, beberás, beberá, beberemos, beberéis, beberán.
Escribir: escribiré, escribirás, escribirá, escribiremos, escribiréis, escribirán.
1b. Poder: podré, podrás, podrá, podremos, podréis, podrán.
Venir: vendré, vendrás, vendrá, vendremos, vendréis, vendrán.
Hacer: haré, harás, hará, haremos, haréis, harán.
Poner: pondré, pondrás, pondrá, pondremos, pondréis, pondrán.
1c. a. Llegaréis. b. Esperaremos. c. Tendremos. d. Llamarás. e. Darás. f. Irás. g. Escribiréis. h. Diréis. i. Vendrás. j. Querrán.
1d. será, ocupará, aumentará, alcanzará, editará, estudiará, llegará.
2a. b. Si me llama, le contaré lo ocurrido. c. Si no salís ahora, perderéis el tren. d. Si podemos, pasaremos a buscarle. e. Si viene, no le recibiré. f. Si me invitas, aceptaré encantado.
3. SE + 3ª persona singular: Se vive en ciudades, se come mal, Se ve mucha tele.
3ª persona plural: Hablan de salud, Dicen que...

Láminas IV

Hola, ¿cómo te llamas? 1

• *En el aeropuerto*

• *En la ciudad*

• *En la escuela*

2 ¿Cómo se dice en español?

¿Cómo se dice en español?

¿Dónde vives? 3

4 ¿A qué te dedicas?

DATOS PERSONALES

Nombre: María Cardoso Figo
Dirección: Plaza de la Constitución, 23. Salamanca (España).
Teléfono: 923 21 86 45
País de nacimiento: ....
Estudios: ....
Idiomas: ....
Vida profesional: ....

De nueve y media a dos 5

6 Bienvenida, Lola

¡Qué mala suerte! 7

8 Vamos a salir

El abecedario y los números

El abecedario

A, a	a	J, j	jota	R, r	erre, ere
B, b	be	K, k	ka	S, s	ese
C, c	ce	L, l	ele	T, t	te
Ch, ch	che	Ll, ll	elle	U, u	u
D, d	de	M, m	eme	V, v	uve
E, e	e	N, n	ene	W, w	uve doble
F, f	efe	N, ñ	eñe	X, x	equis
G, g	ge	O, o	o	Y, y	i griega
H, h	hache	P, p	pe	Z, z	zeta
I, i	i	Q, q	cu		

Los números

0 cero	10 diez	20 veinte	30 treinta
1 uno	11 once	21 veintiuno	31 treinta y uno
2 dos	12 doce	22 veintidós	32 treinta y dos
3 tres	13 trece	23 veintitrés	40 cuarenta
4 cuatro	14 catorce	24 veinticuatro	50 cincuenta
5 cinco	15 quince	25 veinticinco	60 sesenta
6 seis	16 dieciséis	26 veintiséis	70 setenta
7 siete	17 diecisiete	27 veintisiete	80 ochenta
8 ocho	18 dieciocho	28 veintiocho	90 noventa
9 nueve	19 diecinueve	29 veintinueve	100 cien
101 ciento uno	110 ciento diez	111 ciento once	112 ciento doce
200 doscientos	300 trescientos	400 cuatrocientos	500 quinientos
600 seiscientos	700 setecientos	800 ochocientos	900 novecientos
1.000 mil	10.000 diez mil	100.000 cien mil	1.000.000 un millón

10 El nombre y los artículos

El género del nombre

Los nombres masculinos de personas y animales acaban a menudo en **-o** y los femeninos en **-a**.

Masculino	Femenino
alumno	alumna
niño	niña
gato	gata

Muchos nombres masculinos de personas y animales acaban en consonante y el femenino añade una **-a**.

Masculino	Femenino
profesor	profesora
señor	señora

Hay otros nombres que tienen palabras distintas para masculino y para femenino.

Masculino	Femenino
hombre	mujer
padre	madre
toro	vaca

El número del nombre

Singular: acabado en vocal.	Plural: **+s**
amigo	amigos
fiesta	fiestas
café	cafés

Singular: acabado en consonante o en **í**.	Plural: **+es**
información	informaciones
jamón	jamones
marroquí	marroquíes

Observaciones:

Los nombres acabados en **-z** hacen el plural en **-ces**:

el arro**z** – los arro**ces**

Muchos nombres acabados en **-s** no cambian:

el lune**s** – los lune**s**

Los artículos

El artículo determinado	Singular	Plural
Masculino	el	los
Femenino	la	las

El artículo indeterminado	Singular	Plural
Masculino	un	unos
Femenino	una	unas

Pronombres y adjetivos

Pronombres personales

Persona	Sujeto	Complemento con preposición	Reflexivos
1ª singular	yo	mí	me
2ª singular	tú	ti	te
3ª singular	él, ella usted	él, ella usted	se
1ª plural	nosotros, as	nosotros, as	nos
2ª plural	vosotros, as	vosotros, as	os
3ª plural	ellos, as ustedes	ellos, as ustedes	se

Posesivos

Una persona		Varias personas	
Una cosa	Varias cosas	Una cosa	Varias cosas
mi	mis	nuestro, a	nuestros, as
tu	tus	vuestro, a	vuestros, as
su	sus	su	sus

Mi casa — *Mis perros* — *Nuestros hijos* — *Nuestra casa*

Demostrativos

Situación en el espacio	Masculino		Femenino		Neutro
	Singular	Plural	Singular	Plural	
- lejos	este	estos	esta	estas	esto
	ese	esos	esa	esas	eso
+ lejos	aquel	aquellos	aquella	aquellas	aquello

12 Adverbios

De lugar

Adverbios de lugar	Significado
aquí	en este lugar
ahí	es ese lugar
allí / allá	en aquel lugar
encima	en un lugar superior respecto a otro
debajo	en un lugar inferior respecto a otro
arriba	en un lugar superior
abajo	en un lugar inferior
delante	en un lugar anterior respecto a otro
detrás	en un lugar posterior respecto a otro

De tiempo

Adverbios de tiempo	Significado
antes	anterioridad
después / luego	posterioridad
siempre	en todo momento
nunca	en ningún momento
pronto	rápidamente
tarde	después del momento oportuno
ahora	en este momento
hoy	en el día actual
ayer	en el día anterior a hoy
anteayer	en el día anterior a ayer
mañana	en el día posterior a hoy
anoche	en la noche de ayer
anteanoche	en la noche de anteayer

De cantidad

Adverbios de cantidad	Expresión de cantidad	Posición	Ejemplo
nada	cantidad nula	no + verbo + nada	*Este libro no me gusta nada.*
poco	cantidad insuficiente	verbo + poco poco + adjetivo un poco + adverbio	*Come poco.* *Es poco inteligente.* *Vive un poco lejos.*
bastante	cantidad considerable	verbo + bastante bastante + adjetivo bastante + adverbio	*Habla bastante en clase.* *Son bastante viejos.* *Está bastante bien.*
muy	gran cantidad	muy + adjetivo muy + adverbio	*Es muy listo.* *Va muy deprisa.*
mucho		verbo + mucho	*Tengo mucho frío.*
demasiado	cantidad excesiva	verbo + demasiado demasiado + adjetivo demasiado + adverbio	*Fuma demasiado.* *Es demasiado joven.* *Te veo demasiado mal*

Verbos en Presente 13

	Hablar	Beber	Vivir
Yo	hablo	bebo	vivo
Tú	hablas	bebes	vives
Él, ella, usted	habla	bebe	vive
Nosotros, as	hablamos	bebemos	vivimos
Vosotros, as	habláis	bebéis	vivís
Ellos, ellas, ustedes	hablan	beben	viven

	Querer	Tener	Repetir
Yo	quiero	tengo	repito
Tú	quieres	tienes	repites
Él, ella, usted	quiere	tiene	repite
Nosotros, as	queremos	tenemos	repetimos
Vosotros, as	queréis	tenéis	repetís
Ellos, ellas, ustedes	quieren	tienen	repiten

	e > ie	o > ue
	Querer	Poder
Yo	quiero	puedo
Tú	quieres	puedes
Él, ella, usted	quiere	puede
Nosotros, as	queremos	podemos
Vosotros, as	queréis	podéis
Ellos, ellas, ustedes	quieren	pueden

	Pedir
Yo	pido
Tú	pides
Él, ella, usted	pide
Nosotros, as	pedimos
Vosotros, as	pedís
Ellos, ellas, ustedes	piden

14 Verbos en Indefinido

-AR	-ER	-IR
Hablar	Beber	Vivir
hablé	bebí	viví
hablaste	bebiste	viviste
habló	bebió	vivió
hablamos	bebimos	vivimos
hablasteis	bebisteis	vivisteis
hablaron	bebieron	vivieron

Ser/ir	Estar	Tener	Hacer
fui	estuve	tuve	hice
fuiste	estuviste	tuviste	hiciste
fue	estuvo	tuvo	hizo
fuimos	estuvimos	tuvimos	hicimos
fuisteis	estuvisteis	tuvisteis	hicisteis
fueron	estuvieron	tuvieron	hicieron

Verbos en Imperativo 15

Hablar	Beber	Vivir
habla	bebe	vive
hable	beba	viva
hablad	bebed	vivid
hablen	beban	vivan

Hacer	Poner	Decir
haz	pon	di
haga	ponga	diga
haced	poned	decid
hagan	pongan	digan

Tener	Salir	Ir	Venir
ten	sal	ve	ven
tenga	salga	vaya	venga
tened	salid	id	venid
tengan	salgan	vayan	vengan

16 La casa

La mesa — El armario — La planta

La cama — La estantería — La lámpara

La silla — El sofá — El sillón

HAY / ESTÁ(N)

> HAY + un(o), una, unos, unas (+ sustantivo)
> *Hay una (mesa).*
> HAY + un(o), dos, tres... (+ sustantivo)
> *Hay dos cuartos de baño.*
> HAY + sustantivo
> *En mi habitación no hay terraza.*

> ESTÁ(N) + el, la, los, las + sustantivo
> *A la derecha está la cocina.*
> ESTÁ(N) + preposición
> *La mesa está a la derecha de la cama.*

El cuerpo 17

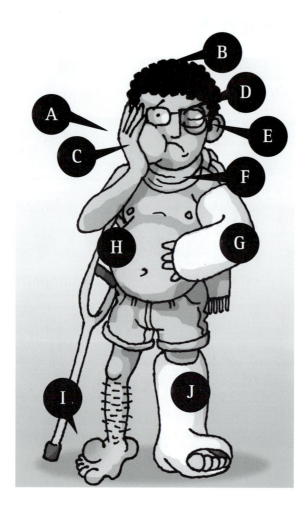

a. la mano

b. la cabeza

c. la muela

d. el ojo

e. el oído

f. la garganta

g. el brazo

h. el estómago

i. el pie

j. la pierna

DOLER		
Me		la cabeza
Te	DUELE	la pierna
Le		el estómago
Nos		las muelas
Os	DUELEN	los oídos
Les		los pies

18 Los alimentos

Café
Leche
Queso
Carne
Naranja
Manzana
Chocolate
Tomate
Sal
Azúcar
Aceite de oliva
Pescado
Pan
Frutas

GUSTAR

(no)	me te le	GUSTA	la casa este sofá tu hermano
	nos os les	GUSTAN	las casas estos sofás tus hermanos

Descripción física

Delgada

Viejo

Alto

Gordo

Joven

Bajo

Morena

Guapo

Rubia

Fea

	Ser	Estar
Yo	*soy*	*estoy*
Tú	*eres*	*estás*
Él, ella, usted	*es*	*está*
Nosotros, as	*somos*	*estamos*
Vosotros, as	*sois*	*estáis*
Ellos, ellas, ustedes	*son*	*están*

20 Las profesiones

 Azafata
 Recepcionista
 Mecánico

 Pintor-pintora
 Peluquero-peluquera
 Cantante

 Escritor- escritora
 Profesor- profesora
 Actor-actriz

 Policía
 Médico-médica
 Farmacéutico- farmacéutica

 Secretario- secretaria
 Camarero- camarera
 Taxista

La familia 21

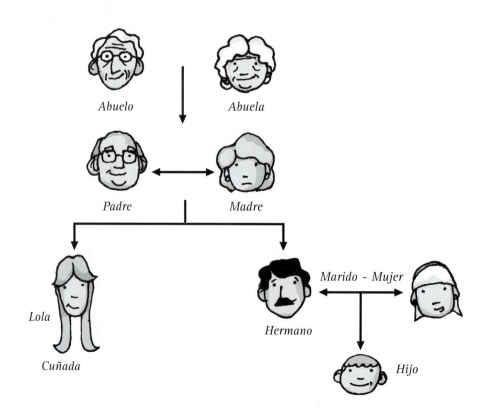

Abuelo — *Abuela*

Padre — *Madre*

Lola
Cuñada

Hermano — *Marido - Mujer*

Hijo

22 La calle

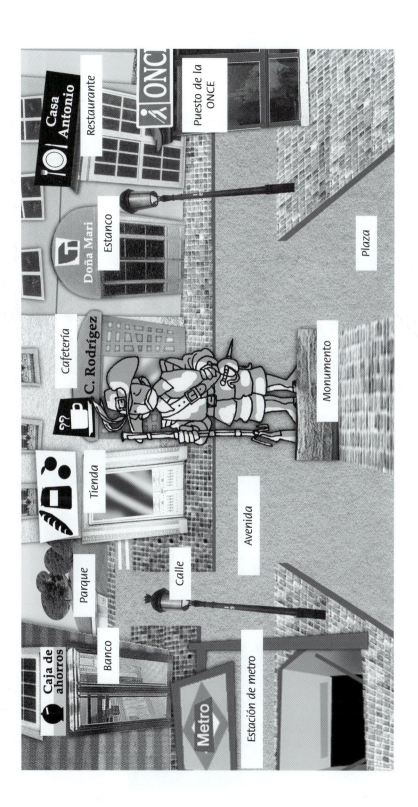

Medios de transporte 23

coche

autobús

peatón

caballo

tren

bicicleta

metro

24 La hora

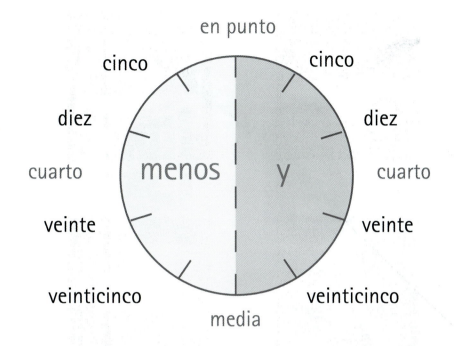

Los días y los meses

ENERO						
lu	ma	mi	ju	vi	sa	do
1	2	3	4	5	6	7
8	9	10	11	12	13	14
15	16	17	18	19	20	21
22	23	24	25	26	27	28
29	30	31				

FEBRERO						
lu	ma	mi	ju	vi	sa	do
			1	2	3	4
5	6	7	8	9	10	11
12	13	14	15	16	17	18
19	20	21	22	23	24	25
26	27	28				

MARZO						
lu	ma	mi	ju	vi	sa	do
			1	2	3	4
5	6	7	8	9	10	11
12	13	14	15	16	17	18
19	20	21	22	23	24	25
26	27	28	29	30	31	

ABRIL						
lu	ma	mi	ju	vi	sa	do
						1
2	3	4	5	6	7	8
9	10	11	12	13	14	15
16	17	18	19	20	21	22
23	24	25	26	27	28	29
30						

MAYO						
lu	ma	mi	ju	vi	sa	do
1	2	3	4	5	6	
7	8	9	10	11	12	13
14	15	16	17	18	19	20
21	22	23	24	25	26	27
28	29	30	31			

JUNIO						
lu	ma	mi	ju	vi	sa	do
				1	2	3
4	5	6	7	8	9	10
11	12	13	14	15	16	17
18	19	20	21	22	23	24
25	26	27	28	29	30	

JULIO						
lu	ma	mi	ju	vi	sa	do
						1
2	3	4	5	6	7	8
9	10	11	12	13	14	15
16	17	18	19	20	21	22
23	24	25	26	27	28	29
30	31					

AGOSTO						
lu	ma	mi	ju	vi	sa	do
	1	2	3	4	5	
6	7	8	9	10	11	12
13	14	15	16	17	18	19
20	21	22	23	24	25	26
27	28	29	30	31		

SEPTIEMBRE						
lu	ma	mi	ju	vi	sa	do
					1	2
3	4	5	6	7	8	9
10	11	12	13	14	15	16
17	18	19	20	21	22	23
24	25	26	27	28	29	30

OCTUBRE						
lu	ma	mi	ju	vi	sa	do
1	2	3	4	5	6	7
8	9	10	11	12	13	14
15	16	17	18	19	20	21
22	23	24	25	26	27	28
29	30	31				

NOVIEMBRE						
lu	ma	mi	ju	vi	sa	do
			1	2	3	4
5	6	7	8	9	10	11
12	13	14	15	16	17	18
19	20	21	22	23	24	25
26	27	28	29	30		

DICIEMBRE						
lu	ma	mi	ju	vi	sa	do
					1	2
3	4	5	6	7	8	9
10	11	12	13	14	15	16
17	18	19	20	21	22	23
24	25	26	27	28	29	30
31						

Dos habitaciones, por favor 25

a. ¿Dónde están?

b. ¿De qué museo hablan?

c. ¿Adónde llaman?